L'ABBAYE

SAINTE CROIX DE TALMOND

(VENDÉE)

PAR

G. LOQUET

Architecte du Gouvernement et du département de la Vendée

Officier d'Académie

LA ROCHE-SUR-YON

VEUVE IVONNET ET FILS, IMPRIMEURS

15, rue Lafayette, 15

1895

L'ABBAYE

SAINTE CROIX DE TALMOND

(VENDÉE)

Tiré à 200 Exemplaires

150 en vente

N°

L'ABBAYE

SAINTE CROIX DE TALMOND

(VENDÉE)

PAR

G. LOQUET

Architecte du Gouvernement et du département de la Vendée

Officier d'Académie

LA ROCHE-SUR-YON

VEUVE IVONNET ET FILS, IMPRIMEURS

15, rne Lafayette, 15

—

1895

TALMOND XVIe SIÉCLE

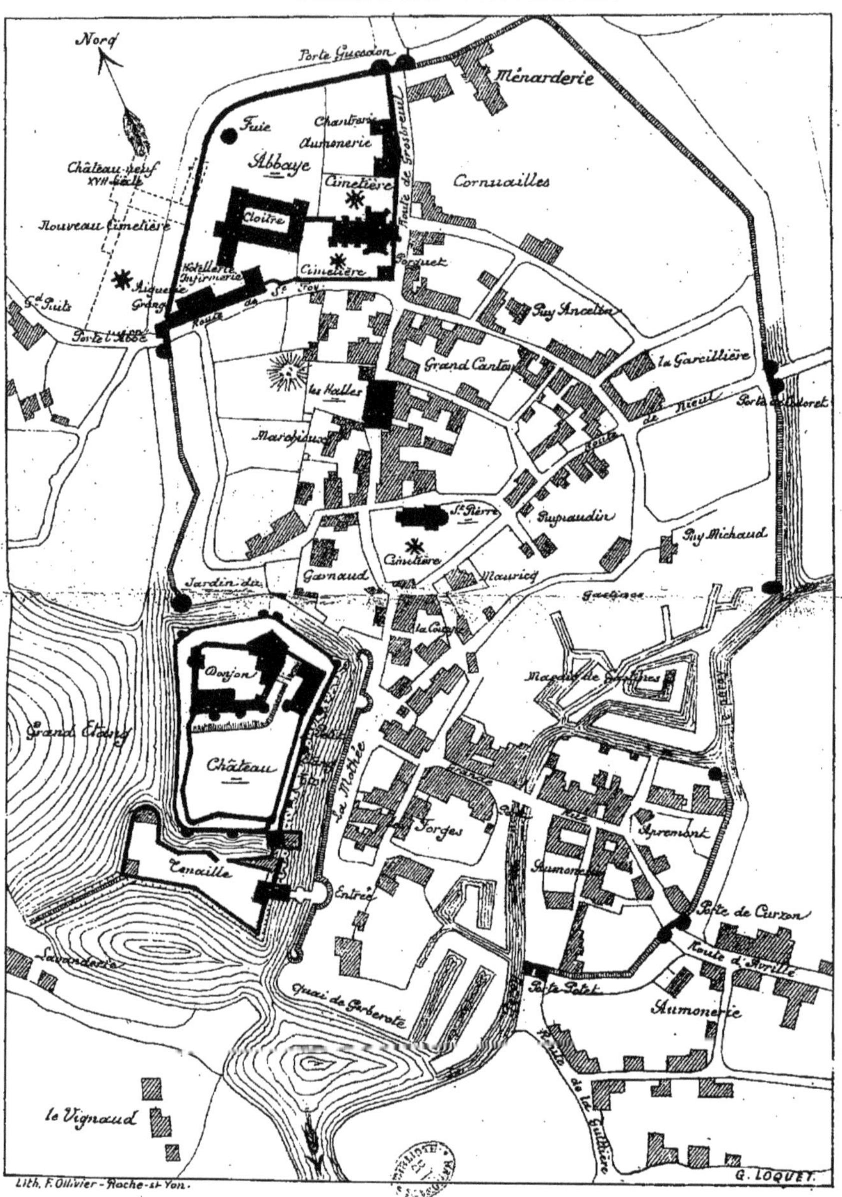

AVANT-PROPOS

J'étais, un beau jour de l'année 1885, il y, a de cela déja dix ans, à visiter paisiblement et sans aucun but très déterminé, les ruines du château de Talmond : J'admirais, en architecte, la construction de son massif donjon, de ses puissantes tours, de ses hauts murs de ronde, bâtis en galets à angles arrondis qui feraient le désespoir de nos pauvres maçons modernes; enfin, je m'efforçais de trouver la distribution des parties essentielles de l'édifice et de saisir le fil de ce vrai labyrinthe, quand, poussé par le désir de connaître une entrée que je ne découvrais pas, et tant soit peu excité par la difficulté qui s'offrait de prime abord à mes yeux, j'eus la pensée de faire exécuter quelques fouilles et de reconstituer, hélas, sur le papier seulement, la vieille forteresse des sires de Talmond. Je cherchai longtemps, et pour m'aider, j'eus le malheur ou l'audace d'ouvrir quelques vieux dossiers de parchemins déposés soigneusement dans les archives de la Préfecture de la Vendée, et conservés avec tous les égards possibles par notre complaisant archiviste. Ce travail me procura une satisfaction dont je n'avais pas encore conçu la moindre idée, et que, il faut bien le dire, je n'avais jamais eu l'occasion de ressentir et d'apprécier.

Non seulement j'appris qu'il y avait eu à Talmond des seigneurs puissants, mais encore je fis connaissance avec les habitants d'un monastère installé presque à la même époque que la demeure féodale, à quelques centaines de mètres de ses murs. Par les publications déjà faites, et dont je ne soupçonnais pas l'existence, je connus leurs premiers pas et leurs premiers actes dans la contrée si intéressante qui forme la partie sud-ouest du département de la Vendée. Je découvrai d'autres documents qui n'avaient pas vu le jour encore, et me fiant peut-être un peu trop à mes propres forces, j'eus la témérité de mettre quelque suite dans toutes les notes que j'avais prises, et de les offrir au lecteur dont je demande toute la bienveillance. Je suis loin de traiter les actes que je raconte en historien consommé, jugeant les faits et les appréciant, je n'en ai ni la prétention ni l'envergure : mes premières études n'ont pas été dirigées vers ce but, et cette science ne s'improvise pas : on ne devient pas du jour au lendemain historien, parce qu'on écrit sur la couverture d'un livre *imprimé :* Histoire de telle époque ou de telle guerre; on n'est pas archéologue quand on a découvert le fer d'un cheval des compagnons de Charlemagne. Laissons à d'autres ce petit travers inoffensif; nous avons les nôtres.

Je viens donc tout simplement vous raconter comment agirent et s'agitèrent, pendant huit siècles, les moines du monastère de Sainte Croix de Talmond, et en même temps donner quelques notions sur les usages et les coutumes de ses religieux et des habitants au milieu desquels ils vivaient. Certains détails paraîtront peut-être intéressants à des travailleurs plus érudits, qui pourront, en les comparant avec les faits déjà connus, écrire alors une histoire complète et raisonnée du Bas-Poitou. Mon ambition sera amplement satisfaite, si, avec cette publication et celle que j'ai l'intention de faire sur les Seigneurs de Talmond, j'arrive à fournir un moëllon, admettons une pierre de taille, à l'édifice important et instructif que devrait entreprendre un savant et véritable historien. Jusqu'à ce jour il n'a été raconté que des anecdotes et des faits isolés et sans liaison entr'eux; et cependant il y eut des Benjamin Fillon, des Marchegay, des La Boutetière, qui auraient pu s'atteler à un pareil travail; ils ne l'ont pas fait, ayant d'autres études; ils ont au moins, chacun, écrit quelques pages magistrales qui n'arrivent qu'à nous faire regretter plus amèrement un ouvrage complet de leur plume autorisée.

Je manquerais à tous les devoirs de la plus élémentaire reconnaissance, si je ne remerçiais pas ici, avec toute la sincérité du cœur, et la plus profonde reconnaissance, d'abord, mon excellent camarade Gabriel Barbaud, l'archiviste de la Vendée, qui a guidé mes premiers pas et pris en mains les cordons de la brassière qui les soutenait, et ensuite M. Louis, l'érudit bibliothécaire de la ville de la Roche-sur-Yon, qui a su me faire consulter, parmi le grand nombre de volumes dont il a la conservation, ceux-là seuls qui pouvaient m'aider dans des recherches entreprises d'abord un peu à tâtons.

La Roche-sur-Yon, janvier 1895.

TABLE CHRONOLOGIQUE

DES

PRINCES DE TALMOND

1020 — 1789

Guillaume le Chauve,		1020-1049
Guillaume le Jeune,		1049-1058
Cadelon,		1058-1074
Normand de Mourenel,		1074-1078
Pépin,		1078-1098
Goscelin de Lezay,		1098-1112
Guillaume de Lezay,		1112-1145
Ebles de Mauléon,		1145-1179
Raoul III de Mauléon,		1180-1200
Guillaume de Mauléon,		1200-1214
Savari de Mauléon,		1214-1233
Raoul IV de Mauléon,		1245-1253
Aimery IX, vicomte de Thouars,		1253-1258
Renaud,	id.	1258-1268
Guy II,	id.	1268-1308
Jean I,	id.	1308-1332
Hugues,	id.	1332-1334
Louis,	id.	1334-1370
Isabeau d'Avaugour, vicomtesse de Thouars,		1370-1383
Tristan Rouault, vicomte de Thouars,		1383-1398
Marguerite de Thouars, vicomtesse de Thouars,		1398-1404

Pierre d'Amboise, vicomte de Thouars,	1404-1422
Louis d'Amboise, vicomte de Thouars,	1422-1470
Philippes de Commines, seigneur d'Argenton,	1472-1486
Louis II de la Trémoille, vicomte de Thouars,	1486-1525
François de la Trémoille, vicomte de Thouars,	1525-1542
Louis III de la Trémoille, duc de Thouars,	1542-1577
Claude de la Trémoille, duc de Thouars,	1577-1604
Henri de la Trémoille, duc de Thouars,	1604-1674
Louis-Maurice de la Trémoille, comte de Laval,	1674-1681
Charles Belgique-Hollande de la Trémoille, duc de Thouars,	1681-1683
Frédéric Guillaume de la Trémoille, duc de Chatellerault,	1683-1710
Charles-Louis Bretagne de la Trémoille, duc de Thouars,	1710-1713
Frédéric Guillaume de la Trémoille, duc de Chatellerault,	1713-1739
Anne-Charles-Frédéric de la Trémoille, duc de Thouars,	1739-1759
Jean Bretagne Charles Godefroy de la Trémoille, duc de Thouars,	1759-1789

L'ABBAYE
SAINTE CROIX DE TALMOND

PREMIÈRE PARTIE. -- HISTOIRE DE L'ABBAYE

Chapitre I. — Les Monastères; les Cures et Paroisses du Talmondais

On ne saurait faire une étude quelconque sur le moyen âge, sans parler en première ligne de la religion et de ceux par les mains desquels elle fut administrée. Dire quelques mots de ce qui se passa dans le Talmondais, c'est rappeler ce qui existait en France et particulièrement dans le Bas-Poitou, soumis tout d'abord à la direction de l'évêque de Poitiers, et plus tard, en 1317, à celle de l'évêque de Luçon (1).

Aux premières époques du christianisme, qui apparut dans notre contrée avant le IIIe siècle, les évêques étaient à peu près seuls à distribuer les secours de la religion, et comme ils s'installèrent naturellement dans les villes un peu importantes, les habitants des campagnes furent longtemps tenus éloignés des progrès accomplis par la voix des successeurs des apôtres. Ces prélats craignirent

(1) L'évêché de Luçon ne fut créé qu'en 1317, par le pape Jean XXII, au profit de l'abbé de Luçon, Pierre de Veré. Il comprenait les doyennés de Mareuil, Talmond, Aizenay et Montaigu, ainsi que l'archiprêtré de Pareds, et fut sécularisé le 12 janvier 1468 seulement, par Paul II.

même, pendant deux ou trois cents ans, de déléguer leurs clercs à travers le pays pour prêcher et faire de nouveaux prosélytes, et ce fut au ve siècle seulement, que ceux qui prirent alors le nom de diacre, archidiacre ou curé, purent distribuer les sacrements et célébrer les cérémonies du culte. On avait peur que l'isolement de ces vicaires abandonnés à eux-mêmes, au milieu d'une population ignorante et presque barbare, leur fit oublier leur mission et les devoirs sévères et austères qu'ils avaient à remplir. La nécessité des choses l'emporta cependant sur ces craintes si bien fondées, et la réalité fit voir bien vite que la nature humaine se laisse, malgré tout, toujours influencer très vivement par tout ce qui l'entoure et lui touche de près.

A côté de cette institution et de cette administration directe des évêques, qui prirent le nom de *séculières*, s'éleva un autre pouvoir, non moins puissant ni redoutable, même pour le premier, celui des moines *réguliers*. S'inspirant des textes des évangiles, des fidèles pleins de foi, pieux et recommandables par la pureté de leurs mœurs, se réunirent à la voix d'hommes de bien, habiles à stimuler leurs idées religieuses, et fondèrent des monastères, afin de vivre en commun et de suivre des règles fixes et sévères, à l'abri de la dissolution qui les environnait.

Sans entrer dans de trop grands détails, qui nous entraîneraient fort loin de notre sujet, nous devons dire toutefois, qu'au xie siècle, il existait déjà dans les campagnes du Talmondais, beaucoup d'églises fondées par les fidèles, et que celles-ci était administrées par un clergé rien moins qu'irréprochable, entouré d'une société assez dissolue, dans laquelle régnaient en maitres une incroyable confusion des pouvoirs et la plus profonde anarchie. Les envahissements continuels de l'esprit laïque et les usurpations du pouvoir temporel sur le spirituel, avaient fait naître, jusque dans le sanctuaire, pendant l'époque qui précéda le régime féodal, des abus et des scandales inouïs.

C'est à ce moment que le clergé régulier, représenté par les moines de l'ordre de Saint Benoît, vint s'installer dans la contrée, et combattre le concubinage des prêtres, la simonie et l'investiture temporelle des bénéfices ecclésiastiques créés par les fidèles pour l'entretien du culte et des églises. Les évêques de Poitiers furent les premiers à favoriser cette réforme, et à prêter leur autorité, pour remplacer dans les paroisses, le *presbytère* par le *prieuré*, car il leur était bien difficile, à une époque où la bourgeoisie n'existait pas, de trouver des vocations et de l'instruction au milieu des populations de la campagne. Dans certaines contrées de la France, les moines s'étaient établis beaucoup plus tôt, et tous les historiens de cette époque disent que, déjà au neuvième siècle, les prieurés à charge d'âmes, administrés par des moines et annexés aux grandes abbayes, absorbaient la plus grande partie des paroisses rurales. La réforme n'était pas aussi avancée sur cette partie des côtes de « *la mer Océane* ».

Les premiers moines qui apparurent, disions-nous, dans le pays qui nous occupe, furent les Bénédictins, qui, appelés par le Sire de Talmond, Guillaume le Chauve, vers 1049, vinrent habiter l'abbaye de Sainte Croix, que celui-ci avait fait bâtir dans l'entourage de son château (1). Cependant on doit dire que, dès 1042, Vital, abbé bénédictin, chassé de l'abbaye de Saint-Gildas, en Bretagne, posséda l'église Sainte Marie d'Olonne, à la suite d'un don à lui fait par le même seigneur, sur la foi de sa bonne réputation dans les pays environnants. Probablement même avant cette époque, l'abbaye de Saint-Michel-en-l'Herm avait-elle fondé déjà des prieurés à Saint-Benoît et à Curzon, au sud de la contrée; mais ce ne sont là que des faits isolés, et il est certain qu'il n'existait presque pas de moines réguliers dans le Talmondais, avant la fondation de l'abbaye de

(1) Cartulaire de Talmond, ch. I.

Sainte Croix de Talmond. Aussi ce fut-il avec une rapidité assez grande, que l'on vit s'élever la puissance de ce monastère resté sans rival pendant de longues années. Son fondateur lui octroya tout d'abord les églises de Saint-Pierre et Saint-Hilaire-de-Talmond avec toutes leurs dépendances, et ce n'était que justice, car d'après les règles canoniques anciennes, « le don d'une église ou d'une « chapelle renforme celui du bien même de l'église ou de « la chapelle, à charge de la desservir ou faire desservir. » Celle de Saint-Hilaire était de beaucoup la plus riche des deux et de fondation un peu plus ancienne, car elle était appelée : « *parochie mater ecclesia* (1) ».

Guillaume le Jeune, fils du précédent, seigneur de Talmond, plaça Vital à la tête de l'abbaye de Sainte Croix et lui permit d'apporter, comme don de joyeux avènement, l'église d'Olonne. Nous parlerons plus loin des bénéfices considérables qui ont été alloués aux Bénédictins, ainsi qu'à leurs rivaux : il n'est question ici que des paroisses dont la direction leur a été confiée par des fondateurs laïques, et nous remarquerons, que Guillaume le Jeune parlait bien de *presbiteri mei,* et qu'il considérait comme sa propriété personnelle les biens du presbytère d'Olonne. Il avait également *en propre* la chapelle de Saint-Hilaire (2), élevée par son père dans l'enceinte de la forêt d'Orbestier, lorsqu'il en fit don à Sainte Croix.

Vinrent ensuite s'ajouter aux possessions de l'abbaye, du temps du seigneur Cadelon, les églises de Saint-Vincent-en-Jard, Saint-Hilaire-de-la-Forêt, Saint-Nicolas-de-Grosbreuil, qui étaient dans son domaine, et celle de Sainte-Marie-de-la-Peyrate, bâtie près du Thouet, dans le pays de Thouars, et qu'il tenait du vicomte Aimery. Il ne fallut pas un long temps aux abbés, pour réunir ainsi,

---

(1) Cartulaire de Talmond, ch. III.
(2) Aujourd'hui Saint-Hilaire-de-Château-d'Olonne.

sous leur crosse protectrice et puissante, la plupart des fondations religieuses de la contrée, et, à la liste des églises déjà citées, nous ajouterons les paroisses de Saint-Pierre-de-Landevieille (1), Saint-Jean-de-Beaulieu, Notre-Dame-de-la-Boissière, Notre-Dame de-la-Chapelle-Girouard (2), Sainte-Marie et Saint-Nicolas-de-Grosbreuil, Saint-Martin-de-la-Jonchère, Notre-Dame-de-Landeronde, Sainte-Marie et Saint-Pierre-du-Luc, Saint-Pierre-de-Nesmy, Saint-Pierre-de-Nieul-le-Dolent, Sainte-Marie, Saint-Pierre et Saint-Gilles-de-Palluau, Saint-Georges-de-Pointindoux, Saint-Julien-des-Landes, Sainte-Madeleine et Saint-Pierre-de-Vairé, Saint-Pierre-de-Venansault, Lamayré (3), Saint-Lauvent-d'Aubigny, Saint-Martin-du-Bernard, Saint-Sauveur-de-Chaillé, Saint-Martin-de-l'Ile-d'Olonne, Sainte-Marie-de-Longeville, Saint-Eutrope-de-Poiroux, Saint-Pierre-d'Avrillé, Saint-Nicolas-de-la-Chaume, Saint-Généreux-de-Girouard. Les Bénédictins ne conservèrent pas jusqu'à la Réforme toutes les églises que nous avons énumérées, mais elles leur furent toutes données, en totalité ou en partie, dans le cours du XIe et les premières années du XIIe siècle.

Dans presque toutes ces localités furent installés deux ou trois moines, quelquefois davantage, ayant le droit de percevoir des aumônes et de lever les dîmes payées par les vassaux. Ces religieux, envoyés ainsi par l'abbé, avaient toujours au moins, parmi eux, un prêtre pour célébrer le service divin : le presbytère, habité auparavant par un seul

(1) Cartulaire de Talmond, ch. XXIII. La moitié des bénéfices de cette église avait été donnée à l'abbaye par Geoffroy de Poitiers; elle devint bientôt sans conteste, la propriété de Saint-Michel-en-l'Herm.

(2) Aujourd'hui la Chapelle-Achard.

(3) Les églises de Lamayré et d'Aubigny, dont il est question ici, se trouvaient dans le vicomté de Thouars, aujourd'hui cantons de Saint-Loup et de Thénezay.

pasteur séculier, devenait prieuré, et tout cela avec l'autorisation de l'évêque, très heureux de pouvoir assurer aux paroisses de dignes recteurs. Car, il est bon de dire pour être impartial, qu'il y a lieu de ne pas confondre les premiers moines de Talmond, dont nous parlons ici, avec leurs descendants dégénérés, qui attirèrent, plus tard, sur leur tête, une réforme semblable à celle que l'on était alors en train de faire subir au clergé séculier; en ce temps d'ignorance très grande, de violence inouïe, de superstition ridicule, ils ont rendu, avec leurs frères répandus dans tout le pays, un service signalé à la religion et à la société.

Ces diverses paroisses avaient eu presque toutes la même origine. Il arrivait fréquemment, en effet, qu'un seul propriétaire possédait une grande étendue de terre, appelée *Villa*, aussi spacieuse que beaucoup de nos communes; dans ce domaine, il élevait le plus souvent un oratoire, affecté aux besoins religieux des serviteurs, des paysans et du seigneur lui-même, alors tenu d'allouer un terrain et des revenus suffisants pour l'entretien d'un prêtre pris, d'ordinaire, parmi les hommes de son domaine. Ce sont ces oratoires ruraux, qui ont donné naissance aux trois quarts de nos cures de village. « De même que le village moderne « est dérivé le plus souvent d'un ancien domaine, de même « l'église paroissiale est dérivée très souvent de la chapelle « privée du grand propriétaire (1). »

Cette allocation constitua, pour chaque cure, une dotation foncière, exempte de charges, appelée *Mansus* (2) : de là le nom de mense paroissiale.

Afin d'accroître leur puissance, les moines de Talmond ne craignirent pas, dans bien des cas, d'aller au devant des

---

(1) Fustel de Coulanges. Histoire des institutions politiques de l'ancienne France.

(2) *Mansus*, étendue de terrain suffisante pour fournir au travail d'une paire de bœufs et nourrir une famille.

donations et d'acquérir certaines paroisses à prix d'argent, pour les enlever ainsi aux laïques usurpateurs. Il n'est donc pas étonnant de voir, qu'après un temps relativement restreint, l'abbé de Sainte Croix était devenu aussi puissant que son seigneur, qu'il avait su contenir à peu près dans ses attributions, et reléguer derrière les tours de son château, ou envoyer conquérir les lieux saints en Palestine.

Dans la suite, si les monastères ne purent toujours placer des religieux à la tête de la paroisse, ils ne négligèrent pas pour cela de remplir les engagements qu'ils avaient contractés, et de fournir des ministres à la religion. Ils prirent, dans les localités soumises à leur influence, les enfants les plus intelligents, spécialement les orphelins, ou d'autres qui leur étaient confiés par leur famille, et ils les élevèrent selon les usages ecclésiastiques, pour les présenter à la consécration de l'évêque, qui n'y faisait pas faute, lorsqu'il les trouvait dignes de remplir leurs fonctions. Ces prêtres, formés par les moines, administraient alors les paroisses sous la direction des religieux, tout en restant soumis à leur chef hiérarchique unique, qui était l'évêque. Il en fut ainsi, tant que l'observance régulière se maintint dans les monastères, et que le relâchement n'eût point fait déchoir les moines des hauteurs de la perfection convenable à leur état.

Mais, nous n'avons parlé jusqu'ici que de Sainte Croix de Talmond, parce que ce fut cette abbaye qui eut les plus riches dépendances dans la petite région que nous étudions. Cependant, Saint-Michel-en-l'Herm, sa puissante rivale, avait déjà, depuis longtemps, mis la main sur les rives du Lay où elle avait fondé les prieurés de Saint-Benoît, Curzon, Lairoux et plus récemment, sur la partie septentrionale du Brandois, où elle prit la Chaize-Giraud et Landevieille. Marmoutiers-de-Tours, Saint-Cyprien-de-Poitiers, Nieul-sur-l'Autize, Luçon, Maillezais possédaient aussi quelques paroisses dans le pays relevant de la

Seigneurie de Talmond; mais ces succursales étaient en petit nombre, et l'on peut dire sans crainte, que la grande majorité des églises de la contrée appartenait aux Bénédictins de Sainte Croix.

Cela ne veut pas dire, qu'aux XIe et XIIe siècles, il ne se soit fondé dans le Talmondais d'autre abbaye que celle de Talmond. Quoique la fièvre religieuse du Xe siècle se fût un peu calmée, les fondations pieuses se multiplièrent encore d'une façon incroyable pendant les premiers temps de la féodalité. En effet, quelques années après la consécration de l'abbaye de Talmond, vers 1050, fut créé par Guillaume le Jeune, le prieuré de Fontaines dans la paroisse qui, dédiée primitivement à la Trinité, adopta dès lors le vocable de Saint-Jean, patron du prieuré. Le prieur n'a auprès de lui que trois ou quatre compagnons, et il dépend de Marmoutiers, près de Tours : il n'a sous sa dépendance que l'église de Saint-Jean, mais il sait se remuer en conséquence, et sa modeste maison voit bien vite s'accroître ses jolis revenus.

Non loin de là vint se reconstruire l'abbaye de Jard, car nous sommes loin de considérer celle qui fut érigée par Richard Cœur-de-Lion, comme la première installation des Prémontrés dans cette contrée. Nous savons, en effet, que ceux-ci s'établirent tout d'abord dans la forêt de la Roche-sur-Yon, près de la Genétouze, et que là ils commencèrent à élever des constructions et une chapelle, sur la terre de la Comtesse, qu'ils appelèrent le Lieu-Dieu (1). Probablement mécontents de l'aridité de ce pays couvert de landes et de genets, ils demandèrent au comte du Poitou, un autre domaine, sur lequel ils pussent fonder une nouvelle colonie. Ce fut donc là que vint les trouver la

(1) Cette propriété a toujours conservé le nom du Lieu-Dieu et se trouve appartenir actuellement à la famille Benoit, de Talmond. La charte de fondation, datée de Luçon, est du 5 mai 1190.

charte rédigée par Richard, datée de Talmond, du 4e jour de novembre, la 9e année de son règne, c'est-à-dire en en 1196 (1). Puis encore, en 1107, la fondation, dans la forêt d'Orbestier, de l'abbaye de Saint-Jean, au profit des Bénédictins, par Guillaume, duc d'Aquitaine ; en 1110, celle de l'abbaye de Bois-Groland, près Poiroux, sous Aimeri du Bouil, seigneur de cette baronie, par vénérable homme Meschin, abbé de Moreilles.

Quand toutes ces maisons religieuses prirent naissance, elles trouvèrent Sainte Croix de Talmond déjà maîtresse de la contrée et à la tête de la plupart des bénéfices. Leurs abbés en furent donc réduits à exercer une influence beaucoup plus restreinte sur les populations des campagnes, qui ne tardèrent pas à les regarder d'un œil beaucoup moins bienveillant, et à ne les connaître que par suite des droits qu'ils percevaient sur leurs revenus ; leur rôle fut, par suite, assez limité.

L'union des paroisses au monastère ne souleva pas de grosses difficultés, tant que les moines restèrent soumis à la juridiction épiscopale, et tant que l'évêque put surveiller l'élection des abbés et la casser même, si elle n'était pas faite régulièrement ; car les monastères dépendaient alors des évêques, comme aujourd'hui les séminaires. Mais aux XIIIe et XIVe siècles, les religieux relâchés de cette époque, peu soucieux d'exercer les fonctions pastorales qu'ils trouvaient trop pénibles, les abandonnèrent peu à peu aux clercs séculiers; ils partagèrent avec ceux-ci les revenus de la paroisse, et gardèrent pour eux la plus grosse part qu'ils purent retrancher du traitement du clerc desservant, alors réduit à la portion congrue. « Autant, dit la chronique « du Langon, que le prieur n'était tenu à l'administration « d'aucun sacrement, fut baillé les biens à un prêtre, pour « iceux desservir et avoir cure et administration des

(1) Charte de Richard dans le Trésor des chartes, t. I, p. 409.

« sacrements et prédications, et furent appelés les dits « biens, la cure, à qui depuis il a été baillé d'autres biens, « ainsi qu'elle est. »

Les moines donc abandonnent peu à peu le prieuré ou la maison paroissiale, tout en conservant le droit de nomination du clerc; si parfois ils continuent à y résider, c'est pour y mener une vie oisive et plus libre qu'elle ne serait au couvent. Les évêques, auparavant si favorables à l'union des paroisses aux monastères, voient, désormais, avec une certaine défaveur, cet ordre de choses, qui leur soustrait le droit de nommer des pasteurs, et enlève aux paroisses elles-mêmes la meilleure partie des revenus. Les prêtres, de leur côté, ressentent peu à peu de l'éloignement pour les moines qui leur retirent le profit de leurs charges, et supportent, avec peine, le patronage de ces abbés qui n'est qu'un embarras sans aucune compensation.

Cette lutte fut peut-être un peu moins ardente dans le Talmondais que dans beaucoup d'autres parties de la France, car l'abbaye de Sainte Croix fut tellement éprouvée par les guerres religieuses du XVIIe siècle, que les curés purent plus facilement se séparer d'elle et conquérir une indépendance relative. On les vit cependant s'allier à leurs voisins, aux approches de la Révolution, et se joindre à eux pour renverser les institutions religieuses que leur avait léguées le moyen âge. Longtemps muets, par respect pour la discipline, lorsqu'ils se décidèrent à faire entendre leurs plaintes, ce fut pour en faire retentir les échos de la chrétienté.

Chapitre II. — L'abbaye de Sainte Croix. Ses offices claustraux et sa Justice seigneuriale.

§ 1er. L'ABBAYE DE SAINTE CROIX. — SA DESCRIPTION.

La vie chrétienne monastique est d'origine orientale, et ne fut introduite en Occident, qu'au commencement du ve siècle. Dans nos contrées, ceux qui se réunirent dans une même habitation, pour s'astreindre à la vie conventuelle, obéirent à un supérieur, qu'ils se donnèrent, et dont la nomination devait être confirmée par l'évêque de la province et ratifiée par le pape. Le travail assidu de ces religieux, l'habile administration de leurs revenus, et leur adresse à attirer les donations, augmentèrent tellement leurs richesses, que celles-ci furent en butte, de bonne heure, à la convoitise des grands, et que les rois voulurent bien vite s'arroger le droit de nommer les abbés, afin de disposer de ces gros bénéfices en faveur de favoris qui leur avaient rendu des services. De la résistance des moines surgirent des luttes, qui éclatèrent dans bien des parties de la France, mais auxquelles les monastères de notre contrée restèrent à peu près étrangers (1), car les abbés obtinrent leur titre à l'élection, jusqu'au Concordat de 1516, passé entre le pape Léon X et François Ier, et conférant au roi le droit de nommer aux abbayes, à l'exception des abbayes, chefs d'ordre. Mais alors les nouveaux abbés, pourvus sous ce régime, quittèrent le nom d'Abbés *réguliers*, pour prendre celui de *commendataires*.

---

(1) On trouve pourtant l'ingérence du roi Louis XI, dans une élection d'abbé à Sainte Croix de Talmond : il recommanda bien au choix des moines un de ses protégés, mais son candidat éprouva un échec, comme on le verra dans la suite.

Le premier abbé commendataire de Sainte Croix de Talmond nous semble avoir été François Soussenate, écuyer, maréchal des logis de Monseigneur le duc d'Anjou, frère du roi, qui fut investi de ce bénéfice, vers 1567, par des lettres patentes de Charles IX (1). Depuis lors, toutes les nominations d'abbé restèrent dans la main du roi.

D'après certains archéologues, qui se sont occupés superficiellement de cette question, l'abbaye de Sainte Croix aurait eu ses premiers bâtiments dans l'enceinte même du château des sires de Talmond : l'église de Saint-Pierre, dont le clocher fut transformé en donjon féodal, s'y trouvait déjà, et on aurait construit à proximité, au milieu de la demeure seigneuriale, des cellules pour y loger les nouveaux habitants. On rencontre encore, il est vrai, dans l'angle Nord-Ouest du vieux château, des restes de constructions qui datent absolument de cette époque, et qui sembleraient s'adapter assez bien au style architectural des bâtiments monastiques. A quoi, du reste, auraient pu servir, dit-on, ces salles voûtées des premier, deuxième et troisième étages du donjon, si ce n'est aux assemblées des moines ? Des mémoires, sujets à révision, rédigés aux XVIIe et XVIIIe siècles, rapportant la tradition, disent que l'abbaye fut d'abord construite dans l'intérieur du château et transférée plus tard, au Nord de la ville, quand les seigneurs se trouvèrent trop à l'étroit. L'abbé Suger de Saint-Denis, lorsqu'il parle de la prise du château de Talmond, en 1138, par Louis VII, raconte que le roi « livra aux flammes tout « le château, même les abbayes et les églises, jusqu'à « l'enceinte de la Tour où se réfugièrent ceux des traîtres « qui avaient échappé à la mort ».

Tous ces témoignages cependant ne nous ont nullement

---

(1) Ce nom de François Soussenate est complètement inconnu des auteurs de la *Gallia Christiana* et du *Pouillé du diocèse de Luçon*. Il nous a été révélé par un mémoire du XVIIIe siècle.

converti, et si nous n'avons trouvé aucun renseignement irréfutable, qui prouve indubitablement que le monastère était à l'intérieur des murs du château, nous avons, en revanche, rencontré plusieurs titres qui semblent complètement prouver le contraire. D'abord Guillaume le Chauve, dans la charte de fondation, déclare qu'il bâtit l'église de Sainte Croix, « *prope castellum meum* », près de son château, et non pas au-dedans, comme il le dit du reste fort bien pour l'église Saint Pierre, « *intra castellum sitam* »; ailleurs, « *intra cancellos oppidi* (1) », veut plutôt dire, à l'intérieur de la ville, que, à l'intérieur du château. De plus, dans la charte III du cartulaire, il est dit que Achard de Niort donne, en 1056, aux moines : « *hortum subtus monasterium super stagnum Chadoret* », un jardin situé au-dessous du monastère et au-dessus du marais de Cadoret : or, si l'abbaye est dans le château, et nous n'en sommes encore qu'aux premières années de son existence, cette phrase ne peut s'expliquer d'après l'état des lieux; tandis que si nous supposons la fondation faite de prime abord au Nord de la ville, à la place occupée dans la suite, jusqu'à nos jours, ce texte est absolument exact et approprié à la configuration des alentours de l'abbaye. Encore cette phrase du même document : Guillaume le Jeune, faisant une libéralité, s'exprime ainsi : « *Ego vero* « *dedi S. Cruci burgum in cimeterio ejusdem ecclesie situm,* « *a capite monasterii usque ad portam Siliginensem* » (2). Je donne à Sainte Croix le faubourg situé dans le cimetière de cette église, depuis la tête du monastère (le commencement) jusqu'à la porte *Siliginensem.* Or, si à ce moment l'abbaye avait été dans l'intérieur du château-fort, le

(1) Mémoire du XVIIIe siècle.

(2) La position de cette porte nous est inconnue : nous pensons toutefois que c'était l'ancien nom de la porte ouverte sur la route de Grosbreuil.

cimetière n'en aurait pas contenu un faubourg, et il aurait été assurément question de l'enceinte de la forteresse et non d'une des portes de la ville. Du reste, on apprend encore par la même charte, que le marché public du samedi fut installé dans le cimetière de Sainte Croix : cette église n'était donc pas dans le château. Est-il encore, après cela, nécessaire de parler du passage dans lequel il est question d'une maison bâtie en face des portes du monastère ? (1)

On ne peut, à côté de ces textes formels, citer, à notre connaissance, un seul membre de phrase qui autorise l'affirmation catégorique répétée dans la suite, par tradition, dans des mémoires remplis d'inexactitudes, et nous croyons qu'il n'est pas juste d'attribuer trop d'importance aux constructions primitives du vieux château, qui ont pu fort bien abriter les seigneurs de Talmond, tout aussi incommodément, que les moines de Sainte Croix. Il est très regrettable, d'un autre côté, que l'aménagement d'un jardin fortement remblayé au-dessus de l'ancien sol de l'abbaye connue de tous, ne nous ait pas permis de bouleverser un peu les terres rapportées, et de découvrir les substructures de bâtiments, qui auraient pu apporter un appoint sérieux à l'affirmation de la vérité. Espérons que d'autres plus heureux sauront réaliser ce qui fut un de nos désirs.

D'après un croquis naïf et enfantin de la fin du XVIIe siècle, ou du commencement du XVIIIe, reproduit ci-contre, avec toutes ses imperfections et ratures, il nous est à peu près possible de décrire ce qu'était l'abbaye de Sainte Croix, lors de sa splendeur, c'est-à-dire aux XIIIe et XIVe siècles.

L'enceinte, qui lui était réservée, comprenait tout l'espace qui s'étend entre la route de la Saunerie ou Sainte Foy au Sud, celle de Grosbreuil ou de l'Espinay à l'Est, et les anciens fossés de la ville au Nord et à l'Ouest. Ces derniers

---

(1) *Domum ante fores monasterii.*

suivaient une ligne courbe, partant de la porte l'Abbé, sur la route de Sainte Foy, à l'embranchement du chemin des Prêches (1), et allaient, en prenant une direction demi-circulaire, rejoindre, près du Cabinet, les terrasses de la Ménarderie. La superficie de ce terrain peut être évaluée à deux hectares environ (2).

Si nous pénétrons dans la première cour de l'abbaye, par l'une des portes de la route de la Saunerie, ouvertes au Midi, et qui formaient la véritable entrée, nous trouvons, à gauche, sur le bord de cette route, l'*Hotellerie* pour les étrangers, et la maison de l'*Infirmier*, tandis que un peu plus loin, dans la même direction, ont été construites la maison de l'*Aiguier* et les dépendances de l'abbaye, la *Grange*. Cette cour est fermée au Nord, par le bâtiment principal contenant le *Cloître*, autour duquel devaient se grouper, la *Salle capitulaire*, le *Réfectoire*, la *Bibliothèque*, le *Parloir*, le *Logement de l'abbé*, et enfin à l'étage supérieur, les *Cellules* des moines. L'*Eglise* primitive *de Sainte Croix* occupe la partie Est de l'enceinte, et sépare en deux parties, à peu près égales, le *Cimetière*, dont la portion Sud est réservée aux étrangers, tandis que toute celle du Nord est occupée par les tombes des moines et celles des bienfaiteurs les plus généreux.

De l'autre côté du cloître, (au Nord de l'allée du Renclos, qui dans les premiers siècles n'existait pas), on aperçoit les maisons réservées au *Chantre* et à l'*Aumônier*. De vastes jardins potagers entourent cet ensemble de constructions.

Nous avons mis à jour dans des fouilles opérées sur la route de Grosbreuil, les fondations de l'abside de l'ancienne église de Sainte Croix : tant qu'à la petite *Chapelle*, dont les ruines apparaissent encore dans le verger de M. Morisset,

---

(1) Chemin des Prêches ou rue de la Fontaine.

(2) Voir, en outre des deux croquis, le plus d'ensemble de la ville de Talmond.

propriétaire actuel des terrains de cette abbaye, elle date de la deuxième moitié du XVIIe siècle, et nous avons pu retrouver le marché passé, en 1662, entre les maçons et l'abbé Louis-Maurice de la Trémoille, pour la continuation de ce petit édifice : il est publié dans les preuves de cet ouvrage, à la fin du volume.

La maison du *Parquet,* qui occupe encore l'angle des deux routes, date d'une époque antérieure : elle servit, sous le prince-abbé, d'auditoire pour la cour de la principauté, aussi bien que pour celle de l'abbaye; mais ses successeurs, qui ne possédaient pas ces deux titres, en revendiquèrent la propriété exclusive pour le couvent, et il fallut transporter dans le Château neuf, les archives de la principauté.

Durant sa longue existence, qui comprend huit siècles, Sainte Croix de Talmond fut brûlée plusieurs fois et détruite presque complètement par les protestants, dans la deuxième moitié du XVIe siècle. A partir de cette date, elle ne se releva jamais de ses ruines, et sa puissance, après quelques velléités de renouveau, périclita de jour en jour, jusqu'en 1735, année pendant laquelle elle fut convertie, sans grand succès, du reste, en maison de retraite pour les prêtres infirmes.

Elle abrita nombre de moines, fort habiles gens, qui réussissaient à tromper la mort en la forçant à se présenter à eux sous des traits agréables, sans, pour cela, rendre leur vie beaucoup plus dure qu'elle n'était pour la généralité de leurs contemporains.

§ 2. — LES OFFICES CLAUSTRAUX

Nous avons déjà dit que les premiers *Abbés* portaient le nom de *réguliers;* ils étaient nommés à l'élection par tous les religieux profès de l'abbaye, assemblés dans la salle capitulaire, sous la présidence du prieur claustral : les

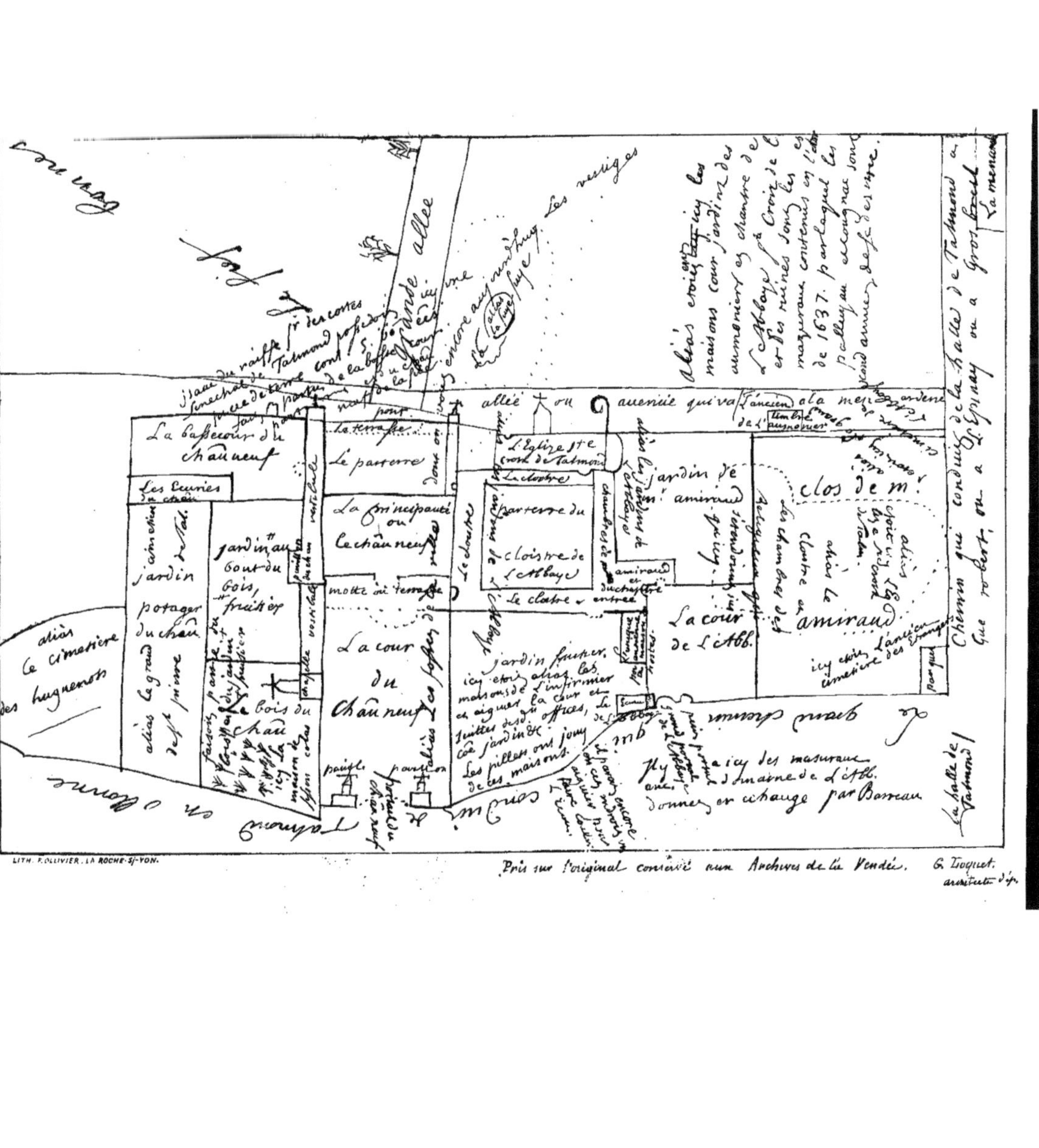

La bassecour du chauneuf
Les Ecuries
Le parterre
La terrasse
La principauté ou Le chau neuf
motte ou terrasse
La cour du chau neuf
L'Eglize Ste croix de Talmond
Le cloistre
parterre du cloistre de l'Abbaye
jardin de mr amiraud
La cour de l'Abb.
clos de mr amiraud
jardin potager du chau
Les pilles ont joui de ces maisons
LITH. F. OLLIVIER, LA ROCHE-S/-YON.
Pris sur l'original conservé aux Archives de la Vendée.

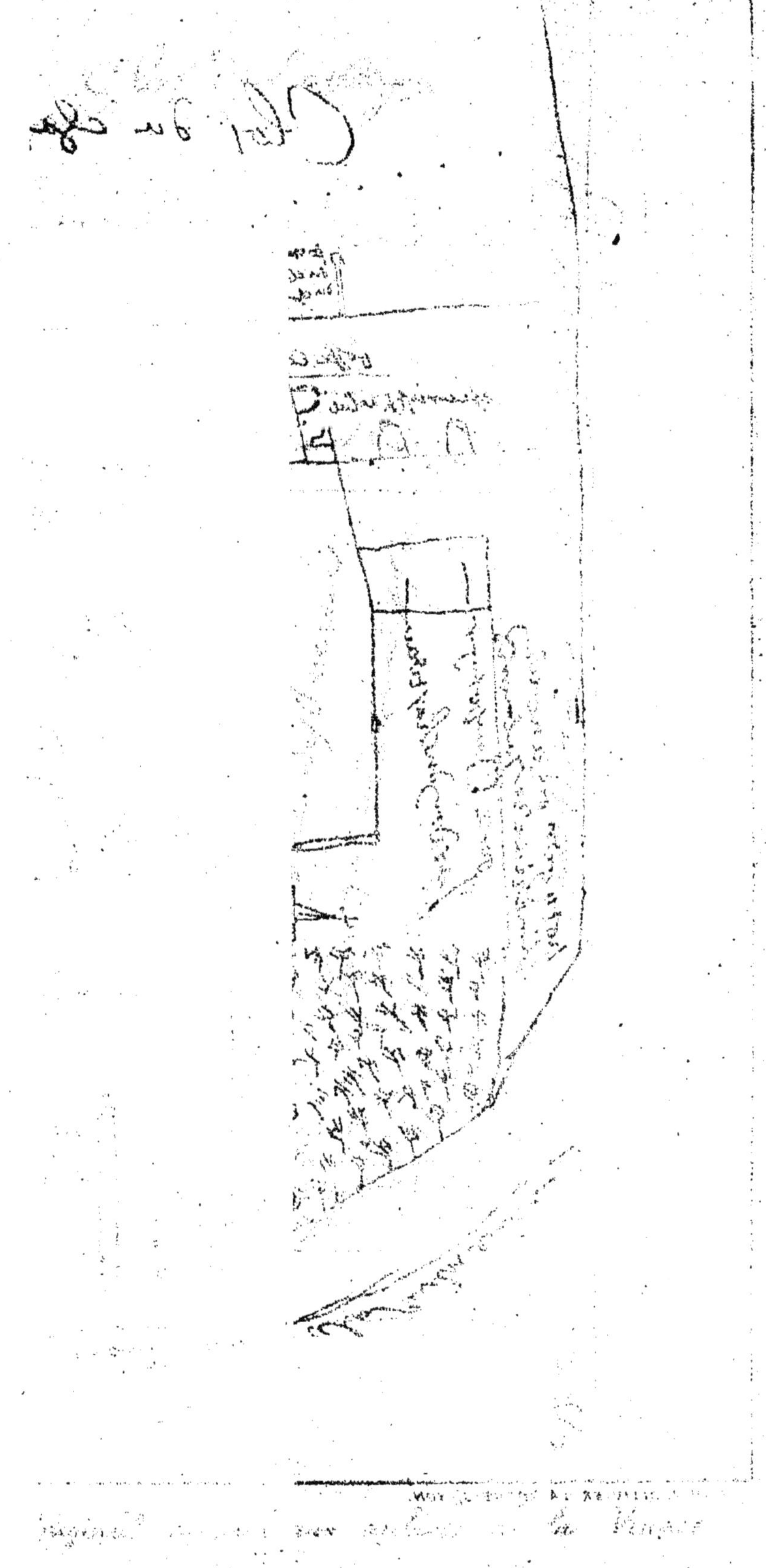

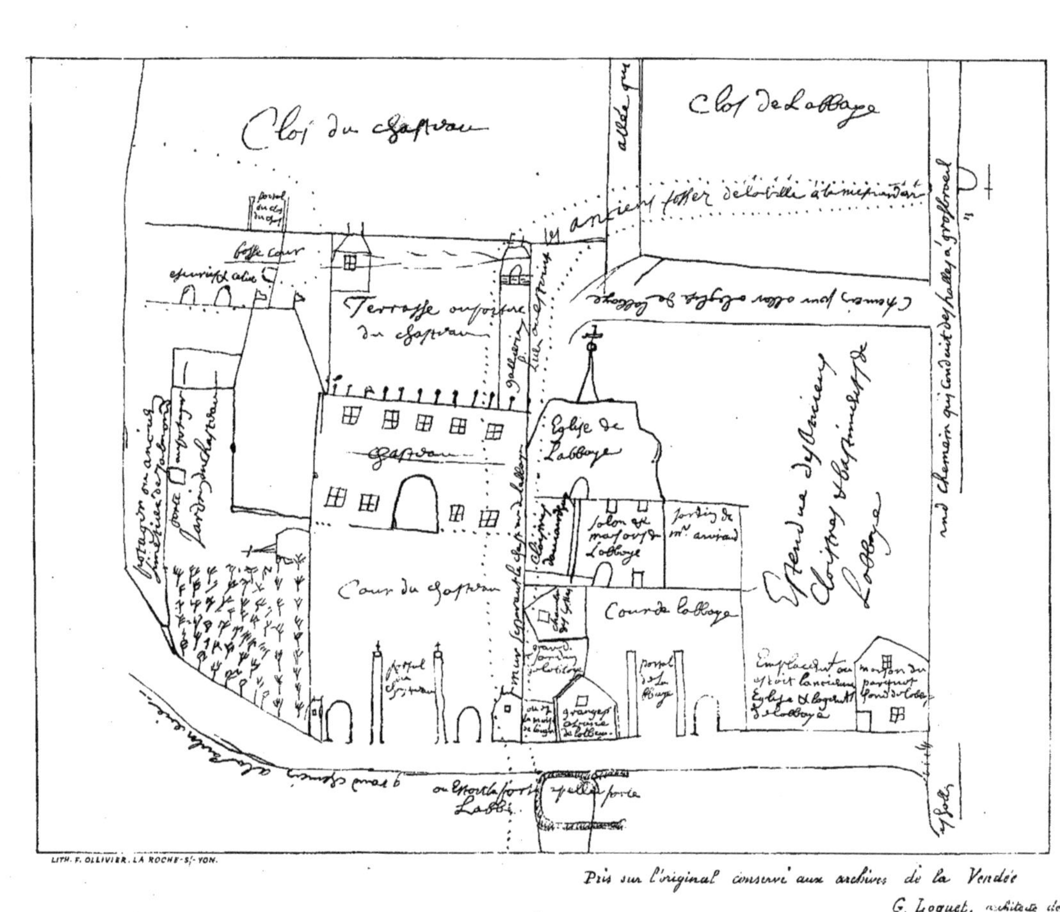

LITH. F. OLLIVIER. LA ROCHE-S/-YON.

Pris sur l'original conservé aux archives de la Vendée

G. Loquet. architecte dép

moines du dehors devaient assister à cette réunion ou envoyer leur vote. On considérait, au couvent, comme des jours de deuil et de veuvage, le temps pendant lequel la place d'abbé restait vacante, et le jeûne était obligatoire, les trois jours qui précédaient l'élection. Aussi, dès que le résultat du vote était ratifié par l'évêque, s'empressait-on, pour l'investiture du nouvel élu, de demander la bénédiction de ce prélat ou de l'archidiacre, qui était donnée par la remise du bâton pastoral, et de chanter un *Te Deum* en grande solennité.

L'abbé de Talmond portait la crosse et la mitre dorée, mais non ornée de pierres précieuses réservée exclusivement aux évêques : il officiait en grande pompe les jours de la Nativité, Pâques, Pentecôte, Assomption, la Toussaint, l'anniversaire de la Sainte Croix, le Jeudi Saint, et représentait le monastère aux synodes de Poitiers, et plus tard à ceux de Luçon (1). Quoique buvant, mangeant et dormant avec ses moines, il avait droit, de leur part, aux plus grands hommages, et c'était un honneur très recherché par les habitants du couvent, que de recevoir sa bénédiction, quand il était sur son lit, à l'article de la mort, revêtu de son étole et

(1) L'abbé était tenu, sous peine d'une certaine redevance à payer à l'évêque, d'assister aux synodes annuels qui réunissaient tous les prêtres du diocèse. Dans ces assemblées, le prélat leur distribuait l'enseignement des Saintes Lettres et les Canons, faisait connaître les prescriptions relatives aux prières publiques, à l'administration des sacrements, à la discipline ecclésiastique et enfin traitait avec eux les affaires générales du diocèse.

Ce n'était pas seulement au chapitre de la cathédrale que se tenaient les synodes ; l'évêque, qui avait le devoir de parcourir souvent son diocèse, convoquait à son passage les principaux ecclésiastiques d'un diaconat ou doyenné et même archidiaconat et tenait au milieu d'eux un synode partiel. Là surtout, il s'occupait de la correction des mœurs du clergé et des fidèles, et pour cela, interrogeait les personnes les plus saines du pays. Il existe plusieurs traces de ces synodes dans les divers cartulaires du Bas-Poitou.

muni de son bâton pastoral. Une fois décédé, son corps était transporté à l'église, au pied de l'autel, où on l'exposait; les prieurés de la contrée et les monastères de tout ordre étaient prévenus du décès, par des porteurs d'un *billet de mort (breve)* et pouvaient ainsi envoyer des délégués à la cérémonie des funérailles, qui avait lieu alors avec le plus grand appareil.

L'abbé recevait en personne les foi et hommage de tous ses vassaux, le vœu d'obéissance de ses moines : il avait le titre de Seigneur *(dominus abbas)*(1) et se trouvait, par suite de sa nomination, posséder tous les droits de juridiction spirituelle et temporelle sur les religieux du couvent et les membres dépendants.

Quand l'abbaye eut à sa tête un abbé *commendataire*, il en fut tout autrement. Comme celui-ci ne résida presque jamais sur les lieux, et que, souvent même, il n'était pas prêtre, il confia le gouvernement spirituel à un prieur claustral, et se contenta de vaquer aux soins du temporel, ce dont, en général, il sut fort bien s'acquitter pour en retirer des profits relativement considérables.

A la personne des abbés de Sainte Croix furent souvent attachés, pendant les premiers siècles, un *Chapelain*, un *Crossier* ou *Porte-crosse* et un *Scribe secrétaire*.

En outre, l'abbaye de Talmond possédait : *Un Prieur claustral*, dans l'origine *(Prepositus)* prévôt du chapitre, chargé de suppléer l'abbé dans diverses fonctions, et de le remplacer en cas d'absence; il s'occupait de l'administration temporelle et spirituelle de l'abbaye, sous le contrôle de l'abbé, et à sa mort, présidait les assemblées capitulaires tenues pour la nomination du successeur. Cette charge prit une grande extension dans la suite, quand l'abbaye appartint à des abbés commendataires, car ce furent eux

---

(1) *Dominus Abbas*, d'où est venu *Domnus* et ensuite *Dom*, particule qui précédait le nom des moines au XVIIIe siècle.

qui remplirent toutes les fonctions spirituelles des premiers abbés, et eurent quelquefois assez d'influence sur le titulaire, pour faire donner à leurs protégés les prieurés ou les offices lucratifs. Lorsque le personnel devint moins nombreux, ils ajoutèrent très souvent à leur charge les bénéfices de prieurés dépendants, dans lesquels ils ne tinrent nullement résidence, ou ceux de sacriste, d'infirmier ou d'aumônier, dont ils ne remplirent jamais les obligations. Leur nomination était faite, comme du reste celle des autres officiers du cloître, par l'abbé, qui en demandait à l'évêque la ratification. Nous verrons, dans le cours de ce récit que, lors des abbés commendataires, certains religieux se firent pourvoir de leur office directement par les évêques et le Pape, ce qui ne manqua pas de créer de nombreux conflits avec les titulaires de l'abbaye, mis ainsi dans l'obligation de leur fournir une pension.

Il est peu fait mention de l'office de *Sous-Prieur* : cependant il a existé, et nous en trouvons deux exemples en 1120 et 1210, ce qui fait présumer que ce titre ne fut porté qu'à l'époque de l'apogée de la puissance conventuelle.

L'*Aumônier* avait pour mission de visiter les pauvres du voisinage, de leur faire des aumônes et de secourir les voyageurs dépourvus de ressources. Pour remplir ces fonctions, certains bénéfices lui étaient alloués, lesquels ne pouvaient être distraits de leur destination. L'abbé Brasseur, ancien doyen de Talmond, rapporte le détail suivant : « Parmi les différentes sortes d'assistance que ce bon « religieux pouvait prodiguer aux pauvres, il en est une « qui, par sa singularité même mérite de ne pas être passée « sous silence. Deux fois par semaine, il leur faisait « tremper la soupe dans un timbre en pierre, lequel était « placé au milieu de la rue que l'on appelle aujourd'hui « l'allée du Renclos (1). Ce timbre était en grison,

(1) Comme dans les premiers siècles, cette allée n'existait pas, le timbre devait être placé, soit dans le cimetière, soit sur la route de l'Epinay.

« de forme ronde, connu par tradition, sous le nom « d'écuelle des pauvres : il pouvait contenir environ « 800 pintes, mesure de Paris, et il a été enlevé en 1778 « par M. le Marquis de la Boissière », lorsque l'abbaye n'était plus qu'une maison de retraite pour les prêtres infirmes du diocèse (1).

Il fut d'usage, aux beaux temps de la vie conventuelle, de distribuer aux pauvres des environs un dixième du revenu total, plus, tout ce qui n'était pas indispensable à la prospérité du monastère; malheureusement on verra par la suite, qu'il se passa des siècles entiers sans qu'il fut question de la moindre aumône.

L'*Infirmier* devait avoir soin des malades à domicile et des infirmes, et remplir quelquefois les fonctions de médecin. Il avait aussi son budget spécial, touchait cens et rentes et avait qualité, avec l'approbation du couvent, ainsi que les autres dignitaires de l'abbaye, pour aliéner ou échanger les biens qui lui étaient confiés. Son installation se faisait suivant les règles accoutumées et procès-verbal en était dressé. L'infirmier et l'aumônier avaient à Talmond, comme on l'a déjà dit, des habitations spéciales et distinctes de celles des autres bénédictins.

Le *Sacriste* se trouvait avoir pour mission de pourvoir à tous les besoins de l'Eglise : il fournissait les luminaires, les ornements, le vin, l'encens, tous les ustensiles et devait faire entretenir les bâtiments du monastère : il logeait également en dehors du cloître.

Le *Chantre* ou précenteur, un des principaux dignitaires de l'abbaye, dirigeait le chant à l'Eglise, en commençant les psaumes et les antiennes : il était chargé de régler tout le cérémonial du culte, et, en l'absence de l'abbé, recevait

(1) Extrait d'une note rédigée en 1824 par M. Aimé Durroussy, ancien fermier général des biens de l'abbaye avant 1791. Le timbre était encore à cette date à la Benastonnière.

le premier l'encens de la part du thuriféraire. Il portait dans les processions, aux fêtes solennelles, la chape et le bâton orné recouvert d'argent, et remplissait en même temps, ici, les fonctions de bibliothécaire-archiviste.

Enfin, l'*Aiguérie* était une dignité très recherchée à Sainte Croix. L'aiguier ne fut pourvu de tous ses profits et devoirs que le 3 mai 1366, par les soins de l'abbé Pierre, qui désirait alléger les charges et la responsabilité de l'abbé; mais il existait déjà auparavant avec des pouvoirs plus modestes. Nous ne saurions mieux faire pour énumérer les nombreux bénéfices et charges qui étaient attachés à cet office, que de reproduire, aux preuves [1], l'acte, dont une copie en fort bon état est conservée dans les archives de la Vendée : nous y avons ajouté, toutefois, la traduction française, car il est rédigé en latin, comme toutes les délibérations des monastères de cette époque. Remarquons qu'il est divisé en deux parties bien distinctes, les profits, les charges : tout d'abord, l'énumération des biens et bénéfices considérables attachés à la fonction, ensuite les devoirs imposés à celui qui en jouira.

§ 3. — LA JUSTICE SEIGNEURIALE

L'abbaye de Sainte Croix avait sa Cour de Justice qui siégeait dans l'intérieur de son enceinte. Dès sa fondation, le seigneur de Talmond rendit justiciables de l'abbé seul, tous les vassaux qu'il mit dans la dépendance du monastère et il l'expliqua avec détail dans la première charte du cartulaire. Tout d'abord, les moines remplirent eux-mêmes les fonctions de prévôt, et l'abbé qui n'était point toujours jurisconsulte éminent, prit le soin de désigner les plus avisés, pour leur confier la mission délicate de rendre la justice.

---

(1) Voir à la fin du volume.

Cette cour tenait ses grandes et petites assises : elle avait droit de haute, moyenne et basse justice : elle pouvait donc appliquer les grandes et petites amendes, suivant l'importance des cas qui lui étaient soumis : elle avait même sa prison. Elle connaissait indistinctement tous les délits civils et certains crimes et ne relevait en rien de la cour de la principauté : les mécontents ne pouvaient en appeler qu'au roi, à ses cours ou prévotés et à l'official de Luçon.

Plus tard, les moines se lassèrent et abandonnèrent ces fonctions qu'ils confièrent à un sénéchal simplement clerc ou laïque, près duquel fut aussi installé un procureur fiscal. Les causes à traiter étaient nombreuses et variées, car en outre des crimes, des délits se rapportant aux droits de propriété, aux hommages et dénombrements, il fallait surveiller les mesures à blé et vin, les poids, la pêche, les droits de foire, les privilèges accordés aux fours banaux et aux moulins, etc... L'abbaye était en effet une seigneurie, à laquelle tous les vassaux rendaient foi et hommage, noble ou plain, et l'abbé jouissait, en ce sens, des mêmes prérogatives que le seigneur féodal.

Une longue discussion s'éleva, pendant le XIVe siècle, au sujet des droits de mutation. Les seigneurs prétendirent que l'abbaye de Sainte Croix devait payer le rachat à chaque mutation d'abbé, ce que contestait énergiquement le couvent. On finit toutefois par s'entendre et par signer une convention, par laquelle il fut décidé, que le monastère paierait seulement un abony (1) de 25 livres, à chaque changement d'abbé, mais non à mutation de seigneur : et nous avons trouvé, dans les comptes de la principauté, plusieurs preuves de ce paiement. C'était un des rares liens féodaux qui unissaient l'abbaye à la principauté.

---

(1) Abony, sorte d'abonnement, qui fixait un prix invariable pour tous les cas de changement d'abbé.

Chapitre III. — Fondation de l'abbaye
Ses premiers abbés, de Vital à Raoul de la Peyrate

1049 — 1209

L'abbaye de Sainte Croix fut fondée par Guillaume le Chauve, seigneur de Talmond (1), vers 1049, d'après M. de la Boutetière, en 1046, selon la chronique de Maillezais, et en 1041, si l'on s'en rapporte à plusieurs mémoires des XVIe et XVIIe siècles, retrouvés dans les archives de la Vendée, mais auxquels nous n'apportons pas plus d'importance qu'ils n'en méritent. Le fondateur dit dans sa charte d'érection : « Il m'a plu de la construire (cette maison), près de mon château, en l'honneur de la croix du Seigneur, afin qu'elle apparaisse sacrosainte, au dernier jour du jugement, à moi, mes enfants et mes proches, comme une suprême garde. »

Guillaume confia cette abbaye à des moines de l'ordre de Saint Benoît, congrégation très répandue dans le Poitou et qui possédait déjà Maillezais, Noirmoutier, Saint-Michel, etc.... Puis, voulant combler son enfant de nombreux dons, afin de lui assurer facile et longue vie, il lui accorda d'abord l'église de Saint-Pierre de Talmond, « *intra castellum sitam* », située à l'intérieur de son château, avec toutes ses dépendances et redevances, ainsi que l'église de Saint-

(1) Il sera bon, pour suivre ce récit, de se reporter de temps en temps au tableau chronologique des princes de Talmond publié au commencement de ce volume.

Hilaire-de-Talmond, bâtie par lui (1), plus le bourg et tout ce qui en dépendait.

Chacun pouvait, en effet, construire une église où cela lui plaisait; on avait la faculté d'en disposer à son gré, d'en vendre les revenus ou de les concéder au premier venu. Les autels, les cimetières, les messes étaient dans le commerce et faisaient partie des héritages patrimoniaux; aussi, les cartulaires de cette époque sont-ils remplis de legs de ce genre, faits en échange de prières, de luminaires ou d'autorisation de sépulture dans les lieux consacrés.

Guillaume ne manqua pas à la tradition, et c'est avec une libéralité sans borne qu'il octroia, aux moines de Sainte Croix, des dîmes de toutes sortes sur les produits et les animaux du pays, ainsi que la propriété de quatre moulins, d'un four dans l'enceinte même du château, de pêcheries dans l'étier de Jard, et le droit de prendre dans la forêt d'Orbestier tout le bois nécessaire à la construction ou l'entretien du monastère, y compris l'autorisation d'y faire paître les bestiaux et des chèvres, dont la peau fera les sandales des religieux; enfin la faculté d'avoir un bateau libre de toute redevance, dans le port de Talmond, et tout autre de sa seigneurie. Il rendait les vassaux de l'abbaye justiciables uniquement de leur abbé, et les exemptait de l'obligation de le suivre à la guerre : en cas d'invasion seulement, disait-il, tout le monde devra se lever pour défendre ses biens (2).

Quelques années auparavant, vers 1042, un abbé du nom

---

(1) L'abbé Alexandre, vers 1098, dit bien, dans la charte CLXXXVII du cartulaire, que l'église de Saint-Hilaire fut bâtie par Guillaume, fondateur de Talmond : mais on ne parle nulle part de l'église de Saint-Pierre élevée dans la ville même; il nous a été impossible de savoir par qui elle fut érigée et comment Guillaume en devint possesseur.

(2) Cartulaire de Talmond, ch. I. Voir sa traduction dans les preuves, à la fin de ce volume.

de Vital, chassé de l'abbaye de Saint-Gildas-de-Rhuys, en Bretagne, par l'insoumission de ses moines, mais d'une réputation irréprochable de moralité et de sainteté, vint supplier le sire de Talmond de lui céder un coin de terre sur lequel il puisse prier Dieu en toute sécurité. Or, ce seigneur avait épousé une certaine Amélie (1), qui lui avait apporté en dot des terres à Olonne, Angles et Fontaines. Après avoir consulté ses deux fils, Guillaume et Pépin, et ses barons, encouragé même par sa femme, il voulut bien accorder au malheureux abbé, l'église de Sainte-Marie-d'Olonne (2), dont jouissait alors le prêtre Arnaud qui en fut dépossédé : il la transmit aux bénédictins, ainsi que le bourg et le four de la localité (3), libre de toute redevance, avec des dîmes nombreuses sur les produits des environs. Les seigneurs de cette époque ne se doutaient guère des difficultés qu'ils créaient à leurs successeurs, en partageant ainsi leurs droits de propriété et de suzeraineté avec les moines.

Guillaume de Talmond, voyant vers 1058, approcher le jour de sa mort, prit l'habit monastique, suivant un usage alors très répandu, dans son abbaye de Sainte Croix, non encore consacrée, comme on le verra par les chartes postérieures.

Puis, convoquant tous ses barons, il les supplia, en son nom personnel, et en celui de ses deux fils, Guillaume et Pépin, et de sa fille, Asceline, eux et leurs enfants présents, d'augmenter autant qu'ils pourraient le revenu de sa chère église de Sainte Croix, en lui donnant à elle seule, à l'exclusion de toute autre, lors qu'ils les voudront mettre

---

(1) Cartulaire de Fontaines, ch. I.

(2) La chatelaine Amélie possédait cette église fondée par ses ancêtres et ceux de la comtesse Agnès, mère et femme des comtes du Poitou.

(3) Cartulaire de Talmond, ch. II.

hors de leurs mains, tous les édifices sacrés, bâtis dans les limites de son fief.

Les barons s'empressèrent d'acclamer la volonté du mourant qui put constater, qu'avec le consentement des pères, il avait encore le témoignage favorable des fils. Cet engagement avait une grande importance pour l'abbaye, et fut une des principales causes de sa prompte prospérité, car, « en ces temps là, les grands seigneurs possédaient « quasi toutes les dîmes au dedans de leurs fiefs et « seigneuries, et mêmes les inféodaient à leurs vassaux, ce « qui a duré jusqu'au temps du Concile de Latran, tenu « sous le pape Alexandre III, en l'an 1179. Et quand aux « églises parochiales, nous voions que les princes-seigneurs « et fondateurs d'icelles, avoient acoustume de les donner « et annexer aux monastères, soit de Saint-Benoît, soit de « Saint-Augustin, pour le soin qu'ils avoient que le peuple « fust régi par personnes recommandables, en érudition et « piété, comme estoient tous les religieux, ainsi qu'il se « peut remarquer dans toutes les fondations anciennes, « abbayes et monastères (1). »

Guillaume le Jeune, fils de Guillaume le Chauve et son successeur, se dit qu'il convenait à un bon fils de continuer l'œuvre d'un bon père; donc, pour se conformer aux vœux du fondateur, il fit terminer l'église, et lorsqu'elle fut complètement achevée, la consacra à la Croix Rédemptrice. Tout en approuvant les donations déjà faites, il en ajouta de nouvelles, parmi lesquelles s'en trouve une, relative à la terre de l'Ile-Bernard qui appartenait à sa femme, Maessande.

VITAL, 1054-1066

Il est à supposer que, jusqu'en l'année 1054, le monastère ne posséda pas d'abbé, et que Guillaume le

(1) Mémoire de 1641, rédigé par Sébastien de Coniac, alors abbé de Sainte Croix.

Chauve fut un des premiers qui y prirent l'habit monastique, de sorte qu'il peut être considéré, jusqu'à un certain point, comme le premier abbé de Sainte Croix. Ce n'est qu'à cette date, que l'on voit Guillaume le Jeune, appeler de son lieu de retraite l'abbé Vital, l'homme vénérable, dont nous avons déjà parlé, et lui permettre, en le faisant nommer abbé de Sainte Croix, d'apporter avec lui tous les biens dont il jouissait déjà à Olonne (1). Comme don de joyeux avènement, il y annexa plusieurs bénéfices et entr'autres la chapelle de Saint-Hilaire de Château-d'Olonne, avec son presbytère, élevée par son père dans la forêt d'Orbestier (2), non loin des prés Ascelin, les produits des foires de Saint-Hilaire-de-Talmond, un pré sur les rives du Lay, à Saint-Benoît-d'Angles, et enfin dans la ville même, tout le faubourg compris dans l'enceinte du cimetière de leur église.

Vital gouverna peut-être pendant une dizaine d'années l'abbaye : il y installa les premiers moines, y organisa les principaux services, puis retourna en Bretagne, à son cher monastère de Saint-Gildas, où ceux qui l'avaient chassé, revenus à de meilleurs sentiments, le rappelèrent pour le remettre à leur tête. Les documents conservés nous donnent peu de renseignements sur la direction de cet abbé : nous savons cependant (3) qu'en 1058, au moment où Guillaume VI, comte du Poitou, arrivait à Talmond, à l'occasion de l'ouverture du fief survenue par suite du décès de Guillaume le Jeune, il trouva sur son chemin l'abbé Vital qui allait au-devant de lui, afin de lui rendre hommage, et peut-être aussi pour une raison plus positive.

---

(1) Cet apport fut plus tard la cause de grosses difficultés pour l'abbaye.

(2) *Capellam Sancti Hilarii in oppido foreste Orbisterii quam pater meus sibi privatim edificaverat.....* cartulaire de Talmond ch. III

(3) Cartulaire de Talmond ch. V.

Ce vénérable avait sur le cœur une petite affaire, au sujet de laquelle il n'était pas fâché de s'entretenir quelques instants avec son suzerain. La comtesse Agnès, mère du comte, avait, paraît-il, pris de force la moitié des offrandes et des dîmes que Vital prétendait lui appartenir : il se plaignit amèrement de cette usurpation et réclama justice. Guillaume le ramena avec lui à Talmond, et comme il avait exigé de tous ses vassaux la remise aux églises et à leurs ministres des biens usurpés, après avoir consulté les barons et les habitants du pays, réunis à la cour du château, il déclara qu'il y avait abus de la part de sa mère, et il fit rendre au couvent, à Vital et aux moines, tous leurs droits, tels qu'ils existaient du temps de Guillaume le Chauve. Il ajouta même l'autorisation de faire panager les porcs de l'abbaye dans les bois de Jard.

EUVRARD, 1073-1091

Le second abbé de Sainte Croix fut Euvrard (1) qui trouva à la tête de la seigneurie de Talmond, au moment de son élection, Cadelon, gendre de Guillaume le Chauve et beau-frère de feu Guillaume le Jeune. Ce moine s'attacha tout particulièrement à la réforme qui avait pour but d'enlever aux seigneurs féodaux, petits ou grands, la possession des églises et de leur refuser toute intervention dans l'administration même temporelle de leurs annexes; on peut donc dire que ce fut lui qui jeta les bases de la

(1) Il doit y avoir erreur quand le *Pouillé d'Aillery* cite Guillaume Bonastens parmi les abbés de Talmond. D'après le cartulaire, ce moine n'est signalé qu'en 1078 environ, dans la charte XLIII où il est dit : « *Hoc factum est regente hunc locum Willelmo Bonastensi.* » Or, l'abbé Euvrard est déjà nommé dans des chartes bien antérieures à cette époque et dans d'autres attribuées à l'année 1090. Il ne faut donc considérer ce personnage que comme un officier du couvent. Il y eut, du reste, plusieurs moines du nom de Bonastens, à l'abbaye.

prospérité de l'abbaye. Circonvenant adroitement, quelquefois même avec ostentation, tous les possesseurs d'établissements religieux, il sut attirer au couvent une foule de donations qui firent de Sainte Croix une des principales puissances religieuses du Bas-Poitou : les temps étaient propices, car aucun concurrent trop rapproché ne venait le contrarier dans sa mission, et ses rivaux de Tours, Saumur, Saint-Michel-en-l'Herm, Vendôme et Poitiers se trouvaient assez éloignés du territoire qu'il cherchait à réunir sous son gouvernement : Luçon s'étendait dans une autre direction. Son prédécesseur lui avait légué les paroisses de Talmond et d'Olonne, il y ajouta celles de Beaulieu, la Boissière, la Chapelle-Girouard, Grosbreuil, la Jonchère, Landeronde, le Luc, Nesmy, Nieul-le-Dolent, Palluau, la Peyrate, Pointindoux, Saint-Hilaire-de-la-Forest, Saint-Julien-des-Landes, Saint-Vincent-sur-Jard, Vairé et Venansault (1), sans compter les bénéfices très nombreux et des terres, sur les points les plus éloignés de la province.

Afin d'arriver au but qu'il se proposait, cet abbé échangea les églises et leurs revenus pour des prières, des oraisons ou l'autorisation de prendre au lit de mort l'habit monastique, comme le fit, en 1090, un certain Humbert le Petit, de la Roche-sur-Yon. Il promit, pour le repos des âmes des bienfaiteurs, soit une messe, soit l'entretien de lampes devant les autels des saints et de la Vierge, ou bien l'ensevellissement des dépouilles mortelles dans le cimetière de l'abbaye. Mais pour obtenir de pareilles faveurs, il fallait se montrer généreux envers le monastère, et quelquefois doter

---

(1) L'église de Venansault, en partie seulement, un quart des revenus et des produits des baptêmes et des sépultures. Le prieuré de Sainte-Lienne-de-la-Roche acquit, en 1100, le tiers des baptêmes et des sépultures plus le sixième des luminaires. — Cartulaire du Poitou, prieuré de la Roche-sur-Yon, ch. VII.

un jeune moine, choisi parmi les enfants que les religieux avaient autour d'eux et qu'ils préparaient à la vie monastique : les mourants, afin d'en obtenir des prières, allaient jusqu'à vouer leur propre fils ou celui d'un de leurs vassaux, ce qui était plus facile, et ils s'assuraient ainsi les bénédictions du ciel et de l'abbé. Pour sauver son âme, il était inutile de donner directement à l'abbaye; on pouvait faire profiter de ses libéralités une des nombreuses églises placées sous sa tutelle : la maison mère savait en prélever un bénéfice suffisant. On acceptait toutes les dîmes, soit sur les écluses à poissons, sur la pêche dans la mer et les marais, sur les bateaux faisant les transports à la côte, soit sur les terres labourables, les vignes, les maisons, les fours et les moulins : on avait la faculté de payer en nature ou en deniers, les baptêmes, les mariages, les enterrements et tous les exercices du culte.

Nous ne pouvons énumérer tous les actes qui nous sont connus et qui ont principalement rapport à l'acquisition et à la gestion des biens de l'abbaye : nous renvoyons, une fois pour toutes au cartulaire, et nous ne citerons ici que les faits qui peuvent avoir quelque intérêt, pour expliquer l'histoire et les mœurs des diverses époques que nous allons traverser.

Ainsi, de ce qui concerne le deuxième abbé de Sainte Croix, nous ne relaterons que la longue discussion soulevée à propos de la possession des églises d'Olonne.

Dom Euvrard (1) se plaignant, un jour, au moine Robert, de l'abbaye de Vendôme, de l'usurpation d'une certaine offrande qui appartenait à l'église de Saint-Hilaire-du-Château-d'Olonne, lui demanda par lettre de quel droit il en avait privé le bénéfice de l'abbaye. Robert ne daigna pas lui répondre et porta plainte devant Guillaume, duc d'Aquitaine; celui-ci, un peu embarrassé, adressa à l'abbé ses lieutenants

(1) **Cartulaire de Talmond, ch. II**

Airaud de Fabrice et Pierre, fils de Mainard, alors administrateurs du Talmondais, par suite de la mort de Cadelon, en enjoignant au moine de s'en rapporter à l'intégrité du jugement de ces derniers, pour que justice soit faite. Ces deux seigneurs emmenèrent donc, un certain jour, avec eux, à la salle capitulaire de l'abbaye, les barons de la cour du pays et entr'autres, Guillaume Ulric, Robert, fils d'Ebon, Hugues-le-Chauve, Giraud Roux, Etienne de Niort, Guillaume Achard, et les invitèrent à se prononcer, selon les règles de la plus grande justice, et au nom de leur fidélité au duc, sur le litige engagé entre le seigneur Abbé et le moine Robert. Par le jugement qui intervint, l'église de Saint-Hilaire resta toute entière à l'abbaye, mais les offrandes des bateaux susceptibles d'entrer dans le port d'Olonne, et celles des paroissiens de Sainte-Marie-d'Olonne furent divisées en deux parties égales, attribuées respectivement à l'abbé et au moine Robert.

Celui-ci, vexé de ce résultat, ne se tint pas pour battu et promit bien de prendre sa revanche; à quelque temps de là, en effet, il vint réclamer à l'abbé de Sainte Croix la permission de bâtir une maison au-dessous du bourg d'Olonne. Devant le refus catégorique que lui opposa Euvrard, le dit Robert cria partout qu'il avait droit à la moitié des fruits du bourg d'Olonne, et, à ce propos, il s'adressa de nouveau au duc d'Aquitaine en revendiquant une réparation pour la violence qui, disait-il, lui était faite. L'abbé fut donc appelé une seconde fois au château de Curzon, afin de s'entendre condamner à restituer ce qu'il était sensé avoir usurpé. Après avoir écouté les plaintes du moine et les raisons de son adversaire, qui soutint que la comtesse Agnès n'avait jamais eu ni possessions, ni coutumes dans le bourg d'Olonne, tous les barons déclarèrent injuste la réclamation portée devant eux; la sentence de la cour, qui déboutait Robert de sa plainte, fut ensuite ratifiée par le comte Guillaume.

Il en fut de même des fruits d'une vigne cultivée par un certain Jean, prévot du même Guillaume, et de laquelle Robert prétendait avoir le droit de percevoir la moitié des produits, comme provenant de la comtesse. Sur l'ordre du duc, les parties furent convoquées devant le seigneur Normand et ses barons du Talmondais. Raoul Gasteau qui avait excité, de concert avec le prévot du comte, le moine à faire cette revendication, répondit, pour sa défense, qu'il n'avait pas prétendu que la comtesse possédait la dîme de toute la vigne, mais seulement d'une partie : il fut alors invité, pendant une visite sur les lieux, à indiquer les portions sur lesquelles la dite comtesse percevait un droit, et à confirmer son dire par serment. Comme il ne voulut pas s'y conformer, l'abbaye conserva toutes ses prérogatives sur la dite vigne.

Malgré un troisième jugement rendu, dans des conditions identiques, par le cardinal de Talmond, la paix n'était pourtant pas encore signée entre les deux tenaces adversaires ; il existe, en effet, dans le cartulaire de Vendôme, une charte qui relate une sentence de la cour des comtes de Poitiers prononcée en 1078, à propos des églises d'Olonne, et, par conséquent, postérieure à celle du cartulaire de Talmond. Les revenus de ces établissements religieux furent, pendant bien des années, la cause de disputes et de luttes sans issue, le succès restant généralement au plus fort ou au plus rusé. Pendant les débats, nos bons abbés de Talmond ne furent pas toujours très difficiles dans le choix de leurs arguments; leurs adversaires. de leur côté, ne se privèrent pas d'employer les mêmes moyens : aussi, en examinant les pièces contradictoires qui sont parvenues jusqu'à nous, au point de vue de nos idées modernes sur le droit et l'équité, on ne peut s'empêcher de trouver étrange, pour ne pas dire plus, que des ministres de la religion aient eu recours à d'aussi nombreuses fraudes, pour s'assurer la possession de revenus qui ne leur appartenaient pas le moins du monde. Qu'on en juge par la pièce latine ci-jointe, que nous avons traduite, aussi fidèlement que possible, et qui présente les faits d'une tout autre manière qu'ils ne sont consignés dans le cartulaire de Sainte Croix. Ce n'est pas un vague propos de dire que, pour se faire une opinion impartiale sur un événement, il y a toujours lieu de consulter des sources absolument opposées : il est vrai que ce travail n'est pas toujours possible, faute de documents, mais nous constatons que, dans le cours de cette étude, nous avons eu plusieurs fois cette bonne fortune.

« C'est le traité relatif aux églises d'Olonne qui fut « conclu dans la maison ronde de l'évêché de Poitiers, « devant Guy Geoffroy, duc d'Aquitaine ; Goscelin, arche- « vêque de Bordeaux, et Isembert, évêque de Poitiers, la « veille des nones de septembre (1).

« Evrard, abbé de Sainte Croix de Talmond, avait « enlevé à Oderic et aux moines de la Sainte Trinité de « Vendôme, la moitié du produit des églises d'Olonne. Il « alléguait que Guillaume le Chauve, de Talmond, avait « donné à son monastère la dite moitié de ces églises ; il ne « put le faire ; cela ne lui appartenait pas. Ce revenu faisait, « en effet, partie de la dot de la comtesse Agnès. Donc, le « duc Geoffroy demanda au dit abbé Evrard, s'il pouvait « fournir, à l'appui de son dire, un témoin ou une charte : « celui-ci répondit qu'il n'avait ni témoin ni charte, car « l'abbé Vital, son prédécesseur, avait emporté la dite « charte avec lui en Bretagne. Quand, tout à coup, surgit « de l'Assemblée un certain clerc, nommé Thibaud, l'éco- « latre, qui vint attester que c'était une grosse erreur de « parler de la soustraction de cette charte par l'abbé Vital. « Il est certain, en effet, que le dit Thibaud a entendu « l'abbé Vital avouer, devant le duc Guillaume, frère et « prédécesseur du dit duc Geoffroy, quand le dit Guillaume

(1) Jean Besly. — Preuves de l'histoire des comtes de Poitou.

« faisait un traité sur le même objet avec Vital, dans la
« salle de Talmond, que lui et son monastère ne possé-
« daient et n'avaient possédé aucun papier à ce sujet; et là,
« il fut jugé et affirmé que l'abbé Vital réclamait une chose
« incertaine et injuste et il lui fut donné tort (1). Le dit
« Thibaud voulut prouver cela par serment, comme le
« décidèrent les barons présents. Mais l'abbé Evrard,
« jugeant qu'il fallait agir adroitement, refusa de recevoir
« ce serment. Bientôt après, l'abbé Evrard fut condamné
« par une équitable sentence et n'ayant plus aucune raison
« sérieuse de résistance, rendit aux religieux de la Sainte
« Trinité de Vendôme ce qu'il leur avait injustement ravi.
« Il se rétracta, en effet, en pleine cour, en présence de
« tous les assistants, en donnant sa promesse à Robert,
« moine de la Sainte Trinité, par la main du prêtre
« Geoffroy, dit Bertaud, de rendre, dans un bref délai, tout
« ce qu'il était accusé d'avoir usurpé dans les dites églises.
« Quelques jours après, de retour à son monastère, Evrard
« rendit aux serviteurs de la Sainte Trinité, Constantin et
« Raoul, dit Mauvais-Œil, ce qu'il avait ravi. Ainsi fut fixé
« et jugé en cour pleinière. Par ce moyen, les religieux de
« Vendôme, dont les signatures sont ci-dessous, reçurent
« le satisfaction qui leur avait été injustement refusée.
« Cette cause fut terminée dans le lieu susdit, le deuxième
« jour des nones de Septembre, l'an 1078 de l'Incarnation

---

(1) Voici à quelle convention il est fait allusion : « *Inter alia quæ*
« *monasterio Vindocinensi ad subsidium monachorum Agnes comi-*
« *tissa contulerat, donavit etiam medietatem Ecclesiarum et decima*
« *de Olona. Miles quidam Cadolo* (Cadelon) *dictus de Talamonte*
« *calumniam infert. Sedatur. Actum est hoc castro Talamonte in camera*
« *ipsius Cadalonis, tempore Philippi Francorum regis et Guidonis*
« *Pictavorum comitis, præsulante Pictavis Isemberto pontifice. Venera-*
« *bili autem Oderico monasterium Vindocinense fideliter et prudenter*
« *administrante. Agnete vero comitissa adhuc vivente, sed jam veste*
« *mutata. — Testes : anno 1068 ab incarnatione Domini.* » J. Besly,
preuves de l'histoire des comtes du Poitou, p. 348.

« de Notre Seigneur, en présence des Juges, Evêques, « Clercs, Moines et Barons, dont les noms suivent :

« Guy Geoffroy, duc d'Aquitaine.
« Guillaume, son fils, encore enfant.
« Goscelin, archevêque de Bordeaux.
« Isembert, évêque de Poitiers.
« Humbert, doyen.
« Samuel, précenteur.
« Odon, archidiacre.
« Raoul, archidiacre.
« Geoffroy Bernard.
Raynaud de Nevers.
Thibaud, l'écolatre qui dépose.
L'abbé Bertrand.
Julien de Noaillé.
Robert Bourguignon, des Sables.
« Engelin de Mortemar.
« Hugues, prévôt.
« Noms des moines de la Sainte Trinité :
« Robert, moine d'Oleron.
« Clair, moine de Saint-Aignan.
« Arnaud, moine de Montreveau. *(de Podio Rebelli)* (Anjou). »

Que le lecteur ne perde pas patience, il sera encore question des dîmes des églises d'Olonne.

En 1079, Euvrard obtint de ce même évêque, Isembert II, alors en tournée pastorale dans le Talmondais, la confirmation de tous les dons faits à Sainte Croix jusqu'à ce jour. Ce serait, d'après les pièces qui ont été conservées au cartulaire, la première intervention écrite de l'évêque, confirmant le droit accordé à l'abbé de Talmond de présenter des titulaires aux fonctions sacerdotales dans les paroisses mises sous sa protection (1).

DACFRED, 1091

Dacfred, que ne nomme pas la *Gallia Christiana* et pour lequel l'abbé Aillery ne précise pas de date, est cité comme

(1) D'après la *Chronique de Maillezais*, cet évêque serait mort en 1086 et aurait été enterré dans l'église Sainte Marie de Luçon.

abbé dans deux chartes du cartulaire que l'on attribue à la même année 1091 (1). Dans l'une d'elles, se trouve rédigé un traité avec le seigneur Pierre de Beaulieu, qui donne des détails assez curieux sur la conduite des vilains, sujets de l'abbaye, en cas de guerre. Ceux-ci, y voit-on, serviront en paix les moines de Sainte Croix sans partir jamais pour aucune expédition; et lorsque les ennemis du seigneur entreront sur ses terres, pour les ravager ou commettre quelque autre forfait, ils ne pousseront aucun cri et ne sonneront nullement du cor et n'auront à avertir personne, par un signal quelconque. Mais, si les ennemis veulent assaillir le seigneur dans son château, alors seulement ils accoureront tous à l'appel du moine et non au sien, ni à celui de ses prévots.

Il est probable que cet abbé prit le gouvernement du monastère, plusieurs années avant l'époque à laquelle il nous est connu : mais il ne le conserva que peu de temps après la date que nous indiquons, car en 1092, il était déjà question de son successeur.

ALEXANDRE, 1092-1112

Alexandre, abbé d'un zèle fervent et éclairé, sut administrer l'abbaye avec une grande fermeté et en même temps, montrer la plus grande habileté dans ses rapports avec les divers pouvoirs qui s'exerçaient à ses côtés. Il consacra ses premiers soins à faire confirmer les privilèges de l'abbaye par Pierre II, évêque de Poitiers, et à profiter, quatre ans plus tard, en 1096, du passage, dans cette dernière ville, du pape Urbain II, pour obtenir la ratification de tout ce que ses prédécesseurs et lui avaient accompli. Il se fit bien

---

(1) Cartulaire de Talmond, ch. XXIV et XLVII. Il est probable cependant que Dacfred fut abbé avant 1091, car le cartulaire est muet sur le nom des abbés, de 1080 à 1090.

venir des seigneurs de Talmond, dont il obtint plusieurs faveurs, et contre lesquels il n'hésita pas cependant à réclamer l'excommunication, quand ils voulurent empiéter sur ses attributions. C'est ainsi qu'on le vit faire expulser du giron de l'église, par l'évêque de Poitiers, Pépin, baron de Talmond, qui avait eu la prétention de donner à un certain Guillaume Barthelemy la chapellenie de Saint Pierre (1), intervention absolument contraire aux droits du couvent.

En dehors des legs de toute espèce dont il fit enrichir son abbaye, en promettant des prières aux pèlerins partant pour Jérusalem, à l'occasion des premières croisades, des églises de Saint Jacob et Sainte Marie de la Mothe, de celles de Lamayré et d'Aubigny, (près de Parthenay), de Saint Martin de l'ile d'Olonne et d'autres lieux saints, qu'il réunit au domaine du monastère, on trouve encore cet abbé renouvelant avec Pierre du Bouil (2), seigneur de Poiroux, un traité déjà passé avec Euvrard, pour la construction d'une chapelle en ce lieu. Le baron combla sa fondation de tout ce qui lui était nécessaire : la terre que pourraient cultiver quatre bœufs pendant deux ans; trois maisons dans le bourg; un four où tous les habitants iront cuir leur pain; le bois vert nécessaire à la construction et à l'entretien des bâtiments, et le bois sec destiné au chauffage du prieuré et du four, etc....

A la mort d'Asceline, mère de Pépin, l'abbaye reçut certaines dîmes sur Olonne, Saint-Cyr (3), la Forêt et le Communal, et, presque en même temps, de Raoul, vicomte de Thouars, d'autres redevances assez importantes dans la la paroisse de Longeville.

Il est vrai qu'Alexandre eut besoin de toutes ces aumônes

---

(1) Cartulaire de Talmond, ch. XCVIII.

(2) Cartulaire de Talmond, ch. XX.

(3) L'église de Saint-Cyr appartenait aux moines de Marmoutiers.

pour réparer le désastre qui désola l'abbaye en 1095. Cette année-là, en effet, les bâtiments élevés par Guillaume le Chauve et son fils, devinrent la proie des flammes, et il fallut les reconstruire presqu'en entier. « *Factum est hoc, eo anno quo monasterium nostrum ignibus combustum est* (1). Nous ne savons à quelle cause attribuer cet incendie qui ne nous semble pas avoir été occasionné par des gens de guerre, car le pays était relativement tranquille.

Un certain jour de l'année 1093 (2), Pépin, seigneur de ces lieux, voulant faire une levée d'hommes à Talmond et à Olonne, pour aller rejoindre le comte Guillaume, alors en lutte avec le seigneur de Parthenay, vint se heurter à la fermeté de l'abbé de Sainte Croix qui s'opposa formellement à ce que les vassaux de l'abbaye obéissent aux ordres du baron. Gobin, lieutenant du seigneur, devant cette rébellion, n'hésita pas à faire frapper de verges quelques récalcitrants et à jeter les autres en prison ; mais à cette nouvelle, Alexandre, suivi de tous ses moines, se rendit au château et exposa avec énergie et autorité à Pépin, que Guillaume, son aïeul, avait exempté de l'impôt du sang tous les hommes de l'abbaye, sauf en cas d'invasion de la seigneurie et qu'aucun de ses vassaux ne devait en sortir. Devant cette protestation justifiée, le seigneur de Talmond n'avait qu'à se soumettre : il le fit et promit, qu'à l'avenir, aucun homme de l'abbaye ne partirait sans le consentement de l'abbé.

En 1094, l'abbé Alexandre se rendit à Mareuil pour assister au mariage du vicomte de Thouars (3) avec la fille du seigneur de cètte terre ; il trouva là, parmi les divers barons, qui avaient pris rendez-vous de tous les coins du Talmondais et du pays de Thouars, un certain Raynaud, fils de Dodin,

---

(1) Cartulaire de Talmond, ch. CXXXIII.
(2) Cartulaire de Talmond, ch. CLIX.
(3) Probablement Raoul ou son frère Herbert.

qui revendiqua bien haut les biens que son oncle, Cadelon, avait donnés à l'abbaye. Le lieu et le moment étaient assez mal choisis pour de pareilles discussions ; on lui fit bien sentir. Le vicomte lui-même et tous les Talmondais présents s'interposèrent, et Raynaud daigna consentir, pour être associé aux bonnes œuvres des moines, à renoncer à ses réclamations sur Sainte Marie de la Peyrate, la forêt d'Aubigny (1), et tout ce qu'avait possédé son oncle dans ces deux paroisses (2).

L'année suivante, Alexandre eut encore l'occasion de traverser Mareuil, en compagnie du duc Guillaume, qui avait célébré, à Talmond, les fêtes de la Nativité. Il s'empressa de profiter de l'excellente occasion qui lui était offerte, pour prier le noble comte de vouloir bien confirmer la donation des deux tiers de la dîme de Vilaron (3), à lui faite, sur son lit de mort, par Asceline, épouse du feu seigneur Cadelon : cette satisfaction lui fut donnée. Mais Guillaume, fils d'Herbert de Thouars, à qui le comte de Poitiers céda cette terre, dans la suite, ne voulut pas consentir à payer la dite dîme à l'abbé, et Alexandre, après plusieurs négociations infructueuses, se vit dans l'obligation de le citer à la cour de Pépin (4). Afin de juger un différend qui se présentait, il paraît, d'une façon peu claire et pour lequel on ne pouvait fournir plusieurs témoins, vu les conditions, *in extremis*, dans lesquelles la donation avait été accomplie, les barons, dans la crainte de mécontenter une des parties, eurent recours, comme d'usage, au ***témoignage***, c'est-à-dire que l'abbé dut choisir un homme ayant mission de certifier, sous la foi du serment, que réellement la libéralité avait eu lieu en faveur de l'abbaye, sans que sur

---

(1) Aubigny, paroisse de l'arrondissement de Parthenay.

(2) Cartulaire de Talmond, ch. LXXXIX.

(3) Vilaron fief près de Jard.

(4) Cartulaire de Talmond, ch. XCVI.

l'heure, il se soit élevé la moindre réclamation de la part du défendeur. Quoique cette formalité eut été remplie aussitôt par plusieurs seigneurs, et notamment par Gautier Chabot, un des témoins présents aux dernières volontés d'Asceline, Guillaume de Thouars ne voulut rien entendre, et la querelle menaçait de s'éterniser. Pour en finir, on fixa un dernier délai.

A la date indiquée, le vicomte Savary et Bernard de la Roche se présentèrent pour Guillaume; le couvent confia ses intérêts à l'abbé de Maillezais, au seigneur Pépin, et à tous les barons de Talmond. Après plusieurs essais infructueux de rapprochement et une offre de cinquante sous, faite par les religieux, afin de rester amis, les seigneurs décidèrent qu'il ne restait plus qu'à désigner un champion propre à la lutte; Guillaume s'y refusa encore, en objectant qu'il ne se battrait jamais contre un abbé. Les juges présents enregistrèrent l'aveu et, le lendemain, Alexandre lui dépêcha alors un messager pour lui réclamer le *gage de la bataille* (1), afin de pouvoir le remettre à celui qu'il avait armé, en vue du combat; mais ce fut pour essuyer un nouveau refus.

A l'époque de la moisson suivante, l'abbé toucha donc ses dîmes; mais en homme prudent, il vit bientôt qu'il serait de bonne politique de ne pas rester en froid avec un si puissant baron; il lui adressa, en conséquence, l'abbé de Maillezais, Hugues de la Chaise et Raymond de Brem, afin de lui offrir quelque compensation et de lui redemander son amitié. Après une longue négociation, il fut convenu

---

(1) On appelait ainsi, gage, *vadium*, l'objet que le provocateur jetait, en signe de défit, à la force du poignet, devant le juge, au milieu de l'enceinte dans laquelle devait avoir lieu le duel : il annonçait ainsi qu'il disait la vérité ou qu'il était innocent du crime dont on l'accusait. Il était d'usage de remettre au champion vainqueur, la lance et le bouclier du vaincu. Cartulaire de Talmond, ch. CVIII.

que Guillaume de Thouars retiendrait, sa vie durant, les dîmes des deux portions qu'Asceline, à sa mort, avait léguées à Sainte Croix : que l'abbé conserverait la troisième dont il avait toujours joui, et toucherait quarante sous : mais, qu'après Guillaume, la dîme reviendrait à l'abbaye.

Le même Raymond de Brem, que nous venons de voir choisi comme défenseur par l'abbé de Talmond, avait, depuis quelques années déjà, fait don à l'abbaye de Marmoutiers des églises de Saint-Martin et de Saint-Nicolas-de-Brem. Sa mère, Neine, veuve de Bérenger Baiver (1), y avait ajouté celle de Sainte-Foy, par suite d'une donation spéciale, vers 1090 : ces libéralités furent confirmées par Pierre, évêque de Poitiers, sous réserve des droits des moines de Talmond (2). Ceux-ci ne tardèrent pas, en effet, à les revendiquer, et obtinrent de Raymond une somme de deux cents sous, et de Marmoutiers, la reconnaissance d'une rente annuelle de deux sous. Ceci se passait du temps de l'abbé Euvrard, peut-être même sous le gouvernement de Dacfred (3). Plusieurs concessions vinrent plus tard enrichir les ressources du prieuré de Brem, lorsque l'abbé Bernard, de Marmoutiers, visita cette localité, notamment par l'entremise de Maubert Girard, de

---

(1) C'est ce Bérenger Baiver, fort connu dans le cartulaire de Talmond, qui donna à l'abbaye de Marmoutiers les églises de l'île d'Yeu, et à Guillaume le Chauve, de Talmond, en présence de ses deux fils Guillaume et Pépin, un anneau d'or comme compensation de sa renonciation à tous les droits qu'il pouvait avoir. La date de 1055, attribuée à cette libéralité doit être reportée à une époque antérieure à 1049, comme nous le démontrons dans notre histoire du Talmondais — Cartulaire du Bas-Poitou, p. 132.

(2) « *Sed salvo jure Sancti Crucis Talemundensis monasterii.* » Cartulaire du Bas-Poitou, prieuré de Brem, ch. I.

(3) Il est encore question de cette rente de deux sous dans la charte CCCCVIII, du temps de Raoul de la Peyrate.

Guillaume de la Motte, d'Hubert, fils de Hildosius, de Brun Siron, de Pierre de Brem et d'autres (1).

Les moines de Talmond s'émurent en voyant tant de gratifications se diriger vers une rivale, contrairement à ce qui avait été ordonné formellement par Guillaume le Chauve, et approuvé plus tard par l'évêque de Poitiers. L'abbé Alexandre ne pouvait laisser, en effet, sans protestation, commettre des infractions si nuisibles à ses intérêts et à ceux de ses frères.

Il alla donc trouver l'évêque Pierre, alors en visite au couvent de Saint-Michel-en-l'Herm, et lui demanda son intervention. Le prélat entendit les deux parties et soumit la cause au jugement des clercs et abbés alors présents. Ceux-ci déclarèrent que, si avant l'approbation de l'évêque Isembert, certaines églises avaient été données à d'autres abbayes, elles resteraient leur propriété, mais que toutes les donations faites après cette concession, à des rivales de Sainte Croix, devaient être annulées, sur la simple réquisition de son abbé : que dans le cas présent, les églises de Brem appartenaient au monastère de Talmond. L'évêque de Poitiers, trop heureux d'être désagréable à un établissement dont l'abbé le gênait beaucoup, par des empiétements considérables dans son diocèse, s'empressa d'approuver cette sentence par un acte signé au chapitre de Poitiers, le 30 mai 1097 (2).

Il en fut appelé évidemment, de cette sentence, et Sainte Croix ne conserva pas les églises de Brem : il existe, en effet, plusieurs chartes postérieures (3) qui constatent que le

---

(1) Cartulaire du Bas-Poitou, prieuré de Brem, charte V et suiv.

(2) Cartulaire de Talmond, ch. LXVI.

(3) Cartulaire du Bas-Poitou, prieuré de Brem, ch. XII. Vers 1180, Guillaume de la Mothe-Achard et sa femme Amitiée, renonçaient au droit qu'ils avaient de se faire servir un copieux repas dans le prieuré, toutes les fois qu'ils passaient dans les environs. Ch. XVI.

prieuré de Brem, comme membre dépendant de Marmoutiers, fut comblé de bienfaits par plusieurs barons des environs. Dans le *Pouillé* de l'année 1556, il est dit : « *Brem*, Prieuré « de Saint-Martin : le prieur n'a qu'un compagnon. Doit : « à la mense abbatiale XXV sous (jadis c'était XII livres), « aux officiers, XI sous, et pour la dîme, XVIII sous. En « dépendent, les cures de Saint-Martin et Saint-Nicolas- « de Brem, avec celle de Sainte-Foy. »

Nous avons raconté ailleurs (1), les difficultés que soutint Pépin contre l'abbaye de Marmoutiers, relativement à la possession des marais d'Angles, qu'il usurpa au prieuré de Fontaines et qu'il légua, à sa mort, aux moines de Sainte Croix. Ceux-ci défendirent la validité de leur investiture devant la cour féodale d'Othon, seigneur de la Roche-sur-Yon, délégué par le comte de Poitou pour juger la cause. On eut recours encore au duel judiciaire, et le champion de Sainte Croix fut complètement battu par celui de Saint-Martin de Tours. Les marais d'Angles restèrent donc la propriété du prieuré de Fontaines (2).

Hugues de la Chaise, son épouse, Olive, et ses fils, épris de bonnes intentions donnèrent, un certain jour de l'année 1100, au chapitre de Talmond, l'église de Saint-Martin de la Jonchère. L'abbé de Saint-Michel-en-l'Herm se crut lésé par cette libéralité et protesta hautement; il déclara que ce bénéfice était sa propriété, et porta l'affaire devant l'évêque de Poitiers, Pierre, alors de passage au monastère des Moutiers-les-Maufaits. Les clercs et barons présents décidérent, après avoir examiné les titres, que l'église appartenait réellement au couvent de Sainte Croix et que la plainte intempestive de l'abbé de Saint-Michel

---

(1) Histoire du Talmondais.

(2) Cartulaire du Bas-Poitou, prieuré de Fontaines, ch. XV. Duel judiciaire de M. Paul Marchegay, même volume, introduction, pages XXXIV et suivantes.

était sans fondement; ils remirent donc l'église entre les mains des quatre moines, Giraud, prieur, Geoffroy Roux, Goscelin et Enfard. Pour consacrer le jugement, l'évêque investit même le moine Goscelin et lui mit un *jonc* dans la la main : de là est venu le nom de *Jonchère* qui resta à la paroisse. Puis, Hugues, sa femme et un de ses fils, partirent avec deux autres moines pour cette localité où ils installèrent ces derniers, possesseurs de l'église, en leur faisant tirer les cordes des cloches (1).

L'année 1104 vit encore surgir de nouvelles querelles entre les moines de Vendôme et de Talmond, au sujet des revenus ou des terres des paroisses d'Olonne. Mais, cette fois, Talmond dut s'incliner devant Vendôme. Alexandre abandonna à Geoffroy les dîmes qu'il réclamait sur Saint-Hilaire-du-Château; plus un terrain voisin de Sainte-Marie-d'Olonne, propre à y élever une maison monacale; enfin, il lui paya quatre livres de monnaie angevine, pour lui faire délaisser ses prétentions sur le fief de vigne dont nous avons parlé plus haut. Afin de sceller cette entente, un moine vendomois, du nom de Goscelin, se rendit, le jour de la fête de la Trinité, au chapitre de Sainte Croix, et annonça que la concorde allait, désormais, régner entre les deux rivales. Il est inutile de dire que les faits démontrèrent bien vite la fragilité de pareilles promesses.

Alexandre sut encore se faire donner, par Achard de Niort, scribe et ses frères, les églises de Sainte-Marie-de-

---

(1) Cartulaire de Talmond, ch. CLXXXIII. On lit encore dans la charte CXCV que le même Alexandre ayant cent sols et un cheval à payer à un certain Raynaud Meschin, se rendit auprès de lui à Apremont. Comme gages de l'exécution du marché, le dit Meschin lui plaça dans la main les courroies qui suspendaient les perles qu'il portait autour du cou, tandis que l'abbé lui tendait son bâton pastoral. Ne voit-on pas la transmission de cette coutume, dans les tapes que nos paysans se donnent dans les mains, en contractant leurs marchés ?

Longeville et de Saint-Martin-du-Bernard, en toute propriété; cette libéralité fut faite par l'entremise de l'évêque de Poitiers, venu au synode et se promenant alors dans le jardin du couvent des moines luçonnais, à Fontenay-le-Comte. L'abbé en reçut même l'investiture, en pleine assemblée, le jour de la Pentecôte suivante, en présence de plusieurs confrères et archiprêtres de la région. Les donateurs ajoutèrent, entre autres choses, aux églises offertes, les filets des porcs vendus au Bernard, et deux maisons situées dans le cimetière. Cette mesure contraria considérablement les chanoines d'Angles, qui prétendirent aussitôt que ces églises étaient leur propriété, et qui firent expulser, à main armée, les moines que l'abbé y avait envoyés. Sur la plainte de celui-ci, l'évêque les frappa d'excommunication et les convoqua au monastère des Maufaits le dimanche de la Circoncision : inutile de dire que les chanoines s'inclinèrent devant les armes redoutables employées contre eux; le prélat put donc remettre aux moines de Sainte Croix, en signe d'investiture, le bâton même qu'il venait de recevoir à ce sujet, des religieux d'Angles (1).

Le petit prieuré de Longeville fut témoin, en 1127, d'un fait qui a dû compter dans ses annales, probablement peu fournies de scènes mouvementées. Comme nous l'avons dit ailleurs, le comte de Poitou revenait, en ce temps-là, de

---

(1) Cartulaire de Talmond, ch. CXCIII et CXCVI. Voici la traduction d'un passage auquel il est fait ici allusion. « Ils (les moines d'Angles), étaient nos ennemis déclarés, et après plusieurs excommunications publiques, furent convaincus, selon leur propre aveu, d'avoir nuitamment pillé et brûlé notre église de Longeville, ainsi que ses maisons et ses biens. La cause fut examinée avec un soin tel, que, sans pouvoir trouver, désormais, aucun sujet de déployer leur mauvaise foi, les chanoines qui nous avaient si souvent lésés par de faux témoignages, n'eurent plus de prétexte pour renouveler leurs contestations. »

Talmond, où Goscelin de Lezay avait retenu prisonniers dans son château, plusieurs seigneurs de sa suite, et entre autres, Hugues Brun de Lusignan, lorsque, afin de réunir des forces suffisantes et de venger ses compagnons, il s'arrêta, plusieurs jours, chez les moines de Longeville qui lui donnèrent l'hospitalité (1). Ce n'était pas une maigre dépense pour les religieux que d'avoir un pareil hôte, et les ressources du prieuré avaient bien de la peine à y suffire : l'habitation était délabrée, la table laissait beaucoup à désirer, le bois vint peut-être à manquer. Un beau matin, le moine Foucher Roux, au saut du lit, alla trouver le comte et lui dit : « Comme votre train de vie et votre séjour « ici nous imposent une forte dépense, il paraîtrait juste « que vous vous efforciez d'alléger nos frais par quelques « largesses, car vous aggravez considérablement la situation « de notre communauté. Aussi, duc puissant, je vous prie « et vous supplie de donner, pour nous et ceux qui seront « après nous, à prélever dans la forêt de Jard, le bois de « chauffage nécessaire à l'entretien de la maison et à « d'autres usages, de façon que si, de votre fait, nous « éprouvons la perte de certaines ressources, nous « soyons, en compensation, enrichis par quelque bonne « fortune. » Guillaume accorda, de bonne grâce, ce qui lui était démandé ; cela lui valut des prières et, en outre, dans le cartulaire de Talmond, un éloge quelque peu exagéré et emphatique (2).

Alexandre, nous le voyons, voyageait beaucoup et ne ménageait pas ses démarches. L'entretien de la règle de Saint-Benoît, et celui du bon ordre dans les prieurés, avaient pour unique garantie, les fréquentes visites qu'y accomplissaient les abbés et les prélats de l'église. Celui de Sainte Croix n'y faillit pas et il fit de très nombreuses tournées

---

(1) Histoire du Talmondais.
(2) Cartulaire de Talmond, ch. CXCVIII.

pastorales dans tous les prieurés dépendants du couvent. On le rencontra, en outre, partout où il se passait quelque événement important : ainsi, les fragments du livre de fondation du prieuré de la Chaise-le-Vicomte, nous rapportent qu'il assistait à la consécration de l'église de Saint-Nicolas de ce lieu (1), et le cartulaire de Talmond apprend également qu'il eut l'intention, vers 1099, de partir pour Rome, afin d'assister au concile (2). Rien ne prouve, cependant, qu'il se rendit dans cette dernière ville.

Il conserva son ministère jusque vers l'année 1112, et put dire, avant de mourir, qu'il avait amplement rempli la grosse tâche qu'il s'était imposée. Peu d'abbés de ce monastère firent autant et aussi bien que lui.

GUILLAUME DE CHEMILLÉ, 1112-1129

A cette date, on trouve, à la tête de l'administration de Sainte Croix, un abbé dont « l'honnêteté et la sagesse étaient au-dessus de tout éloge » : il avait nom Guillaume de Chemillé. Quand le cartulaire parle de ce prélat pour la première fois, c'est au sujet des biens que possédait le prieuré de Sainte-Marie de la Peyrate, dans le vicomté de Thouars. On le représente comme revenant de Poitiers, où il était allé demander l'excommunication contre un certain petit baron de Parthenay, du nom d'Urier, qui avait déjà eu plusieurs difficultés avec son prédécesseur et ne voulait pas payer à Sainte Marie, la dîme qu'il lui devait. Epouvanté d'une mesure aussi énergique prise à son égard, ce dernier se présenta aux portes du prieuré de Saint-Laurent-de-Parthenay habité par le prieur Giraud et son frère, et demanda à parler à l'abbé Guillaume qui y recevait

(1) Cartulaire du Bas-Poitou, page 6.
(2) Cartulaire de Talmond, ch. CXXIX.

l'hospitalité (1). Là, en présence de son seigneur Raoul de Malclou, qu'il avait amené avec lui, il renonça à ses prétentions, se déclara prêt à payer ce qu'on exigeait, et fit sanctionner, sur-le-champ, son abandon par Raoul. Un peu plus tard, les mêmes seigneurs, pour faire ratifier cet acte, allèrent en compagnie de deux des fils d'Urier, trouver le dit abbé, qui était alors descendu chez les moines de Saint-Paul-de-Parthenay. Dans le but de récompenser leur générosité, Guillaume donna à Urier 340 sous, et à Raoul une coupe d'argent (2).

Il surgit, également, vers la même époque, une discussion fort agitée à propos de l'église de Sainte-Marie-de-Longeville (3). L'abbé Alexandre, comme on l'a vu, avait déjà lutté, plusieurs fois pour la propriété de ce bénéfice, avec les chanoines d'Angles, devant la cour de l'évêque de Poitiers. On aurait pu croire qu'ils avaient abandonné leurs tracasseries, quand un beau matin, stimulés par l'esprit diabolique, sur le faux témoignage d'un certain Garin, ils retournèrent devant la cour épiscopale et accusèrent de simonie les moines de Sainte Croix. Ce témoin prétendait, en effet, que les trois religieux Giraud, Geoffroy et Enisande, qui occupaient le prieuré, avaient vendu l'église à Etienne Achard de Niort. Alexandre, qui ignorait cette accusation, arrivait à Poitiers pour assister au synode, quand il apprit cette infamie : mais en homme plein de confiance dans la religion et la justice, il se présenta devant l'évêque, en face de ceux qui l'accusaient, et s'offrit spontanément au jugement des clercs. La sentence qui fut rendue à ce sujet déclara que les moines mis en cause se présenteraient à la prochaine réunion, pour se faire pardonner, sous la foi du

---

(1) Le prieuré de Saint-Laurent-de-Parthenay appartenait aux moines de Luçon.

(2) Cartulaire de Talmond, ch. CVIII.

(3) Cartulaire de Talmond, ch. CLXXXXVI.

serment, l'accusation portée contre eux. Malheureusement la mort vint enlever l'abbé avant qu'il ait pu rapporter à ses moines ce qui s'était passé, et à l'époque fixée, son successeur, Guillaume, dut se transporter devant l'évêque pour répondre aux iniquités que lui imputaient les ennemis implacables de l'abbaye.

L'évêque Pierre ne se laissa pas émouvoir par les dires des deux adversaires : il tint à faire exécuter la première sentence dans toute sa rigueur. A l'heure fixée, l'abbé suivi de ses moines et des seigneurs Goscelin de Lezay de Talmond et Othon de Beaulieu, offrit donc à la cour épiscopale de prêter le serment exigé. En face de cet appareil imposant, le dit Garin se troubla ; il songea tout à coup au dit-on si juste appliqué aux conseilleurs ; s'avançant alors avec fermeté au milieu de la salle, il s'exprima ainsi :

« Monseigneur, et grands dignitaires ici assemblés, « sachez que l'abbé Alexandre s'est efforcé de dépouiller de « son propre patrimoine mon frère Humbert, nommé « Argier. Excité en partie par l'inimitié que j'en ressentis, « corrompu d'autre part par les promesses et séductions « des chanoines, quoique connaissant fort bien combien « est honteux pour moi ce que je vais dire, mais redoutant « que le crime soit encore plus grand et plus difficile à « expier, si les moines viennent jurer à propos de mon « mensonge et démontrer la fausseté de mon témoignage, « qu'on m'apporte des reliques, et de ma propre main, je « jurerai que les moines, à ma connaissance, n'ont jamais « vendu l'église dont il est question, ni à Etienne Achard « ni à aucun autre, comme je l'ai misérablement et malheu- « reusement attesté. »

A l'audition de ces paroles, une voix unanime s'éleva de l'auditoire, déclarant qu'il n'y avait plus lieu d'exiger le serment des moines : seul l'évêque Pierre jugea utile de renvoyer l'affaire au synode suivant, afin de l'éclaircir plus amplement et de lui donner une sanction plus autorisée.

Qu'ajouter à cela? L'abbé et les chanoines se présentèrent à l'époque indiquée devant les hommes les plus sages du diocèse réunis, sous la présidence de l'évêque, dans la chambre ronde de l'évêché. La cause fut alors étudiée sous toutes ses faces, et examinée au point de vue des lois canoniques, afin d'enlever aux chanoines tout prétexte de faire revivre la discussion. Il parut manifeste à tous, que l'église de Longeville appartenait, sans conteste, à l'abbaye de Sainte Croix.

Ce jugement fut signé par Aimery, doyen; Guillaume, archidiacre; Guillaume, écolâtre; Raynier, chevecier; Rainaud Taupin, abbé de Sainte Marie; Jean Méchin; Raoul, abbé de Saint Jouin; Garin, abbé de Saint Michel, et beaucoup d'autres, et de plus, approuvé par l'évêque Pierre.

Nous ne pouvons malheureusement donner des détails très nombreux sur cette période; qu'il nous soit permis toutefois, avant de quitter cet abbé, de relater encore quelques faits qui se passèrent sous son ministère. Lors de son voyage à Talmond, en 1112, le comte Guillaume et sa femme demandèrent aux religieux de Sainte Croix, un dîner dans les salles de l'abbaye et un cheval pour les aider à continuer leur voyage vers la Garnache. L'abbé s'empressa de répondre qu'il accorderait, volontiers et de grand cœur, à son suzerain ce qu'il lui demandait, mais il lui exposa en même temps, que de pauvres moines comme eux, ne pouvaient faire de présent à un seigneur de sa qualité, sans en retirer une petite compensation. Comme le duc avait absolument besoin d'une nouvelle monture, et qu'un copieux dîner lui avait été servi par les soins des religieux, il promit d'accorder ce qu'on lui demanderait; ce fut donc sans difficulté qu'il garantit aux moines le don de la deuxième moitié des dîmes qu'il percevait, de part avec eux, et desquelles le seigneur Pépin, à son lit de mort, en ce qui le concernait, s'était dépouillé en faveur du couvent; comme sanction de son abandon, le comte s'avança suivi de sa femme vers l'abbé, et lui déposa dans la main, en présence de tous, le jonc symbolique de l'investiture (1).

Cette même année, fut aussi réglé à l'amiable, un différend qui avait surgi à propos d'un four que Goscelin de Lezay, alors seigneur de Talmond, avait fait construire au bourg d'Olonne, de concert avec un certain Pierre, prévôt du comte, dans le voisinage de celui qui appartenait à l'abbaye. Les bénédictins se plaignant amèrement du préjudice causé et de ce que les habitants n'allaient plus faire cuire le pain à leur four, les seigneurs durent ordonner la démolition de leur nouvelle construction et promettre de ne plus jamais la réédifier : toutefois, comme indemnité, Guillaume de Chemillé paya cinquante sous à Goscelin, vingt sous à sa femme Aénor, cinquante sous au comte de Poitiers et dix sous au prévôt Pierre (2).

Ce même abbé fonda l'église de la Tranche. Vers 1120, en effet, Etienne de la Jarrie, s'étant transporté au chapitre de Sainte Croix, mit entre les mains de Guillaume un certain terrain exempt de toutes redevances, situé dans les sables de ce lieu, à la condition que celui-ci y bâtirait une église. Les moines pouvaient disposer du reste de la donation, soit pour élever des habitations, soit pour y créer des champs de culture. Il y ajouta probablement autre chose, mais, dans la copie qui nous a été conservée, plusieurs lignes sont effacées et ne permettent pas de compléter l'ensemble de la libéralité (3).

Citons encore le dernier trait caractéristique suivant : un certain Humbert, prêtre et chapelain de Saint-Pierre de Talmond, légua à son fils Aubert, également prêtre et chapelain, une terre située à gauche de la route allant de

---

(1) Cartulaire de Talmond, ch. CCI et charte CCLXXX.

(2) Cartulaire de Talmond CCXXI.

(3) Cartulaire de Talmond, ch. CCLXXVI.

Talmond à Orbestier. A la mort de ce dernier, son frère, Angelbert, réclama ce bien en succession, mais il ne put l'obtenir ; « *quia laicus erat et ut presbyter servire ecclesie non poterat* », car il était laïque et ne pouvait servir l'église comme prêtre. L'héritage devint, dans ces conditions, la propriété de l'Aumônerie de l'abbaye et fut destiné à secourir les pauvres (1120) (1).

Guillaume de Chemillé se trouvait présent à Angoulême en 1117, quand fut signé un accord qui régla la paix entre l'abbé de Saint-Mastral, du diocèse de Clermont, et Pierre, abbé de Saint-Etienne-de-Vaux, du diocèse d'Angoulême, sous l'arbitrage de l'évêque Girard. Nous rencontrons encore son nom, en 1128, dans une charte du prieuré de la Roche-sur-Yon (2). Puis nous le perdons de vue, après cette date, qui dut précéder fort peu l'époque de sa mort, car le cartulaire déclare qu'en 1129, l'abbaye n'avait plus d'abbé et se trouvait gouvernée par le prieur Guillaume, « *eo tempore quo hic locus, abbate carens, a Willelmo priore regebatur* » (3). Ce dire est confirmé dans un deuxième document du cartulaire : « *dum abbas huic loco deesset* ». Malgré l'absence d'un chef, il faut croire cependant que les moines avaient quelquefois la saine tradition de rendre ce qui ne leur appartenait pas ; on peut lire, en effet (4), ce détail charmant : « *Nos vero idcirco patrem ejus (Willelmi Arnaudi) in cimiterio nostro sepelümus et lectum in quo corpus asportatum fuerat remisimus.* » C'est pourquoi nous avons enterré son père dans notre cimetière et rendu le brancard sur lequel le corps avait été apporté.

---

(1) Cartulaire de Talmond, ch. CCLV.
(2) *Gallia Christiana.* Cartulaire du Bas-Poitou, p. 161, ch. XVII.
(3) Cartulaire de Talmond, ch. CCLXIX.
(4) Cartulaire de Talmond, ch. CCLXXI.

GIRAUD, 1130-1150

Il faut croire qu'il se présenta, à la mort de Guillaume, plusieurs compétiteurs pour recueillir l'héritage, ou que l'autorité ecclésiastique souleva des difficultés pour sanctionner l'élection faite, car, comme nous venons de le voir, le siège resta vacant au moins pendant une année. C'est seulement vers 1130, que l'on trouve à la tête de l'abbaye, l'abbé Giraud, le copiste du monastère de 1099, l'un des moines accusés d'avoir vendu l'église de Longeville, et enfin l'ancien prieur claustral de son prédécesseur. Il fut un homme très prudent, devant Dieu et les hommes : il sut faire rentrer les biens usurpés, et acquérir pour le couvent tout ce qui fut digne de l'être (1).

Le cartulaire le montre tout d'abord en discussion avec un certain Rainaud Machontin (2) qui demandait à se faire héberger copieusement au monastère, toutes les fois qu'il se rendrait à Talmond. Les moines s'y refusèrent; alors, pour se venger, il mit la main sur ce que l'abbaye possédait à la Jonchère, et ne le rendit qu'à l'article de la mort. C'était un procédé commode et lucratif, que nous voyons souvent appliquer, et qui donnait à celui qui s'en servait, quand on n'y mettait pas d'obstacle sérieux, la jouissance de revenus lui permettant facilement d'attendre, sans trop d'impatience, l'heure de la réparation, *in extremis*.

Il se passa vers 1130, à Talmond, une petite scène qui nous a été transmise par le cartulaire, et qui mérite de trouver sa place ici (3), quoique elle ait dû se répéter bien souvent, avec quelques variantes, pendant la longue existence du couvent. Un nommé Pajan Raimond, des Lucs,

---

(1) Cartulaire de Talmond, ch. CCLXXXI.
(2) Cartulaire de Talmond, ch. CCCVI.
(3) Cartulaire de Talmond, ch. CCLXXXIX.

chevalier, était venu à Talmond pour converser avec le comte de Poitiers qui s'y trouvait de passage. Mais, ainsi que le dit le bon moine qui relate le fait, comme personne n'est exempt de payer ce qu'il doit à la mort, il fut obligé de s'aliter. Bientôt averti qu'il allait mourir, notre chevalier fit demander, pour lui administrer les derniers sacrements, l'abbé Giraud qui réunit ses moines aussitôt, Guillaume, prieur, Goscelin, Giraud dit Riotat, Pierre Segretain et Samuel, et se rendit avec empressement auprès du malade; après lui avoir donné quelques conseils au nom de Dieu, il lui accorda l'absolution de ses fautes. Ce devoir rempli, Raymond, quoique mourant, se montra très gai et toutes les personnes présentes dans la maison se réjouirent de la grâce qui lui était ainsi concédée. Il y avait là Caprice, le possesseur de la maison où ces faits se passaient, Pons de la Garnache, Caprice de la Chaise et beaucoup d'autres. A un certain moment, Raimond, se soulevant sur son séant et prenant la parole, s'exprima ainsi : « Seigneur abbé, « pour l'honneur que vous venez de me faire, je rends « grâce à Dieu et à vous, et sur mes revenus j'offre trois « sous de rente, payables à la Nativité, sur une terre que « me donna Gilbert de Velluire, avec le consentement du « comte de Poitiers; celle-ci, assez marécageuse et humide, « est cultivée actuellement par Andemar, et rapporte « trois sous que je vous donne, pour être acceptés par le « moine qui habitera dans votre succursale des Lucs. « Jouissez-en paisiblement et tranquillement et priez pour « moi. » L'abbé répondit à ces paroles : « Très cher, « j'accepte ce don, je prierai pour toi et te ferai l'associé de « toutes nos bonnes œuvres. » Raimond mourut et fut enterré par l'abbé et ses moines. Son épouse, qui avait assisté à la donation, se rendit à l'abbaye le jour de l'Assomption suivante, confirma ce qu'avait fait son mari et demanda à participer aux faveurs du couvent.

Un autre legs fut octroyé, à peu près dans les mêmes

conditions, vers 1135. Guillaume de la Mothe Achard, se croyant sur le point de mourir, envoya quérir l'abbé Giraud pour lui demander pieusement pardon de la vive altercation qu'il avait eue autrefois avec son prédécesseur Guillaume, au sujet des églises du lieu. Pour bénéficier des prières des moines, qui lui offrirent des messes et l'admission à perpétuité d'un pauvre à la cène du Jeudi Saint, Guillaume de la Mothe abandonna à l'abbaye tous ses droits de seigneur sur les églises susdites. Mais, malgré les mauvais pronostics, le malade revint à la santé quelques jours après ; il se rendit alors en personne au couvent et réclama des moines, le bénéfice de leur association ; l'abbé le lui accorda, sans peine, lorsque, en signe de confirmation, il posa la main sur le livre d'argent des Evangiles. On se rendit de là à l'église où Guillaume, devant le maître-autel, renouvela ses promesses (1).

Les religieux accordèrent le même privilège à un certain Etienne Bordeau, qui fit une aumône à Sainte-Marie d'Olonne. Quelques particularités sont toutefois à noter : ainsi, on promit au donateur que l'abbé ou, en son absence, le prieur de l'abbaye assisterait à son enterrement, revêtu du tablier et de la chappe, et qu'aux quatre grandes fêtes de l'année, auxquelles il est distribué dans Talmond du pain bénit et de la boisson de miel et de vin, il en serait offert à lui et à sa mère, s'ils faisaient connaître à temps, leur présence dans la ville (2).

L'abbé Giraud reçut, vers 1135 (3), le testament de Guillaume de Lezay, seigneur de Talmond, qui abandonnait

(1) Cartulaire de Talmond, ch. CCXCVII.

(2) Cartulaire de Talmond, ch. CCCLXV. Cet usage s est perpétué jusqu'à nos jours dans plusieurs petites villes ou campagnes du Bas-Poitou. Les curés font parvenir, les dimanches et jours de fête, chez certains notables du pays, un morceau du pain bénit offert à tour de rôle par les fidèles, à la messe paroissiale.

(3) Cartulaire de Talmond, ch. CCCXLII.

à l'abbaye toutes les dîmes des landes cultivées ou incultes des paroisses de Grosbreuil et de Saint-Hilaire-de-Talmond : à cette occasion, lui et les moines, « *moniaverunt quemdam puerum pro ejus anime salvatione* », firent prendre l'habit monastique à un enfant, pour sauver l'âme du seigneur.

On retrouve encore cet abbé vers 1147 (1) et en 1150 (2), accomplissant plusieurs actes de son ministère et recevant la confirmation, par Pétronille, fille d'Astron de Saint-Maur, d'une cession faite par ce dernier, au moment où il s'était voué à l'état monastique.

D'après l'abbé Suger, historien de Charles VII, le roi de France, à son passage à Talmond, en 1138, à l'occasion de la trahison de Guillaume de Lezay, aurait brûlé le château et l'abbaye, sauf le donjon. Il y a probablement là un peu d'exagération, étalée pour le besoin de la cause, afin de rehausser le courage du maître, car nous ne savons, d'après ce qui nous a été transmis, en quoi, les moines auraient pu mériter la colère du souverain; il n'existe, dans le cartulaire, aucun texte qui fasse allusion à ce désastre, ni aucune aumône allouée au monastère pour l'aider à se relever de ses ruines (3)

GUILLAUME RICHARD, 1165

Guillaume Richard est cité comme abbé de Sainte Croix, en 1165, dans plusieurs chartes qui n'offrent, du reste, aucun intérêt (4). Il était d'une famille de la contrée et avait un frère Bertrand, qui céda à l'abbaye des vignes situées dans la paroisse de Saint-Hilaire-la-Forêt (5).

---

(1) Cartulaire de Talmond, ch. CCCXLVIII.

(2) Cartulaire de Talmond, ch. CCCLV-CCCLXVI.

(3) Voir le récit de la trahison du seigneur de Talmond dans notre histoire du Talmondais.

(4) Cartulaire de Talmond, ch. CCCLXVIII-CCCLXIX-CCCLXX-CCCLXXVII-CCCLXXVIII.

(5) Cartulaire de Talmond, ch. CCCLXXXII.

Jean II, évêque de Poitiers, se trouvait en tournée pastorale ou à un synode, en 1166, à Talmond, lorsqu'il rédigea l'acte qui reconnaissait aux moines de Saumur, le droit d'abord contesté, d'élire le chapelain de Saint-Florent-des-Bois (1).

GUILLAUME BOURSAUD DE LONGEVILLE 1180-1190

GUILLAUME DU LUC, 1195-1208

Il y eut encore deux Guillaume qui furent abbés à la fin du douzième siècle : Guillaume Boursaud, ancien curé de Longeville, dont il est possible de prouver l'existence de 1180 à 1190 (2) environ, et Guillaume du Luc, de 1195 à 1208 (3). Ce serait donc, dans ces conditions, le premier qui serait allé aux croisades, en 1190. Il n'est parvenu aucun détail sur le voyage de ce prélat aux lieux saints.

La pièce la plus curieuse que nous possédions et dans laquelle soit cité ce dernier abbé, est relative à la consécration de la chapelle de l'Aumônerie de la Trinité d'Olonne, par l'évêque de Poitiers, Maurice.

La charte qui en fait mention a été traduite par M. Paul Marchegay et nous la reproduisons dans son entier au chapitre des preuves; elle donne des détails très circonstanciés sur les rapports de l'Aumônerie avec les établissements religieux voisins et doit être de très peu postérieure à la fondation de cet hôpital, par Guillaume Giroire, chevalier d'Olonne.

Guillaume du Luc assista aussi, en 1207, en compagnie

---

(1) Cartulaire de la Chaise-le-Vicomte (Bas-Poitou), ch. XXV.

(2) Cartulaire de Talmond, ch. CCCXCI et note de M. de la Boutetière.

(3) Dans une charte de Bois-Grolland, d'après la *Gallia Christiana*. Guillaume du Luc est encore nommé dans la charte CCCXCIX du cartulaire de Talmond (1209), à cette date il était mort.

de Martin, abbé d'Orbestier, à une convention qui intervint entre les moines de Fontaines et les chanoines du Lieu-Dieu, touchant les droits de bois de chauffage à prendre dans la forêt de Jard (1); il signa encore, 1208, un traité passé entre Ostencius, abbé de Moreille, Pierre, abbé de Bois-Grolland, et André, abbé de Jard, et par lequel étaient réglés les droits à percevoir par chacun sur divers lieux (2).

(1) Cartulaire du Bas-Poitou, prieuré de Fontaines, ch. XXV.

(2) Cartulaire du Bas-Poitou, abbaye de Bois-Grolland, ch. LXXVI

Chapitre IV. — De Raoul de la Peyrate à Pierre Gaudin

1209-1429

RAOUL DE LA PEYRATE, 1209-1233

Raoul de la Peyrate est connu dès 1209 : c'est un des abbés qui ont laissé le plus de souvenirs heureux de leur passage au gouvernement de l'abbaye. Celle-ci était, du reste, à son apogée, quand il en dirigeait les affaires, et, c'est à cette époque, que l'on vit apparaître parmi les moines, de nouvelles dignités qui disparurent bientôt : on relève, en effet, les traces d'un *sous-prieur*, d'un *crosserius* ou *porte crosse*, d'un *clerc écrivain*, d'un *secrétaire de l'abbé*, etc...., Des honneurs ! il y en avait donc pour tout le monde.

Cet abbé eut le bonheur de vivre en même temps que deux seigneurs, Guillaume et Savari de Mauléon, qui comblèrent le couvent de leurs largesses, le premier, par piété et bonté d'âme, le deuxième, surtout parce qu'il savait avoir beaucoup à se faire pardonner, pour arriver à la rémission complète. Si l'on ajoute encore à cela, qu'il vécut à l'époque où tous les grands voulaient partir pour les croisades, et, avant d'entreprendre ce périlleux voyage, se trouvaient dans la nécessité de réaliser une partie de leur patrimoine, afin de couvrir les frais de l'expédition, on ne sera pas étonné de le voir recueillir, à peu de frais, des héritages importants : certains même furent concédés à la charge unique, de faire brûler quelques cierges ou réciter quelques oraisons.

Quoi qu'il en soit, ce religieux adroit et intelligent sut

prendre un ascendant considérable sur les seigneurs de son entourage et tirer profit des circonstances favorables qui se présentèrent. C'est lui qui, le premier, fit dresser un cartulaire contenant l'énumération de tous les biens de l'abbaye : c'est à lui que remonte la classification des donations de toutes sortes du couvent, qui permit, à lui et à ses successeurs, de défendre devant les diverses cours les droits acquis par la Communauté. Il l'annonce lui-même, en disant, que tout ce qu'il laisse à ses successeurs est l'expression réelle de la vérité; qu'ils peuvent posséder ce qui est indiqué dans le manuscrit, avec confiance et sécurité, et que pour le conserver, le défendre et le prouver, ils osent, si besoin est, jurer sur les saints évangiles (1).

Parmi les dons faits par Guillaume de Mauléon, il y a lieu de citer ceux attribués à Saint-Antoine de la Martinière (2), aux prieurés d'Olonne et de Château-d'Olonne, et plus tard, par sa veuve Béatrix, à Saint-Pierre-du-Luc. On trouve, dans les diverses chartes qui énumèrent ces libéralités, peu de faits susceptibles d'intéresser le lecteur : cependant on peut indiquer la confirmation, en 1211 et 1213, en présence de son neveu Savari, de toutes les richesses de l'abbaye, le désir exprimé par Guillaume d'être enterré dans l'enceinte du monastère (3), la construction et dotation de la chapelle du Breuil, paroisse du Bernard (4), et enfin cette recommandation au prieur du château d'Olonne. « *Prœterea illuminabit prior lampadem unam ante corpus Domini, die ac nocte, et dabit incensum prior ad corpus Domini incensandum, cum sacerdos elevat corpus Domini* (5) ».

---

(1) Cartulaire de Talmond, ch. CCCXCVIII.

(2) Paroisse de Grosbreuil. Cartulaire de Talmond, ch. CCCCXI.

(3) Cartulaire de Talmond. ch. CCCCXXXV. — CCCCXXXVI. On se demande si ce désir fut exécuté.

(4) Cartulaire de Talmond, ch. CCCCXXXVII.

(5) Cartulaire de Talmond, ch. CCCCXXXVIII.

Guillaume d'Apremont, seigneur de Poiroux e de Rié, sa deuxième femme Armingeade, sa mère Rivaline d'Aizenay, pourvurent également l'abbaye de biens impor ants. Il en fut de même de Pierre de Voluire, de Maurice de Beaulieu et de beaucoup d'autres seigneurs du Poitou. Mais c'est sans contredit, à Savari de Mauléon que doivent être attribués les plus considérables présents. A chaque fois que ce hardi guerrier et intrépide marin revenait dans le Talmondais, il y laissait quelques lambeaux de son héritage ; tous les monastères de la contrée s'empressaient de lui faire la cour et de lui insinuer, qu'il avait grand intérêt, pour apaiser la colère divine si souvent bravée par lui, à expier ici-bas, par des fondations pieuses, ses mœurs un peu légères et les vers amoureux qu'il savait si bien dédier aux nobles chatelaines rencontrées sur son chemin.

Il fut un des principaux bienfaiteurs de la chapelle et du prieuré de Saint Nicolas de la Chaume, membre dépendant de Sainte Croix, et nous citons dans les preuves deux chartes de 1218, traduites par M. P. Marchegay, dont l'importance, pour le pays, n'échappera à personne.

Raoul fut présent, cette même année, à la rédaction d'un acte, par lequel le seigneur de Talmond, partant pour la Terre Sainte, et ayant besoin d'une grosse somme d'argent, abandonnait au prieuré de Fontaines plusieurs droits et prérogatives à Fontaines, Angles et Marechaussée (1). La même libéralité fut renouvelée en 1223 (2).

On voit, encore en 1218, l'abbé, à l'Aiguillon-sur-Mer, près de Savari, assister à un legs fait en faveur du prieuré de Saint Lambert de Mauléon (3).

Ce prince fit pour Sainte-Marie du Brouil, près le Bernard, également desservie par les moines de Sainte Croix, ce qu'il

(1) Cartulaire du Bas-Poitou. Fontaines, ch. XXIX.

(2) Cartulaire du Bas-Poitou. Fontaines, ch. XXXVIII.

(3) Cartulaire d'Orbestier, ch. XXVII.

venait d'accomplir pour la Chaume : avant de s'embarquer il accorda à cette petite chapelle, dont son oncle Guillaume posa la première pierre, un terrain assez important, propre à la construction d'une nouvelle *villa* ou ferme destinée à être peuplée uniquement par des habitants étrangers, c'est-à-dire, recrutés en dehors de ses terres. Le village qui prit naissance, à la suite de cette fondation, porte aujourd'hui le nom de Villeneuve (1).

Raoul de la Peyrate reçut également, des mains de Savari, la chapelle de Saint-Nicolas, de la gueule de Jard (2), y compris tous les revenus nécessaires à l'entretien des moines qui la desserviraient : blé, rentes d'argent, chauffage, terres, poissons, etc., à prendre dans les paroisses de Saint-Hilaire-la-Forêt et Saint-Vincent-de-Jard. Ce seigneur, qui considérait la mer comme sa seconde patrie, favorisait d'une façon toute particulière les contrées voisines de la côte. Il fréquentait avec assiduité l'Aiguillon, Saint-Michel-en-l'Herm, l'île de Ré, La Chaume, Olonne ; c'est à son retour d'Angleterre, où il eut tant d'aventures, qu'il songea à relever, sur les bords de la mer, cette petite chapelle Saint-Nicolas, dont on peut encore apercevoir les débris (3), et sous la toiture de laquelle on met actuellement, à l'abri

---

(1) L'abbé Baudry a publié sur la petite chapelle du Breuil un article assez complet dans le recueil de la société de l'Emulation de la Vendée.

(2) Cartulaire de Talmond, ch. CCCCXLIII.

(3) Nous avons retrouvé dernièrement les restes de cette modeste chapelle noyés dans les constructions beaucoup plus modernes de la ferme de Saint-Nicolas, bâtie entre le port de la Guittière et la mer. Ils comprennent la partie inférieure de l'abside, sur une hauteur de 5 mètres environ au-dessus du sol actuel, avec la naissance des voûtes et une partie du mur de la nef. Ces vestiges ne tarderont pas à disparaître : ils ne représentent du reste qu'un intérêt historique et n'ont aucune valeur archéologique. La partie conservée date bien du treizième siècle.

des intempéries, les récoltes des terrains sablonneux des environs. La dune, qui maintenant cache de ce point la vue de la mer, n'existait pas au XIIIe siècle et de la porte de ce sanctuaire, on pouvait voir passer les bateaux qui suivaient la côte ou entraient dans les ports de Talmond et de Jard.

Le couvent de Sainte Croix passa en 1229 un accord fort curieux avec les chanoines de l'abbaye du Lieu-Dieu, à propos du panage des porcs dans la forêt de Jard (1) ; nous allons entrer dans quelques détails à ce sujet.

Les moines de Talmond avaient reçu primitivement de leurs seigneurs, certains droits dans la forêt de Jard, qui appartenait actuellement à l'abbaye de ce lieu, desservie par des chanoines Prémontrés. On commençait, en vue d'amélioration, à la défricher et à convertir ses landes incultes en terres labourables ; il n'en fallut pas davantage pour attirer les plaintes des abbés de Sainte Croix, qui trouvèrent, qu'en diminuant la partie boisée, on portait atteinte à l'usage qui leur avait été octroyé. Après de nombreuses contestations, de part et d'autre, il fut toutefois possible de signer, au chapitre de Talmond, une transaction, le jour de la fête du martyre de Saint Maurice et ses compagnons. Par ce traité, les religieux bénédictins abandonnèrent leurs revendications relatives au défrichement de la forêt et tous les autres droits qu'ils pouvaient avoir sur elle, mais ils se réservaient absolument celui d'envoyer, s'ils le voulaient, et pendant le mois entier désigné par la coutume du pays, cent vingt porcs et non davantage. Il était bien entendu que les pourceaux, qui étaient encore à la mamelle, avant leur entrée dans la forêt, ou ceux qui naîtraient, pendant le séjour de ces animaux, ne seraient pas compris dans le chiffre indiqué ci-dessus. Les chanoines devront donc envoyer un messager à l'abbaye de Talmond, trois ou quatre jours avant la date fixée pour la dite

(1) Cartulaire de Talmond, ch. CCCCXXXIII.

ouverture ; les porchers pourront employer les branches des arbres à leur chauffage ou à la contection de leurs cabanes, mais, la saison passée, ils abandonneront les dites cabanes aux chanoines, à moins qu'ils ne veuillent y demeurer pendant le temps destiné à l'herbage des autres animaux ; alors, ils les rendront au Prémontrés, selon l'usage, et ceux-ci en disposeront comme il leur plaira.

Le traité que nous venons d'analyser eut lieu évidemment et il est parfaitement authentique. Mais comment le couvent de Jard devint-il possesseur de tous ces droits, dans la forêt et les environs, puisqu'ils furent octroyés en 1119, par le comte de Poitiers, au monastère de Montierneuf, qui avait en outre, sous sa dépendance, la chapelle de Saint-Nicolas-de-Jard, aujourd'hui entre les mains des bénédictins de Talmond. On ne peut s'en rendre compte, à moins de supposer que, lorsque Richard Cœur-de-Lion fonda à nouveau le Lieu-Dieu, il désintéressa les moines de Poitiers. Une phrase de la charte d'érection peut, en quelque sorte, le faire pressentir, car il y est dit : « *Dedimus etiam ei* « *(monasterio) XXXV solidos de censibus nostris..... ad* « *faciendum mutationem cum monachis monasteriorum pro* « *quadam terra quæ prædictæ domui adjacens erat....* » Du moment qu'on prenait cette mesure pour ce cas particulier, il est permis de prétendre qu'on en fit autant, dans d'autres circonstances. Nous avons tenu à publier, en le traduisant, ce document de 1119; on peut le consulter à la fin du volume.

En tout cas, cette charte prouve un fait, qui ne peut être contesté, et qu'il est cependant impossible de présumer, quand on prend uniquement connaissance de celle qui fut transcrite dans le cartulaire de Talmond : c'est que la fondation de Savari ne fut qu'une reconstruction, et que la chapelle de Saint-Nicolas existait avant 1119. Elle avait donc été soit détruite par la mer ou la guerre, soit enfouie sous les sables des dunes.

Puisque nous parlons de la guerre, il y a lieu de rappeler ici un fait notoire auquel fut associé Raoul de la Peyrate. Les seigneurs Guillaume Larchevêque, de Parthenay, et Guillaume Maingot, de Surgères, mécontents du roi d'Angleterre, Henri III, qui ne leur avait pas payé les subsides qu'ils prétendaient leur être dus, entreprirent de se venger de ce monarque en pillant et dévalisant lâchement les habitants des campagnes, entre Niort et La Rochelle. Ceux-ci, qui ne pouvaient compter sur aucun secours venant d'outre-mer, s'adressèrent au pape Honorius III qui voulut bien intervenir en leur faveur. Mais les évêques désignés par ce prélat pour faire entendre des paroles de conciliation et de paix, ne furent pas écoutés, et il lui fallut recourir à des moyens plus énergiques. En conséquence, il enjoignit aux abbés de Talmond et de Saint-Michel-en-l'Herm, et au doyen de l'église de Poitiers, de fulminer l'excommunication contre le sire de Parthenay et ses alliés. Les délégués remplirent avec soin et autorité leur mission, et les seigneurs, après d'assez longues hésitations, suspendirent leurs déprédations (1).

Raoul passa, encore en 1232, un traité de paix avec Giraud des Brosses, général des Templiers en Aquitaine, à propos de dîmes à percevoir sur des vignes situées aux environs de Talmond. Il fut convenu que ces derniers n'en payeraient pas, tant qu'ils les exploiteraient par eux-mêmes, mais que cette concession serait abolie le jour où ils les céderaient à des colons (2). Il conclut enfin un arrangement avec les pêcheurs de Talmond, relativement à des droits de pêche dans les marais de Sainte-Radégonde de Jard. Il disparaît du cartulaire cette même année, 1233 (3).

---

(1) Histoire de Parthenay, par Bélisaire Ledain, p. 113 et suiv., vers l'année 1220.

(2) Cartulaire de Talmond, ch. CCCCLXXII.

(3) Cartulaire de Talmond, ch. DXXII.

PIERRE, 1236-1259

Le successeur de Raoul de la Peyrate fut l'abbé Pierre, que le cartulaire de Talmond nous dit être à la tête du monastère, en 1236 (1). On le trouve encore cité, en 1242 et 1244 (2) dans celui de Bois-Grolland, et en 1259, dans une charte de l'abbaye des Fontenelles (3), quand, le lendemain de la Saint Barthélemy, il établit la concorde entre l'abbé de ce monastère et celui du Lieu-Dieu.

Ce serait donc à lui que Raoul IV de Mauléon, en mourant (mars 1251), aurait fait le legs suivant que nous rapportons dans la langue du temps (4).

« En nom dou Père et dou fils e dou saint esperit, ge « Raous de Maleon, sires de Talemont e de Chastelaillon, « en mon boen mermoire..... ensorquetot, ge done e lais à « l'abeie de Talemont quarante solz de rente qu'il me « deveint, chascun an, à la saint Jehan-Baptiste, au fié de « la Charrofesère; et vint et quatre solz de cens que il me « deveint, chascun an, des pastinaus que il tenent de mei « on mareis de Longevile; e seze solz que il me deivent, « chascun an, à la Sainct Jehan, des prez de Verto, en la « paroisse d'Ollone : e done ancore et lais à icele meesme « abbaie, sis lb. de rente sur le fromentage de la forest « d'Orbeitier. E pri et requier a l'abé e au convent de la « dite abbeie, que il establissent un servitor en l'abbeie, qui « celebret por m'arme et por l'arme de mon père et de ma « mère e de mes autres parenz à toz jaz mais : e il lor « merci le m'ont otreié...... »

---

(1) Cartulaire de Talmond, ch. DI.

(2) Cartulaire du Bas-Poitou. Bois-Grolland, ch. CX et CXXXVII.

(3) *Gallia Christiana.*

(4) Tom III des layettes du trésor des chartes, p. 120. Ce testament ne fait, du reste, que confirmer une charte de 1258 copiée dans le cartulaire de Talmond, ch. DXXXV.

L'abbé de Talmond fut nommé, par le même testament, exécuteur testamentaire, avec celui de Saint-Michel-en-l'Herm, « prodes homes e religios »; il leur fut adjoint, l'oncle Hugues du Bois et Thibaut Chasteigner, chevalier.

Ces libéralités importantes furent renouvelées et confirmées au couvent par Aimery, vicomte de Thouars, qui succéda à Raoul, comme prince de Talmond, et rédigea, en 1254, un document précis dont nous donnons la traduction à la fin de ce volume, au chapitre des preuves (1).

Nous venons de tourner les dernières pages du cartulaire, et nous n'avons plus, comme ressource, pour un laps de temps de près de deux siècles, que quelques jalons très éloignés les uns des autres et jetés sur une route fort tortueuse. Nous demandons donc au lecteur beaucoup d'indulgence pour ce qui va suivre. Les croisades, qui firent une grande consommation d'hommes et d'argent, et surtout les guerres avec les Anglais, qui désolèrent le Poitou à plusieurs reprises, ont fait disparaître la plupart des documents les plus indispensables à l'étude de la vie des religieux de notre abbaye. Celle-ci dut, au reste, avoir le sort peu enviable de ses voisines : le couvent de Jard, par exemple, qui fut brûlé par les Anglais, à la fin du XIVe siècle, et celui d'Orbestier qui devint la proie des flammes allumées par les ennemis du roi avant 1340.

Nous essayerons toutefois de mettre un peu d'ordre dans ce chaos, en profitant des moindres indices.

GUILLAUME, 1261

Une charte de l'abbaye des Fontenelles dit qu'en 1261, l'abbé de Talmond s'appelait Guillaume (2).

---

(1) Cartulaire de Talmond, ch. DXXXVI.
(2) *Gallia Christiana.*

JEAN, 1286-1295

Un acte trouvé dans les archives départementales rapporte qu'en 1286, un nommé Jean était abbé de Sainte Croix. Il est raconté dans ce document que, le mercredi après l'Ascension, une transaction fut passée avec Barthélemy Bigot et Pétronille, sa femme, au sujet d'une rente de trois talents d'or, due pour raison de trois quartiers de vignes situés à Saint-Même.

En 1295, le même Jean passa un contrat avec Giraud, abbé des Fontenelles (1).

Guillaume-le-Got, archevêque de Bordeaux, qui fut plus tard le pape Clément V, visita, en 1305, les bénéfices ecclésiastiques de la partie occidentale du Poitou : il passa assurément à Talmond, mais, malheureusement, nous n'avons pas de preuve directe de son séjour dans cette ville : nous savons seulement qu'il se trouvait à Olonne vers le 4 mai, qu'il arriva à Aizenay le lendemain, d'où il se dirigea vers Commequiers, Sallertaine, etc... Il existe, en outre, dans le cartulaire d'Orbestier, l'ordre de publication envoyé par l'évêque de Poitiers, d'un arrêt sur la juridiction ecclésiastique, qui a dû être pris sur l'instigation de ce prélat, après son voyage dans nos contrées : il est daté du 5 mars 1306 (n. s.). Le synode provincial qui en provoqua l'application, comprenait dans son sein deux chanoines de la cathédrale de Bordeaux, ce qui donne les chances les plus plausibles à notre supposition. Il y est dit, que tous les laïques détenteurs des biens du clergé devront se dépouiller de ce qu'ils ont usurpé, sous peine d'excommunication, après un délai de trois mois. L'archevêque s'était rendu compte par lui-même des scandaleux détournements commis au détriment des établissements

---

(1) *Gallia Christiana.* Ce Jean est probablement celui que la liste des obits de 1468, désigne sous le nom de Jean Billaud.

religieux, et il avait invité l'évêque de Poitiers à prendre des mesures en conséquence (1).

Il faut aussi noter à cette place, la création aux dépens du diocèse de Poitiers, des évêchés de Luçon et de Maillezais. Le pape, Jean XXII, estimant que l'administration des églises de cette grande province était, depuis la multiplication des paroisses et le relâchement des mœurs, beaucoup trop compliquée et lourde pour les forces d'un seul homme, même fut-il un saint, prit la résolution de la diviser en trois parties. Le Talmondais fut entièrement compris dans le diocèse de Luçon, et à partir de 1317, les abbés de Sainte Croix durent se soumettre à la tutelle de leur ancien confrère, l'abbé Pierre de Vairé, et à celle de ses successeurs.

GARCENS, 1328

L'existence d'un abbé Garcens nous a été dévoilée par le père Anselme, dans son histoire généalogique et chronologique des pairs de France. Il y est dit, en effet, que Jean I, vicomte de Thouars et seigneur de Talmond, « confirma les « biens et privilèges que les vicomtes de Thouars, ses « ancêtres, avaient donnéz aux religieux du prieuré de la « Chèze, par lettres expédiées en sa chapelle de Talmond, « le jour de la Transfiguration de Notre Seigneur, 1328, en « présence et du consentement de Hugues de Thouars, son « frère, de Louis de Thouars, son fils, et de *Garcens,* abbé « de Talmond (2). »

L'abbaye de Sainte Croix obtint, en février 1332 (3), des

---

(1) Cartulaire d'Orbestier, ch. CII.

(2) Père Anselme, tome IV, p. 195. Ce renseignement serait tiré, d'après cet auteur, d'une histoire manuscrite de Saint Florent de Saumur.

(3) Bibliothèque nationale (J. J. 66, n° 610, folio 258). Trésor des Chartes, publié par M. Paul Guérin, tome I, p. 394.

lettres de sauvegarde du roi de France, Philippe VI le Valois, qui mettaient ses religieux et leurs biens sous la protection des sénéchaux de Poitiers et de Saintonge. Elles leur enjoignaient d'envoyer, à la première réquisition de l'abbé et du couvent, mais à leurs frais, un ou deux officiers royaux, pour les défendre contre toute exaction, les confirmer dans leurs privilèges, et les faire rentrer en possession des biens et prérogatives qu'ils possédaient auparavant. Mais il n'est pas de notre intention le moins du monde, ajoutaient-elles, que nos envoyés s'immiscent dans les affaires, qui sont de notre connaissance ou de notre justice, questions qui leur sont complètement interdites.

JEAN II, 1346

Jean II, qui est peut-être celui que la liste des obits de 1468 désigne sous le nom de Jean de Curzay, assistait au chapitre général de Saint-Maixent, le lundi avant l'Ascension (1).

JEAN BOUTIN, 1360

Il y eut encore un Jean Boutin, abbé, que l'on trouve cité dans la charte de réglementation de la charge d'aiguier, rédigée par l'abbé Pierre en 1366. C'est assurément celui que M. de la Boutetière indique comme vivant en 1360.

DENIS RACLET, 1364

Une pièce très curieuse du cartulaire de l'abbaye d'Orbestier, apprend encore que, le 11 août 1364, Denis Raclet était abbé de Sainte Croix. Il assistait comme

---

(1) *Gallia Christiana*, Les homonymes de Jean de Curzay sont nombreux à cette époque ; cette famille tirait son nom du château de Curzay, situé dans la mouvance de Lusignan. L'un d'eux, époux de Marguerite de Charbonneau, mourut cette même année.

témoin à l'enquête, faite à cette date, sur l'état mental de Louis, vicomte de Thouars et prince de Talmond, alors enfermé comme fou, dans le château de ce lieu. Il eut à déposer sur l'état d'esprit du seigneur et déclara, du reste, en noble compagnie, « ledit vicomte estre de bonne vie, de « bon gouvernement et de honneste conversacion, telle que « il n'a mestier de curateur (1) ». Pierre Marreleau était alors aiguier.

PIERRE, 1366

Viendrait ensuite l'abbé Pierre, très connu par la charte du 3 mai 1366, relative à la charge d'aiguier, que nous publions à la fin de ce volume, comme pièce justificative. Jean Boutin avait créé la fonction; Pierre la réglementa, en lui donnant les ressources nécessaires à son bon fonctionnement.

C'est également sous ce même Pierre, que fut rédigé le document suivant daté du samedi après l'Ascension 1370 : « Sachent tous..... que Pierre Mormet et Céleste Paingue- « rote, sa femme..... d'un accourt et d'une volunté..... « prenons et acceptons perpetuellement pour nous..... de « religieux homme l'abbé et le convent du Moustier de « Saincte Croix de Talemont une maison theblme assise cy, « près d'une des portes de la ville de Talemont vulgaire-

(1) Cartulaire d'Orbestier, ch. CCIX. Denis Raclet était parent ou descendant de Maurice Raclet, dont on trouve le nom dans un arrêt du Parlement rendu en sa faveur contre Pierre Acillart, *alias* Artillart, confirmant une curieuse sentence du sénéchal de Poitiers, en matière de *gage de bataille*, le 22 mars 1337. Maurice possédait le fief de la Crespelière, dans la châtellenie de la Garnache, et diverses maisons, terres, cens et rentes aux environs de Chaillé et plus encore à la Joannière et à la Billotière, dans la châtellenie de Belleville (aveux de mars 1344); il vivait encore en mai 1351. Jean Bouchet était alors doyen de Talmond. (Trésor des chartes de M. Paul Guérin, tome III, p. 83.)

« ment appelée la porte Crenoisthe [1], tenant à la maison « de Guillaume Voingnois on son ruage et on les cortils « estant en lad. douhe, tenant et appartenant à lad. maison, « et d'une mothe assise et comprise dedans, un vasoy « vulgairement appelé Aspremont, lequel vasoy est an la « dame de Poiroux; lesquelles chouses jadis à Colas Jens « clerc...., pour 14 sous de monnoie..... [2] »

Nous touchons vers la fin du XIVe siècle, à une époque où les ecclésiastiques, fatigués des devoirs sévères qu'on leur a imposés et corrompus par les richesses considérables qu'ils ont accumulées, songent à prendre leurs ébats, et, si nous osons employer cette expression un peu triviale mais très caractéristique, à jeter leur froc aux orties. Ceux de Talmond suivirent l'exemple général.

« Les moines et les prêtres d'alors,dit M. Paul Guérin [3], « allaient à la taverne, y buvaient et jouaient avec les « autres, portaient l'épée ou d'autres armes à la ceinture, « fréquentaient les femmes de mœurs légères. Ces habi- « tudes qui scandaliseraient aujourd'hui, semblaient alors, « il est vrai, simples et naturelles. Elles n'en présentaient « pas moins de sérieux inconvénients. Après boire, on se « querellait, il s'élevait des rixes qui souvent finissaient « mal. Des clercs qui auraient dû chercher à les apaiser, y « prenaient part et pouvaient devenir victimes ou meur- « triers. » Puis il cite une bataille engagée à la suite de grossièretés échangées entre un prêtre de Saint-Michel-en-l'Herm et deux hommes de la localité, laquelle se termina par la mort du curé, Michel Quarrot. « Qu'on lise aussi, ajoute- « t-il, la scène de brutalités qui se passa dans une hôtellerie

---

(1) Cette porte devint la porte de Curzon et se trouvait sur la route d'Avrillé.

(2) Archives de la Vendée, fonds de l'abbaye de Talmond.

(3) Trésor des chartes de M. Paul Guérin, introduction p. XVIII. Cette scène se passait en 1393.

« de Saint-Cyr-en-Talmondais. Quatre personnes, dont un « moine nommé frère Denis, étaient attablés pour boire le vin « d'un marché, après quoi ils dînèrent ensemble. L'un d'eux, « n'ayant pas de quoi payer son écot, dut bailler son « couteau en gage à l'hôtelière. Les autres lui reprochèrent « sa conduite et frère Denis, se prenant à lui, le jeta dans « le feu où il s'efforçait de le maintenir. On l'arracha de ses « mains, et ils se remirent tous à boire. Bientôt une nou- « velle querelle s'éleva. Guillaume Benoit, dont la robe avait « été brûlée donna un démenti au moine. Celui-ci, furieux « se précipita de nouveau sur le malheureux homme, « l'abattit à terre et l'accabla de coups de poing, en le foulant « des genoux de toute sa force. Puis il voulut le contraindre « à se relever. Benoit ne le pouvant, frère Denis alla cher- « cher une grosse poignée de paille et la jeta toute enflam- « mée sur sa victime, qui mourut de ces mauvais traite- « ments. »

L'abbé qui exerçait son ministère, en 1386, à l'abbaye de Sainte Croix et dont nous ignorons le nom, périt également victime de la brutalité et de la cruauté de ses moines : il fut assassiné par les deux frères Jean Assailly et Laurent Joveteau, comme le prouve la lettre de rémission ci-jointe, accordée par le roi en 1394, au nommé Jean de Beaufort, compromis dans cette affaire.

« Charles, etc. (1). Savoir faisons à tous, présens et « avenir, de la partie de Jehan de Beaufort, povre homme, « paroissien de Beaulieu sur la Roche ou pays de Poitou, « chargié de femme et de IIII petiz enfans, nous avoir esté « exposé humblement comme, huit ans a ou environ, « environ la feste de l'Ascension Nostre Seigneur, frere « Jehan Assailly, frère Laurens Joveteau, religieux de « l'abbaye de Talemont sur Jars, et autres feussent alez au

(1) Bibliothèque Nationale, J. J. 145, n° 516, folio 239 V°. Trésor de chartes de M. Paul Guérin.

« dit lieu de Beaulieu, ou quel lieu ilz trouverent le dit
« exposant, au quel ilz dirent et prierent qu'il voulsist aler
« avecques eulx au dit lieu de Talemont, pour obvier à
« certains larrons que yceulx Assailly et Joveteau[1] disoient
« que devoient venir la nuit ensuivant desrober la dicte
« abbaye, et afin que le dit exposant feust plus esmeu d'aler
« avecques eulx, lui promirent x solz tournois; lequel
« exposant, cuidant que les diz Assailly et Joveteau lui
« deissent verité et que ilz ne alassent au dit lieu de
« Talemont que pour la cause dessus dicte, s'en ala avec
« eulx au giste en la dicte abbaye. Les quelx frère Jehan
« Assailly et frère Laurens Joveteau, tantost qu'ilz furent
« arrivez en la dicte abbaye, alerent à la chambre de l'abbé
« d'icelle abbaie; en alant à laquelle chambre, le dit
« exposant qui ne savoit que les diz Assailly et Joveteau
« vouloient faire, les suyvy et entra avec eulx en ycelle
« chambre. Les quelx Assailli et Joveteau, et mesme
« ycellui Joveteau, tantost qu'ilz furent entrez en la dicte
« chambre, sacherent leurs espées au cousteaux sur le dit
« abbé qui estoit couchié en son lit, et ycellui fraperent et
« batirent telement que d'ilec à trois jours après, ou environ,
« mort s'en ensuy, sanz ce que le dit exposant y frapast
« oncques cop; mais de fait, quant il vit la mauvaise
« voulenté des diz Assailly et Joveteau qui ainsi frappoient
« sur le dit abbé, se gecta sur ycellui abbé, afin que plus ilz
« ne le frappasent ou tuassent, et telement que en cuidant
« garder le dit abbé de mort, yceulx Assailly et Joveteau
« blecerent très énormement le dit exposant. Après les
« quelles choses ainsi faictes par les diz Assailly et
« Joveteau, yceulx Assailly et Joveteau se absenterent du
« pays. Et depuis, pour occasion des dictes choses, le dit

---

(1) On pourrait lire aussi bien Joneteau. Un Jean Jouveteau était seigneur de la Genaudière en Moncoutant, l'an 1425 (B. Ledain, hist. de Bressuire, p. 414).

« exposant qui estoit et est pur et vray innocent de ceste « besoigne et qui pour cause de ce ne se absenta aucunement « du pays, et lequel a tousjours esté de bonne vie et « honneste conversacion, sanz avoir esté accusé ne repris « d'autre cas ou meffait, fu pris et mis en prison à la « Roche-sur-Ion, et y fu detenu prisonnier par l'espace de « huit jours ou environ; lequel exposant, veant que sanz « cause on avoit procédé à la prison et detencion de son « corps, et aussi doubtant rigueur de justice, pourchaça et « fist tant qu'il s'en ala hors de la dicte prison, et oncques « puis ne osa venir au pays ne ne y oseroit jamais venir, se « sur ce ne lui estoit impartie nostre grace et miséricorde, « si comme il dit. Nous adecertes, ces choses considérées « et que le dit exposant a tousjours esté de bonne vie et « honneste conversacion, sanz oncques mais avoir esté « accusé ne repris d'aucun autre villain cas ou reproche, à « ycellui exposant ou cas dessus dit avons remis, quicté et « pardonné, etc. Si donnons en mandement au bailli de « Touraine et des ressors et Exempcions d'Anjou, du Maine « et de Poitou et à tous noz autres justiciers, etc. Donné à « Paris, ou moys de may l'an de grace mil CCCIIII^{xx} et « XIIII, et de nostre regne le XIIIIe.

« Par le roy, à la rélacion du conseil, Fréron. »

Ces faits ne furent, malheureusement, pas les seuls dans la contrée et il y a lieu d'ajouter qu'en 1396, Jean Maigreboeuf, chanoine régulier de l'ordre de Saint-Augustin, prieur de la Chapelle-Hermier, fut tué par un religieux de son couvent (1).

BERNARD, 1387-1409

Le successeur immédiat de l'abbé assassiné fut assurément l'abbé Bernard, et nous citerons, pour prouver son existence

(1) Le prieuré-cure de Saint-Pierre de la Chapelle-Hermier avait pour patron l'abbé d'Angles qui y nommait un religieux de son ordre

1° un acte d'échange passé le 15 mars 1387 avec Jean Brunet, de Grosbreuil, par lequel celui-ci s'engage à payer deux besans d'or [1]; 2° le dénombrement rendu par cet abbé à Regnaud de Vivonne, seigneur de Thors, de Poiroux et d'Aizenay, à cause de son château d'Aizenay [2] (6 novembre 1409). Cette pièce assez curieuse, par les noms de lieux qu'elle fournit, est un peu longue pour être publiée ici [3].

BERTRAND, 1423

Viendrait plus tard un abbé Bertrand, cité en 1423.

Il faudrait en outre des abbés dont nous venons de parler, intercaler encore, d'après la liste des obits de 1468, les noms de sept autres titulaires, sur lesquels nous n'avons pas trouvé le plus petit document. Trois d'entre eux s'appelaient Jean, et les autres Aimery, Simon, Giraud et Barthélemi.

Ces menus faits classés, aussi exactement que possible, on atteint une époque pendant laquelle il est plus facile de marcher avec un peu d'assurance, car les archives de la Vendée commencent à posséder quelques documents originaux qui permettent de suivre les habitants du monastère, dans un assez grand nombre de leurs actes publics et privés.

---

(1) A cette date, Nicolas Savay était aiguier, et Nicolas Bonneau, prieur de la Jonchère. Archives de la Vendée.

(2) Mémoires de Dom Fonteneau, tome 26, p. 49 et suivantes.

(3) Les comptes de la principauté disent qu'en 1417, l'aiguier de Talmond loua la ferme de la coutume du poisson frais du port des Sables pour quatre livres : que le frère Jean Beauvoir reçut de Pierre d'Amboise, seig. de Talmond, soixante-deux sous six deniers, afin de prier Dieu pour lui, et qu'il fut payé au couvent, vingt-deux livres dix sous « pour la servitude d'une messe à notes, chacun jour desservie en leur moustier, pour feu M. Parnelle, vicomtesse de Thouars, au terme de la Saint Jehan ».

JACQUES II DE LA BROSSE LE JEUNE

(1533-1553)

FRANÇOIS BOUTAUD

(1554-1567)

Chapitre V. — De Pierre à François Boutaud.

1429-1554

PIERRE, 1429

Pierre, abbé, par un acte de 1429 environ, rendit foi et hommage au seigneur de la Chaise-Giraud, pour les possessions de l'abbaye situées dans le fief de ce baron; il est nommé, en outre, dans une baillette du 14 janvier, même année. La *Gallia Christiana,* le catalogue sous le nom de Pierre II, et le *Pouillé d'Aillery,* sous celui de Pierre III (1).

JEAN PISON, 1444-1451

Jean Pison, qui semble avoir été, jusqu'à plus amples renseignements, son successeur, approuva, en 1444, un acte signé par Me Pierre Taillepied, procureur de l'abbaye, à propos de la Juillerie de Saint-Cyr; en 1445, il fit une transaction au sujet du même domaine; en 1449, il donna une quittance au seigneur des Forges, et arrenta une terre, avec l'autorisation du couvent, alors composé de Giron Billaud, prieur claustral, Raymond de Favars, chantre, Jean de Balodes, prieur de Palluau, Pierre Surrette, Lambert Meschin, prieur de la Chaume d'Olonne,

(1) Cet abbé n'est pas compris dans la liste des obits de 1468, à moins que ce soit toutefois son homonyme, le fondateur de l'aiguerie, qui ait été oublié, ce qui est aussi vraisemblable.

Estienne Libert et Jean Pison-le-Jeune. La *Gallia Christiana*, et le *Pouillé d'Aillery*, le citent sous le nom de Jean III, en 1445 et 1447, ce qui concorde parfaitement avec le résultat de nos recherches (1).

Le couvent eut à soutenir, sous son ministère, les prétentions du procureur fiscal de la principauté de Talmond qui voulut lui interdire de donner mesure à blé, à vin, à sel et autres objets mesurables, dans certains lieux dépendant de l'abbaye. Les religieux eurent gain de cause, et le sénéchal du seigneur Louis d'Amboise rendit une sentence, aux grandes assises du 1er mars 1451, par laquelle, ceux-ci étaient autorisés à fournir leurs mesures dans le village de l'Ilaude, et dans plusieurs marais voisins, sauf ceux de la Noüe et de Jeanne Martelle.

Ce n'est pas la place de traiter ici, avec nombreux détails, la question des mesures diverses qui étaient employées dans le Talmondais; ce sujet est développé ailleurs, à propos des privilèges des princes de cette contrée. Cependant, pour renseigner tant soit peu le lecteur, nous dirons que les choses se passaient à la cour de l'abbaye comme à celle de la principauté. Les étalons ou ceps étaient déposés au lieu où se rendait la justice, et la veille des foires ou marchés, auxquels les moines avaient droit de mesure, le fermier à qui revenait la mission de percevoir la taxe, allait les prendre et les portait, le lendemain, aux halles et places publiques, où s'effectuaient les ventes et échanges. Là, il prêtait, moyennant finance, bien entendu, son cep ou son aune à ceux qui en avaient besoin, pour mesurer le grain, le drap ou la toile. Malheur à celui qui essayait de tromper la vigilance du Cerbère, car un procès-verbal de contravention était sur le champ dressé contre lui, et on le citait aux assises suivantes, pour répondre de son forfait, ou plutôt payer, car c'est le cas de dire, ce qui était rare et ne

---

(1) Archives de l'abbaye de Talmond à la Préfecture de la Vendée.

se présentait pas dans toutes les questions soumises à la Justice, qu'il n'y avait pas deux poids et deux mesures : tous les appelés étaient invariablement..... condamnés.

En dehors des foires et marchés, on pouvait se rendre au parquet et se servir, sur place, des étalons de la cour, aux mêmes conditions que ci-dessus. Le couvent de Sainte Croix employait, pour ses vassaux, la mesure de Talmond.

FRANÇOIS DU PUY-DU-FOU, 1456-1470

François apparait, pour la première fois, dans un acte du 6 février 1456 (1), et il est facile de le suivre ensuite, pendant les années qui s'écoulèrent, à partir de ce jour jusqu'au 27 mai 1469. Il avait pour chantre Jean Pison-le-Jeune, et comme aiguier Jean de Balodes, qui le représenta souvent comme procureur. Ce dernier a laissé plusieurs traces de son passage à Sainte Croix ; notamment le 6 janvier 1468, il rédigeait la liste des obits dus par le couvent en honneur des abbés et des principaux bienfaiteurs. Nous publions cette note fort instructive à la fin du volume, mais nous ne nous expliquons pas très bien les nombreux signes, presque cabalistiques, qu'elle contient.

François du Puy-du-Fou mourut vers la fin de l'année 1469 ou au commencement de l'année 1470; la Bibliothèque Nationale a conservé deux lettres de 1469, qui sont trop intéressantes, pour ne pas être reproduites ici : elles indiquent que les rois savaient s'immiscer dans les affaires des abbayes, mais que leurs désirs n'étaient pas toujours exaucés par les religieux, qui se hasardaient, le cas échéant, à faire acte de liberté et d'autorité.

Comme les nominations d'abbés avaient lieu en assemblée

---

(1) Par cet acte, frère Léonard Meschin, procureur du couvent, rend hommage à Regnaut Girard, chevalier, seigneur de Bazoges, Moric et de la Viaudière, conseiller et maitre d'hôtel du roi.

capitulaire, tous les moines appelés au son de la cloche, ceux de Talmond, réunis un certain jour au chapitre, reçurent du roi Louis XI, qui ouvrait la succession avant l'heure, une invitation rédigée en ces termes :

« De par le roi,

« Chiers et bien amez, nous avons entendu que celui qui, « à présent, est abbé de vostre abbaye, est tellement débilité « de sa personne, tant à cause de son ancien aage que de « certaine griefve maladie, de laquelle il est détenu, qu'il « est à doupter qu'il doye de brief exterminer et clorre ses « jours. Et pour ce que nous désirons singulièrement le « bien et promocion en Saincte Eglise, de nostre chier et « bien amé frère, Jehan de Balodes, aiguier de vostre dicte « abbaye, taut par les louables vertuz et mérites de sa « personne, que pour considération des bons, louables et « agréables services que aucuns nos serviteurs, ses parens « et amys (1), nous ont par cy devant faiz, font et « continuent chascun jour en noz grans affaires, et aussi, en « faveur d'aucuns des seigneurs de nostre sang, qui pour « lui nous ont très instamment supplié et requis, nous « vous prions bien acertes, et sur tout le plaisir et service « que jamais faire nous désirez, que si tost que vacation

(1) Nous croyons voir parmi ces amis, maître Philippe de Comynes, que Louis XI allait pourvoir de la principauté de Talmond, au détriment des héritiers légitimes, les enfants de la Trémoille. Ce zélé confident espérait probablement trouver en Jean de Balodes un dévoué partisan et un homme utile pour mener ses projets à bonne fin. Aussi, ne négligea-t-il rien, auprès du roi, pour faire placer à la tête de toutes les fonctions importantes de la principauté et de la contrée, des créatures dont il pourrait disposer à son gré. Voici, d'après nous, l'explication de ces lettres, car Louis XI avait à traiter d'autres questions plus importantes pour le royaume, que celles de la succession de l'abbé de Talmond. Montrant, contre mauvaise fortune, bon cœur, ce monarque envoya, cependant, aux religieux, malgré son insuccès, le 21 janvier 1470, des lettres de gardes-gardiennes qui les confirmaient dans les droits acquis à ce jour.

« escherra en vostre dicte abbaye, vous vueillez incontinent,
« en faveur de nous, eslire en vostre futur abbé et pasteur
« ledit frère Jehan de Balodes, et non autre, pour quelques
« lettres que par inadvertance ou autrement, nous puissions
« escripre au contraire. En quoy faisant, vous nous ferez si
« grant et singulier plaisir, que plus grant faire ne pourriez,
« et en aurons vous et voz affaires, tant en général que en
« particulier, et ceulx de vostre dicte abbaye, en nostre
« plus singulière et spéciale recommandation. Donné...... »

En même temps, l'adroit monarque envoyait une seconde lettre à Nicolas Boutault, évêque de Luçon, afin de le prier de confirmer la nomination de Jean de Balodes aussitôt qu'elle sera faite, et non autre; il ajoutait : « Et au « cas que lesdits religieux eslissent autre que ledit frère « Jehan, si ne recevez ne confirmez ladicte eslection, en « quelque manière que ce soit (1). »

Ces conseils un peu comminatoires ne furent point pris en considération par le couvent qui élut, quand même et malgré le roi, Guillaume Meschin. Il est vrai que Jean de Balodes fut récompensé, dans la suite, de son échec, et on le retrouvera comme abbé d'Orbestier, quelques années plus tard. Il n'avait probablement pas rempli, avec assez de générosité et de largesse, son office d'aiguier; les moines de Talmond se souvinrent au bon moment, que la pitance fournie avait été insuffisante ou de mauvaise qualité. *Inde iræ!* Il conserva toutefois ses précédentes fonctions et s'intitula procureur du couvent, en 1473.

Ajoutons encore que c'est sous François, et malgré lui, que fut ordonnée une sage précaution qui permit de faire parvenir jusqu'à nous, une grande partie des titres importants de l'abbaye : nous ne lui devons donc pas la moindre reconnaissance pour ce service rendu.

En effet, à la suite d'une des nombreuses discussions

---

(1) Voir aux preuves de ce volume.

pendantes aux assises de Fontenay, entre le couvent et Louis d'Amboise, ce seigneur réclama copie du volumineux cartulaire, que les religieux avaient déposé entre les mains du juge, pour assurer leurs droits. Le prince alléguait que ce manuscrit lui appartenait, comme fondateur, et avait été transporté frauduleusement, du château au monastère, pendant l'absence des propriétaires qui n'y demeuraient plus. Les moines, froissés de cette accusation, se défendirent en objectant que la chose était fausse et injurieuse, et qu'ils voulaient bien qu'on délivrât une expédition des pièces qui intéressaient les affaires en litige, mais non des autres.

Malgré tout, le grave sénéchal royal décida (1), que copie serait faite du cartulaire entier, aux frais du sire d'Amboise, par les soins du greffier G. Prévost, et remise à Guillaume Chauvin, procureur du prince, à l'encontre de Nycolles Beronneau, procureur de l'abbé. Et voilà comme les faits et gestes de l'abbaye de Sainte Croix, du XIe au XVe siècle, nous ont été conservés, car, pendant les guerres de religion, le cartulaire original de l'abbaye disparut et il ne survécut que la copie appartenant aux seigneurs de Talmond.

GUILLAUME MESCHIN, 1473-1494

L'abbé Guillaume Meschin figura, en 1473, dans un procès déjà commencé en 1434 et intenté par le couvent à René des Forges (2), ancien page de Louis d'Amboise. L'affaire traîna en longueur, car le baron, dans un touchant élan de piété filial, refusa de reconnaître la signature de son père Louis, et il fallut aller jusqu'au Parlement à Paris, pour le faire condamner à payer trois rentes à l'abbaye, variant de 35 livres à 3 sous. L'accord passé le 8 novembre

(1) Avril 1464.
(2) Le château des Forges, près Beaulieu-sous-la-Roche.

1489, permet de connaître la composition du monastère à cette date. C'étaient : Louis Regnaudin, prieur claustral et chantre; François Aymer, aiguier; Jacques Bouchier, aumônier; Pierre de Plessys, sacristain; François Melon, infirmier; Jean Bonnamy, prieur de Poiroux; Etienne Rouleau; Gilles Gordeau; Guillaume Meschineau; Jean Palaquin et Marc Baudry. Cette discussion ne se termina qu'en 1494.

Guillaume rendit foi et hommage, en 1474, à André Royrand, abbé d'Orbestier; en 1485 et 1493, à Jean de Balodes, son ancien rival, devenu, on se le rappelle, titulaire de ce monastère. En mai 1492, il réclama à l'aumônier séculier de Talmond, Jacques Cousin, prêtre, des dîmes sur les terres et héritages de l'Aumônerie, et passa alors une transaction, par laquelle le prieur s'obligeait à payer dix sous annuels, pour les biens d'ancienne fondation, plus les dîmes sur toutes les aumônes recueillies depuis quarante ans (1). Les pauvres, secourus par cet établissement religieux durent, pendant longtemps, supporter les conséquences de ce malencontreux différend.

Dans l'interminable procès qui fut plaidé, au nom des frères de la Trémoille, contre Philippe de Comynes, institué par Louis XI, seigneur de Talmond, au détriment des héritiers de Louis d'Amboise, Guillaume Meschin figura comme témoin, le 2 juin 1486, lorsque le grave Jean Pellieu, commissaire du roi Charles VIII et du Parlement de Paris, vint faire exécuter, à Talmond et aux environs, le jugement de la Cour qui restituait le Talmondais à ses légitimes possesseurs.

La *Gallia Christiana* fait mourir cet abbé en 1494.

---

(1) A partir de cette époque, toutes les fois que nous n'indiquerons as les sources où nous aurons puisé les renseignements que nous donnons, il faudra admettre qu'elles proviennent des archives de la Vendée conservées à la Préfecture.

JEAN DE LA TRÉMOILLE, 1497

L'abbaye passa ensuite à Jean de la Trémoille, fils de Louis I et de Marguerite d'Amboise, archevêque d'Auch depuis 1490. Ce prélat avait pour fermiers généraux des biens du couvent, deux religieux nommés François Aimery et Jacques Beyraud, qui payèrent en cette qualité l'abony de 25 livres, dû pour rachat (1497). La *Gallia Christiana* et le *Pouillé d'Aillery* sont muets sur son passage à Sainte Croix, mais la lecture des comptes de la principauté, dont nous publions un extrait dans les preuves, ne peut laisser subsister aucun doute à cet égard (1).

Il ne fut pas, du reste, longtemps titulaire de ce bénéfice et préféra, la même année, celui de l'abbaye plus riche de Saint-Michel-en-l'Herm, où il succéda à Thomas Prévost. Ce titre d'abbé de Saint-Michel ne se trouve également pas relaté ailleurs, du moins à notre connaissance (2).

PRÉGENT DES GRANGES, 1497-1505

Ces mêmes comptes apprennent encore, que Prégent des Granges fut élevé à la dignité d'abbé, quelques mois après, toujours en 1497. Nous ne savons pourquoi il figure dans la *Gallia Christiana* sous le vocable de Prégent des Brosses, car il existe, aux archives de la Vendée plusieurs documents qui portent sa signature, et après leur consultation il ne peut régner la moindre incertitude sur le nom véritable de sa famille. Il était fils puîné de Mathurin des

---

(1) Jean de la Trémoille devint évêque de Poitiers en 1505 et fut créé cardinal aux Monts par le pape Jules II. Il avait été aussi abbé de la Grenetière et de Saint-Laon de Thouars où il fut élu par les religieux le 3 août 1499. Il mourut à Milan en 1507.

(2) Le chartier de Thouars ne fait pas mention de ces deux dignités.

Granges-Surgères, branche de la Grégorière, et de Marie Pascaud, dame de la Gasconnière (1).

Il présenta un titulaire pour la cure de Saint-Julien-des-Landes, le 9 août 1499, et rendit hommage à Joachim Girard, écuyer, seigneur de Bazoges, le 7 octobre suivant, pour l'hôtel et la terre de la Paissolière, même paroisse. Il mourut en 1505, comme le prouvent les comptes de la principauté; Micheau Béraud, clerc du chatelain de Talmond, alla à Thouars annoncer la mort de l'abbé de Talmond, frère Prégent des Granges (2).

PIERRE GAUDIN, 1507-1519

L'abbé Pierre Gaudin, qui lui succéda, conclut une baillette le 3 mai 1507, nomma comme chantre, par suite de la mort de Marc Baudry, Jacques de la Brosse, le 12 mai 1509, et fit divers accensements en 1519, dans les paroisses de la Tranche et de Saint-Vincent-sur-Jard. Cette même année, les comptes de la principauté indiquent que l'abony fut payé, par suite de sa mort.

JACQUES I DE LA BROSSE, 1519-1533

Il y a erreur, quand on indique dans le *Pouillé* et la *Gallia Christiana*, comme successeur, en novembre 1518, à l'abbé Pierre, frère René Bodin, car, comme nous l'avons dit plus haut, on trouve aux archives un document prouvant que Pierre assistait encore à une assemblée capitulaire, tenue le 3 mai 1519, et Jacques de la Brosse, qui nous paraît être son successeur très immédiat, paya cette même

---

(1) Dictionnaire de Beauchet-Filleau, tome II, p. 688.

(2) Il y a donc erreur dans le dictionnaire de Beauchet-Filleau, p. 495, tome I. Il n'y eut pas à cette époque de Prégent des Brosses, abbé de Talmond.

année son droit de rachat, rendit, le 6 juillet suivant, hommage au seigneur de la Chaise-Giraud, et en 1520, à l'abbé d'Orbestier, Claude de Villars. Les droits ne furent acquittés qu'une fois à la principauté; il n'y eut donc qu'une mutation.

JACQUES II DE LA BROSSE, 1533-1553

Deux abbés portèrent le même nom de Jacques, l'oncle et le neveu : il y eut même un troisième de la Brosse, du prénom d'Antoine, qui fut aumônier séculier à Talmond et mourut prieur de Saint-Nicolas de la Barre-de-Monts (1), (1533). D'après les comptes de la principauté, c'est en 1530 que la permutation eut lieu et que le neveu succéda à l'oncle, qui s'intitula dès lors, « *senior nuper abbas, nunc vero pensionnarius.* »

Le nouvel abbé avait Jean Eon, prieur de Landeronde et curé des Herbiers, comme procureur général, Christophe Bégaud, comme prieur claustral, Mathurin Dubois, comme chantre, Jean de Chataignier, pour aumônier, et Pierre Royrand, pour sacriste (2).

A propos de Jacques de la Brosse, qui nous a laissé un registre commencé en 1538, rédigé par Guy Colin, bachelier en lois, et contenant les présentations faites pour les cures qui dépendaient de l'abbaye de Sainte Croix, remarquons que les abbés surent maintenir cette prérogative jusqu'à la

---

(1) Il existe, dans les archives de la Vendée, une charte sur parchemin par laquelle on voit que le prieuré de Saint-Nicolas de la Barre-de-Monts, *alias* la Roullière, était primitivement à la présentation de l'abbé de Saint-Gildas-de-Rhuys. Mais, le 24 septembre 1494, le couvent, dirigé par l'abbé Pierre, décida de passer cette prérogative à l'abbaye de Sainte Croix de Talmond. Aussi, à partir de cette époque, on trouve plusieurs présentations faites pour nommer à ce prieuré, qui prit alors le nom de *sanctus Nicolaus prope Belnerium.*

(2) La pièce qui donne ces renseignements est de 1537.

Révolution. Nous avons déjà expliqué, dans le chapitre I, que lorsque les moines abandonnèrent, dans les paroisses, le service divin aux curés, le couvent se réserva la faculté de présenter, à la nomination de l'évêque du diocèse, des titulaires de son choix. Il n'y fit pas faute, et jaloux de ce droit, qui lui conserva un certain ascendant dans la contrée, il oublia rarement d'en remplir les formalités. C'est grâce à ces nombreuses pièces, signées des abbés et dressées à des époques si différentes, qu'il a été possible de retrouver l'existence de quelques-uns, de vérifier leurs titres et de fixer le laps de temps qu'ils passèrent au gouvernement de l'abbaye. Ces présentations étaient adressées à l'évêque ou au grand vicaire, qui conférait alors le pouvoir spirituel et procédait à l'installation du titulaire. Les cérémonies requises pour la circonstance et consignées tout au long par deux notaires, au procès-verbal, consistaient généralement à entrer dans l'église paroissiale, prendre de l'eau bénite et la distribuer aux assistants, sonner les cloches, faire l'aspersion, monter au grand autel, le baiser, exécuter une génuflexion et visiter les vases sacrés, lire dans le missel, monter en chaire, faire le prône, et enfin prendre place sur le siège réservé au curé.

Ainsi, Jacques présenta aux cures ou prieurés de Saint-Pierre de Talmond, Saint-Just de la Maurière, Sainte-Marie d'Olonne, Saint-Eutrope de Poiroux, Sainte-Marie de Longeville, Saint-Nicolas de la Barre, Saint-Hilaire la Forêt. Il partageait cette prérogative avec la confrérie de la Transfiguration, administrée par le curé de Saint-Pierre, pour le prieuré de l'Aumônerie séculière de Talmond; il en jouissait seul pour celui de l'Aumônerie de Sainte-Marie d'Olonne.

Les mœurs des gens d'église étaient, on l'a déjà dit, très relâchées depuis longtemps, dans les monastères et dans toutes les dignités ecclésiastiques, depuis celles des évêques jusqu'à celles des moindres clercs. Jacques de la Brosse, que ses nombreuses occupations appelaient, disait-il, souvent au dehors, installa un procureur général dans son abbaye, pour traiter toutes les affaires en son nom, et faire connaître ses volontés aux religieux. Ceux-ci, de leur côté, suivirent peut-être, en l'exagérant, en tout cas sans difficulté, l'exemple de leur abbé et allèrent jusqu'à trafiquer de leur mobilier ou de leurs offices, sous le plus futile prétexte. La pièce suivante est assez édifiante sur ce point, pour qu'il soit nécessaire d'en publier beaucoup.

« Sachent tous que..... ont été présents..... frère Pierre « Savarit, religieux..... d'une part, et vénérable frère « Mathurin Duboys, aussi religieux et chantre..... d'autre « part; lequel Savarit de son bon gré..... a donné et trans- « porté, par pur don irrévocable faict entre vifs, audit « Duboys présant, stippulant et acceptant, ledit don tant en « faveur et contemplacion de ce que ledit Duboys, puys « demy an en ça, que led. Savarit luy a résiné son office de « chantrerie aud. monastère et encore auparavant, a « acquieté led. Savarit de plusieurs messes et autres offices, « par luy deus aud. monastère, et employé de jour en jour « sa personne et ses biens meubles pour l'entretenement et « nourriture dud. Savarit et pour faire icelluy survenir à « ses nécessités et grandes affayres, auparavant lad. rési- « nation et depuys que icelluy dict Savarit a toujours esté, « comme il est encores à présent, paraleticq et impotent, « arresté et detenu au lict de grande et grefve maladie, qui « ne se puyt faire sans grans coutz et sommes pour l'entre- « tenement de sa personne; aussi pour le fayre inhumer, « obséquer et bienfaicter bien et convenablement emprès « son décès, selon son estat et qualité de sa personne; et ce « par l'advis de plusieurs de ses frères et religieux, par luy « convoqués et appelez, pour déterminer et conférer du faict « de sa vie et conscience : lesquels services à lui faictz et « impartiz par led. Duboys, led. Savarit se tient content « et l'en relève par ces présentes, assavoir est, tous et

« chacuns ses biens meubles et ustensilles, autres biens
« comme debtes et autres choses consernans biens meubles
« à luy apartenans, quelque part ou lieu qu'ils puissent estre...
« Ce fut faict et passé, aud. lieu de Thallemond, le 2e jour
« du moys d'apvril, l'an 1531.

« Signé : L. FOUCHIER et J. MERCIER. »

Une note mise postérieurement sur l'original dit : « Ne « vault la présente donation parce qu'elle est simoniacque. »

Jacques de la Brosse mourut après 1553, année pendant laquelle il passait encore des actes au nom du couvent ; il aurait, le 21 février 1550, d'après la *Gallia Christiana*, conféré la tonsure, en vertu d'un pouvoir spécial de l'évêque, à un de ses moines, Jean de Poygues. Nous publions son sceau retrouvé dans les archives de la Vendée sur un acte daté de 1533.

Chapitre VI. — De François Boutaud à Louis-Maurice de la Trémoille.

1554-1657

FRANÇOIS BOUTAUD, 1554-1567

Prégent II des Granges cité, sans date, par la *Gallia Christiana*, comme abbé de Talmond à cette place, ne le fut en tout cas, que l'espace d'un matin ou à un autre moment (1), car Jacques de la Brosse vivait encore en octobre 1553, et le 22 mars 1554, François Boutaud, rendait hommage au seigneur de la Chaise-Giraud. Il résulte même de la déposition de plusieurs témoins, reçue dans une enquête faite en 1572, que Boutaud fut le successeur *immédiat* de Jacques de la Brosse.

François Boutaud (2), gentilhomme du pays, se montra, paraît-il, assez modeste et zélé pendant les premières années de son ministère, quoique n'habitant pas le cloître, et résidant généralement en son hôtel de la Martinière

(1) Nous pensons que cet abbé a été confondu avec celui qui mourut en 1505 et qu'on appela à tort Prégent des Brosses.

(2) Joachim Boutaud, moine de Sainte-Marie des Fontenelles, cité dans le *Pouillé d'Aillery*, comme abbé de Sainte Croix, ne fut que le vicaire général de Fr. Boutaud, véritable abbé, et probablement un de ses frères. Il présenta, en cette qualité, au mois de mai 1555, Jean Mauclerc, au prieuré de Notre-Dame-de-Monts. Il y eut aussi un Louis Boutaud, seigneur de Chaignevert de la maison de l'Aubouinière de Chaillé, prévôt de N.-D. de Fontenay, ancien chanoine de la cathédrale de Luçon, neveu de l'abbé, qui se maria et devint ministre protestant.

d'Avrillé. Mais les protestants commençaient, depuis quelque temps, à faire parler d'eux en Bas-Poitou, et vers 1555, pillaient et emportaient les ornements de l'abbaye, ainsi que les papiers du trésor. L'abbé, pour obtenir justice, s'adressa à l'évêque de Luçon qui lança une lettre de fulmination contre les infidèles. Cette mesure produisit peu d'effet sur l'esprit des populations déjà un peu habituées à ces armes quelque peu inoffensives, et dès l'année suivante, François se trouva de nouveau obligé de sévir contre ses propres moines, en requérant, du doyen de Talmond, un monitoire, « pour raison de la mauvaise et « scandaleuse vie d'aulcun des religieux de ladite abbaye, « gens violants et scandaleux, portans ordinairement « arquebuses, pistollets et autres armes, ensemble touchant « la rupture et bris faict des grandes portes de la nef de la « dite église avec force et violance, huit jours auparavant. » On peut juger, d'après ce petit exposé, rédigé de la main de l'intéressé lui-même, dans quel état d'esprit se trouvaient les habitants de l'abbaye, et devant quelles considérations ils étaient susceptibles de reculer.

L'abbé ne fut pas longtemps à imiter ses moines; s'il ne se livra pas ouvertement et avec autant d'audace, aux mêmes violences, il sut à sa façon, et elle était riche en expédients, se servir des ressources qu'il avait entre les mains, et en faire « mauvais mesnage. » Pour se procurer l'argent dont il faisait ample consommation, il vendit crosses, mitres, croix, cloches, livres et ornements sacerdotaux. Non content de dissiper ainsi les objets mobiliers de l'abbaye, il arrenta à vil prix une foule d'immeubles ou les laissa usurper, en échange de quelques pots de vin ou gros pourboires payés comptant; il soudoya des hommes pour lui servir de témoins, et les effraya par de terribles menaces, quand ils ne voulurent pas se prêter de bonne grâce, à ses lucratifs détournements. Plusieurs personnes, dignes de foi, entendues dans l'enquête dont il sera parlé plus loin et qui fut ordonnée après sa mort, ont indiqué avec précision la façon d'agir de cet abbé, qui employa tous les moyens, *per fas et nefas*, et alla, jusqu'à embrasser la religion réformée (1). Personne n'osait protester, car il ne badinait pas avec les hommes et avec les choses et savait agir énergiquement, même brutalement, quand on tentait de lui résister. Il dépensa autant d'ardeur à dissiper la fortune acquise, que ses premiers prédécesseurs en avaient concentrée, pour réunir motte par motte et sillon par sillon, les splendides domaines qui avaient établi la domination de l'abbaye sur tous les points de la contrée.

Il y eut cependant quelques moines qui ne partagèrent pas, tout d'abord, les opinions hardies de leurs frères en religion; cela leur coûta, il est vrai, bien des vexations, et il est curieux de se rendre compte, d'après un procès-verbal peu banal, qui a été conservé, à quelles avanies ils s'exposaient de la part de la population. « De la partie du « vénérable religieux, frère Jacques Gandrot, infirmier de « l'abbaye de Talmond, nous a été exposé, se plaignant « grandement d'aulcuns malfaiteurs, contre lesquels il ne « peult valablement intenter action par deffaut de preuve. « Premièrement, se complaint le dit exposant, de ceulx ou « celles qui, puys un an en cza, on dict et reproché à sa « personne plusieurs injures diffamatoires et atroces, « entr'autres l'auroyent appellé empoisonneur, et qu'il avoit « brassé le potage pour empoisonner son abbé et prélat, et « qui ont oy dire les dites injures. Item, de ceulx ou celles « qui lui ont dérobé un chappeau et lui font attendre. « Item, de ceulx ou celles qui luy ont agasté ou fait agaster « son jardin de l'infirmerie dud. Talmond, coupé ou fait « couper maintes arbres fruitiers. Item, qui, puys la feste « de Pasques dernièrement passée, ont coupé certaines

(1) Voir aux preuves la pièce relative au prieuré des Eaux, rédigée en 1570; elle dit formellement que cet abbé se fit protestant.

« cordes, desquelles estoit attaché le cheval du dit complai-
« gnant, pour le faire paistre et empescher qu'il n'allast en
« dommage, et les ont tellement coupé, qu'il en restoit
« seulement un petit bout, et depuys ont emmené le dit
« cheval assez loing d'où il auroist esté attaché, et tout
« gasté en un buisson ou hallier, sur espoir, qu'il est à
« présumer, de le faire manger au loup ou dérober.
« De toutes lesquelles chouses, il se dit grandement
« intéressé....... » 26 août 1554.

Voilà un exemple qui n'était pas encourageant pour les personnes restées fidèles à leurs vieilles croyances ou trop peu confiantes dans l'avenir de la nouvelle religion. Malheureusement, nous ignorons complètement si on put consoler le pauvre homme, lui restituer son chapeau et faire repriser le petit bout de la corde de son palefroi.

Sans vouloir énumérer ici toutes les dilapidations qui furent commises à cette époque, au détriment du couvent, nous intercalerons, comme type, un seul document qui indiquera suffisamment que l'abbé trouvait, dans son entourage, de fidèles auxiliaires ; on pourra ainsi connaître, par lui et ceux qui sont publiés au chapitre des preuves, les noms de certains personnages qui profitèrent, chacun selon ses moyens, du désordre général. La pièce produite ci-dessous est un accensement passé au chapitre de Sainte Croix et signé de tous les contractants. Rien n'était plus simple que de devenir, à bon compte, un honnête et paisible propriétaire !

« Sachent tous que.... se sont personnellement establis en
« droict Révérend père en Dieu, Monsieur Maistre François
« Boutaud, docteur en droicts, abbé de l'abbaye de Sainte
« Croix de Thalmond, frère Mathurin Dubois, prieur
« claustral et segretain de lad. abbaie, Cristophe Bégaud (1),

(1) Ce moine se faisait appeler seigneur du Bourg-l'Abbé en Olonne.

« aiguier, Jouachim Dubourg, prieur de Saint-Vincent et
« Chappelain de la Chappelainie de Landeronde, dépen-
« dante de lad. abbaie, Jehan Pillot, aulmonier, Pierre
« Bery, chantre, Jehan d'Esvillates, Charles Dubourg et
« René Savarit, tous religieux profès de lad. abbaye, et
« faisant le couvent d'icelle, agrégez et assemblez en leur
« chapitre pour traicter des affaires de lad. abbaie, et
« mesmement pour le profict et utilité de lad. Chappelenie
« de Landeronde, voulans icelle augmenter à leur pouvoir,
« d'une part, et Jehan Chauvet, l'aisné demourant à
« Thalmont....., d'aultre part, lesquels vénérables abbé et
« convent de lad. abbaie et mesmement led. Dubourg,
« avecques l'assentiment et authorité dud. révérend abbé et
« autres religieux de lad. abbaie, a baillé et accenssé, et
« encore par ces présentes, baille et accensse aud. Chauvet,
« stippulant et acceptant...., une vieille maison ruyneuse et
« partie en mazuraulx, avecques un petit jardin estant
« derrière, avecques un puix estant en icelle, estans ou
« dommayne de lad. Chappelainie de Landeronde, assise en
« ce lieu de Thalmond, tenant d'une part au jardin
« appartenant aud. Chauvet, qui souloit estre de l'aiguerie
« de lad. abbaie, d'aultre au jardin de Symon Lambert, à
« cause de sa femme, et d'aultre la route conduisant de
« lad. abbaie dud. Talmond au grand cymetière dud. lieu,
« et d'aultre à la maison de Me René Mainguet (1), pour en
« poier par led. Chauvet, à la dite chappelainie de
« Landeronde, chacun an, au terme de feste de Noël, la
« somme de cincq sols tournois et poier et acquieter, en
« outre, par icellui Chauvet, tous et chascuns des aultres
« debvoirs duez par raison de lad. maison et jardin ès
« seigneurs à qui ilz sont deux : et avecques la charge

(1) Ce terrain est actuellement englobé dans le jardin de Mme veuve Batiot, en face la porte d'entrée de la maison de M. Morisset notaire. C'était donc autrefois en face de l'entrée de l'abbaye.

« d'entretenir et réparer lesd. maisons et lieux susd. en « estat convenable pour porter led. debvoir. Lequel bail.....

« Fait et passé au chappitre de lad. abbaye, le 6e jour du « moys d'octobre l'an 1561.... » Suivent les signatures de tous les moines, avec le sceau de l'abbé représentant les armes de sa famille et portant à l'exergue, l'inscription « *fama et virtuti* » ; devise admirablement appropriée à la conduite et aux mœurs de celui qui osait s'en prévaloir, pour en imposer à son entourage.

Dans la composition du couvent, qui comprenait dix-huit à vingt moines, quand Boutaud fut élu, se trouvaient, paraît-il, des gens trop curieux ou trop enclins à contrôler ses actes et même à les juger. Cette manière de faire ne pouvait être du goût du maître; aussi, il y mit ordre promptement : on le vit, en effet, au bout de quelques années, expulser les gêneurs en les reléguant dans des prieurés éloignés, ou en les congédiant purement et simplement sans autres formalités.

Pendant ce temps-là, la Réforme faisait de certains progrès et même des progrès très certains en Talmondais; jusque dans la ville de Talmond, sous les yeux d'un seigneur hostile et militant, il se fondait une Eglise, au mois de janvier 1562, à l'école des frères du Saint-Esprit, dans la rue actuellement appelée *chemin des prêches* ou *de la Fontaine,* ainsi que l'atteste le document suivant : « D'autant que l'année commence au mois de janvier, « selon l'édit que le roi fit, qui voulut que l'année com- « mençat le premier jour de janvier, auparavant elle ne « commençait que le 25e jour de mars, nacquit en la « maison de Mathurin Duraisse (1), à Talmont, en sa salle « neuve, André, fils de François Bouhier et de Madelaine « Duraisse, demeurant aux Sables-d'Olonne, et fut baptisé,

---

(1) Mathurin Duraisse ou Duraiffe, sieur de la Sauvesterie, homme d'affaires du seigneur de la Trémoille.

« le 8e du dict mois, en l'escolle appartenant au frère de « la confrérie du Saint-Esprit, par Me Mathurin Duraisse « qui fut reçu ministre et premier de l'Eglise de Talmont, « qu'un mois auparavant ledit baptême : et le dict André « fut le premier baptisé en la dicte Eglise.

« Fut parrain, Me André Aubert, seigneur de Malcoste, « juge chatelain de Talmond, anciennement diacre en la « dicte Eglise (1). »

A la Chaume, à Saint-Benoit, à Saint-Cyr, à Poiroux, à Saint-Gilles-sur-Vie et autres lieux, il en était ainsi; les principaux officiers du prince de la Trémoille et les seigneurs du pays, dont le plus militant fut assurément Tanneguy du Bouchet, seigneur de Puygreffier et de Saint-Cyr, embrassèrent avec ardeur, et les premiers, la nouvelle religion; le peuple, trop heureux d'avoir trouvé des chefs, suivit avec enthousiasme et en rangs serrés. La conduite irrégulière des moines et du clergé séculier n'était du reste pas faite pour entraver la marche de la Réforme, et quand les premiers troubles éclatèrent, tout le pays fut prêt, en un instant, à prendre les armes. Catholiques et huguenots rivalisèrent à l'envi, pour piller et ravager ce qui tombait entre leurs mains.

Tant qu'à notre abbé, il continua à employer les mêmes moyens pour augmenter, du moins à son avis, les revenus de l'abbaye, en mettant en vente les métairies de la Baudouinière, de la Vallinotière et autres terres, sous le frivole prétexte « de contribuer pour sa part, aux deniers « accordés au roi, pour les subventions de son Etat (1563). » Il poussa l'audace jusqu'à dépouiller les officiers du couvent des ressources et des biens attachés à leur charge; c'est ainsi que l'aumônier, Pierre Very, rédigea contre lui, à la

---

(1) Extrait du journal manuscrit de la famille Bouhier, des Sables-d'Olonne (8 février 1562).

date du 4 mai 1564, une lettre désespérée qu'il adressa à l'évêque de Luçon (1).

Tous les documents que nous avons pu consulter, sont identiques à celui qui a été publié plus haut; ils se ressemblent clause pour clause, mot pour mot, et quoiqu'ils soient très nombreux, ils sont loin de représenter la totalité des détournements et des dilapidations opérés au détriment de l'abbaye. Les bâtiments conventuels ne furent pas plus épargnés que le mobilier et les domaines, car les Huguenots profitèrent de la complaisance ou de l'insouciance des intéressés eux-mêmes, et du désordre général, pour brûler et démolir ce qui avait résisté aux premiers assauts. Dès 1561, il ne se faisait plus au couvent le moindre service divin, et l'église de Sainte Croix tombait en ruines, ainsi que le constatent les plaintes portées au roi par l'évêque de Luçon, « au sujet des vexations exercées par les protestants « contre les monastères et bénéfices du diocèse ». Ce prélat aurait pu ajouter, sans qu'il en coûtât à son impartialité, que les catholiques de la contrée en cédaient fort peu, sur ce point, aux réformés (2).

A l'enquête générale du 27 juillet 1572, ordonnée par le roi et dirigée par les soins de l'autorité ecclésiastique, pour essayer de répartir les diverses responsabilités, un témoin vint déposer qu'il connaissait parfaitement un grand nombre des aliénations consommées et presque toutes signées par lui, comme témoin, « sur le commande- « ment dudit Boutault, auquel il n'eust osé résister : à quoi « il adjouta, que le dit abbé fit aussi emporter les tiltres du

(1) Dom Fonteneau, vol. 14, p. 533 et suivantes. Voir aux preuves à la fin du volume.

(2) Les habitants de Poitiers, dans leur remontrance au roi Henri III, disent : « entre l'ami et l'ennemi, aux déportements de l'un et de l'autre, nous ne connaissons point de différence. » Hist. du Poitou, par Thibaudeau, t. 3, p. 12.

« trésor de la dite abbaye, qu'il aurait fait porter à une « maison appelée la Martinière. » Un autre témoin, fut plus précis encore, et certifia que « le lendemain du décès « dudit Boutault, Martin Boutault, son frère, fit remplir, « enlever et transporter deux grands plains sacs de tiltres, « qu'il a entendu estre tiltres et enseignements de la dite « abbaye ». Il ne faut donc pas s'étonner, s'il est si difficile, aujourd'hui, de jeter un peu de lumière sur des actes pour lesquels on a pris tant de précautions à faire disparaître les moindres vestiges écrits : il est même surprenant que quelques documents aient échappé à la rage de cette destruction intéressée, et en conséquence, il y a lieu de croire que ce sont les moins compromettants qui ont survécu.

FRANÇOIS SOUSSENATE, 1568-1573

Ces dernières dilapidations durent être commises vers 1567, car le 3 juillet 1568, il est confirmé qu'un certain François Soussenate (1), écuyer, maréchal des logis de Monseigneur le duc d'Anjou, frère du roi, possédait l'abbaye, en vertu de lettres patentes de Sa Majesté Charles IX, et rendait hommage à Talmond, entre les mains du sieur du Raiffe, sénéchal de la principauté. C'est, du reste, tout ce que nous avons pu apprendre sur cet abbé, qui fut le premier commendataire dont la nomination vint du roi, et reçut simplement l'approbation du pape.

Les années 1568 et 1569 furent principalement terribles pour le Talmondais. Ainsi, le couvent des Cordeliers d'Olonne fut brûlé par le sieur de la Sècherie et ses compagnons : les abbayes de Bois-Groland et d'Orbestier

---

(1) François Soussenate est nommé, dans un mémoire de Sébastien de Coniac, *François de Sautenac, écuier,* soi-disant ayant charge de l'abbé, que l'on ne nomme pas.

à peu près complètement détruites : celle des Fontenelles pillée et saccagée; le Lieu-Dieu devint la proie des flammes, et Saint-Michel-en-l'Herm, livré à la brutalité des soldats de Pierre de Villates et de Jacques de Goulènes, vit disparaître toutes ses richesses et celles du chapitre de Luçon qui y avaient été transportées. Presque toutes les églises de la contrée, Sainte-Radégonde de Jard, Saint-Pierre et Saint-Hilaire de Talmond, le Bernard, Saint-Cyr, Poiroux, Longeville, Pointindoux, Nesmy, Saint-André-d'Ornay, Sainte-Flaive, les Moutiers-les-Maufaits, Mareuil, etc., ne furent pas davantage épargnées.

Pendant le ministère de cet abbé, aurait eu lieu également le massacre de la Saint-Barthélemy (1), dont nous n'avons pas trouvé de traces en Talmondais, ce qui ne veut pas dire, qu'à cette date néfaste, il ne se soit commis, en cette contrée, aucun excès regrettable.

LOUIS DE MONTJOURNAL, 1576-1584

Louis de Montjournal, que la *Gallia Christiana* appelle « *confidentiarius domini des Granges* », homme d'affaires, confident du seigneur des Granges-Surgères, apparaît comme abbé dans un document précis du 10 août 1576. Mais le 16 mai 1579, des lettres en forme de commission, adressées au sénéchal de Poitou, pour l'exécution d'un arrêt du conseil, en date du 25 novembre 1577, apprennent que frère Louis de Montjournal, qui avait été nommé à l'abbaye de Sainte Croix, par suite de la faveur d'un gentilhomme, personne laïque, (lisez le seigneur des Granges), était contraint de passer procuration pour résigner son bénéfice entre les mains du roi; de même il était mandé par la dite commission, de saisir tous et

(1) 24 mars 1572.

chacun les biens et meubles qui se trouveraient en ladite abbaye, et d'en faire l'inventaire, pour que, avec les immeubles, fruits et revenus, ils puissent être régis et gouvernés par Jean de Servant. Au bas de la commission, se trouvait la signification qui aurait été faite, le 22 juillet 1578, aux fermiers du temporel, à la requête du dit Servant, qui prenait la qualité d'écuyer et qui leur faisait commandement de lui payer et délivrer tous les fruits pris et levés.

Nous ne savons au juste quelle suite eut cette affaire : ce qui est certain, c'est que le 27 avril 1582, nous retrouvons frère Louis dans son couvent, avec Joachim Dubourg, prieur claustral; Ph. Morisson, infirmier; Jacques le Duc; Jean de la Roche, procureur spécialement fondé de Jean Darmigne, aiguier; Noël Texier, sacristain, tous religieux, lesquels, estimant que les terres, même celles qui sont autour de l'abbaye, sont gâtées et transformées en chemin par les habitants, les afferment à vil prix, pourvu qu'on les entretienne, qu'on les remette en état et qu'on les entoure de fossés. Louis mourut vers 1584, et le 26 janvier 1585, noble homme François Bureau, seigneur de l'Epinay, économe de l'abbaye devenue vacante, rendait hommage à la principauté de Talmond. Il fut, du reste, remplacé bientôt par noble homme Jacques Rangy, qui prit le même titre et remplit ces mêmes fonctions, du 2 septembre 1586 à l'année 1591.

OLIVIER DE CHAYTZIN, 1592-1596

En 1592, c'est révérend père en Dieu messire Olivier de Chaytzin qui, considéré comme un vulgaire usurpateur par son propre successeur, prend tour à tour, selon les temps et les personnes auxquelles il s'adresse, des titres les plus variés. D'abord, les 28 avril 1592 et 25 juillet 1595, celui d'économe spirituel et temporel du monastère; un peu plus tard, il aurait été abbé commandataire et économe, pourvu de l'abbaye par Sa Majesté; enfin, les 22 mars 1596 et 19 juin 1597, il n'est plus que vicaire général au spirituel et temporel, pour révérend père en Dieu, frère Pierre de Vaudétard (1), abbé, prêtre religieux profès de l'église de Saint-Pierre de Lagny-sur-Marne, diocèse de Paris.

PIERRE DE VAUDÉTARD, 1596-1600

La succession ne fut, paraît-il, pas facile à recueillir, et il fallut s'adresser au roi, qui prescrivit plusieurs fois l'exécution des arrêts de son Conseil : « De la partie de nostre « bien-aimé Pierre de Vaudétard, prebtre religieux..... a « esté à nostre dit conseil présenté requeste, contenant « que par la mort de frère Loys de Montjornal, dernier « paisible possesseur de lad. abbaie qui est à nostre nomi- « nation, nous lui en aurions faict don par nostre brevet, « et pleine possession d'icelle, en vertu d'un arrest de « nostre conseil, attendu les deffanses de se pourvoir en « cour de Rome; en laquelle possession il est troublé par « François Barbarin, soydisant aussy pourveu de lad. « abbaie, au moien de quoy, led. suppliant a formé « complainte, comme il faict encore..... pour raison du « possessoir de lad. abbaie..... requérant à ces fins, com- « mission lui estre octroyée, pour faire appeler led. Barba- « rin et tous autres qu'il appartiendra, pour procéder sur « lad. complainte..... Surquoy..... Donné à Paris le 22e jour « de mars l'an 1596 et de nostre règne le 7e. »

Signé : « HENRY. »

On retrouve encore l'abbé Pierre, le 4 juin 1597, adressant une requête au sénéchal de Fontenay contre le

---

(1) Un certain Guillaume de Vaudétard possédait l'office de la crierie de Paris ; son fils Jean le vendit au roi moyennant mille livres et fut annobli en 1373. Leur nom venait du fief de Vaudétard, à Issy, près Paris.

seigneur de Talmond, qui avait fait saisir les biens conventuels, sous prétexte de non paiement d'une rente de 24 boisseaux de froment.

Un peu plus tard, il est question d'un sieur de Rambur ou Rambuer, faisant notoirement profession de porter les armes, et ayant même charge en cette qualité, près du roi, lequel dut jouir quelque temps des fruits et revenus de l'abbaye, en vertu d'un brevet royal; il aurait mis ensuite le bénéfice en les mains de Claude de la Trémoille, prince de Talmond qui professait la religion réformée.

Quand même l'abbaye de Sainte Croix n'aurait pas été détruite depuis plusieurs années, ce qui, malheureusement, n'était que trop vrai, nous croyons qu'elle aurait offert une sécurité peu enviable à ses habitants, durant la période horriblement troublée qui vient de s'écouler. La ville prise et reprise à tout moment, par les armées ou plutôt par les bandes indisciplinées des partis opposés, avait eu à supporter des pillages incessants qui épuisaient ses ressources. Le château ayant une certaine importance stratégique, sa possession était fort enviée des belligérants, de sorte que les malheureuses populations ne savaient où se réfugier pour échapper aux rançons imposées avec une régularité désolante. Pas un bénédictin n'était présent au monastère, et les vassaux, qui se présentaient pour remplir leurs devoirs féodaux, ne trouvaient personne à qui s'adresser, comme le constatent divers procès-verbaux dressés par des notaires venus afin d'exécuter la mission qui leur était confiée.

Le court récit que nous allons faire prouvera suffisamment que tout allait, depuis longtemps, à vau-l'eau dans le malheureux couvent. L'évêché de Luçon avait, en effet, à payer au roi, pour sa quote-part de la somme de 1,200,000 écus, à lever sur le clergé de France, 19,933 livres 13 sous; en quoi l'abbaye de Talmond était taxée pour 1,015 livres 10 sous, plus le remboursement des officiers, 610 livres et

2 sous 6 deniers par livre, destinés aux gages du receveur. Signification fut faite, en conséquence, par Ivon, sergent royal, le 10 décembre 1598, à Sainte Croix, d'avoir à payer ces sommes, sous huitaine, à noble homme Jehan Bebeau, sieur du Planty, receveur du diocèse de Luçon; faute de faire ce versement, la métairie de la Poysolière ou Pessolière, paroisse de Saint-Julien-des-Landes, serait saisie et vendue pour acquitter la dette. Naturellement, personne ne se dérangea, et il n'est peut-être pas bien sûr que celui qui se disait alors abbé ait été jamais averti de la sommation affichée à la porte du lieu, où « souloit être l'abbaye. »

Comme tout le monde fit la sourde oreille, et que personne ne protesta, le 1er juin suivant, le même sergent royal retourna à Talmond et porta, aux abbé et religieux, une nouvelle mise en demeure d'avoir à se rendre, le samedi d'après, au cloître de l'évêché de Luçon, afin d'être présents à l'adjudication de la métairie saisie : « Je délaisse, « dit le diligent officier, par attache, mes exploix à la « porte de l'aiguerie, despandant de ladite abbaye, parlant « à celuy qui a comparu à moy à la porte, avec injonction « de le faire asçavoir au sieur abbé et aultres qu'il « appartiendra. »

On procéda donc, le 5, à une mise aux enchères, à laquelle n'assista aucun représentant du couvent. Le plus fort prix proposé fut 2,000 livres. A la suite de ces offres, jugées insuffisantes, on fixa une nouvelle adjudication à quinzaine, après avoir ordonné, toutefois, la saisie des biens et des fruits entre les mains des fermiers. Deuxième réunion, le 19 du même mois, au cloître de Luçon; absence aussi complète d'abbé ou de procureur. On adjugea quand même la métairie de la Pessolière à maître Antoine Marchand, sieur de la Darottière, conseiller et magistrat au siège présidial de la Rochelle, moyennant la somme de 800 écus, dont il paya de suite le montant. Le receveur en préleva alors ce qui était dû au roi, et le reste fut destiné aux moines, qui ne durent en disposer autrement que des biens ordinaires du couvent.

Disons de suite que cette vente fut annulée, comme illégale, sur la demande des abbés qui suivirent, car nous avons retrouvé des baux de cette métairie à diverses dates, variant de 1637 à 1740, et passés au nom des abbés et religieux de Sainte Croix (1). Dans une certaine confrontation, il est même déclaré qu'on y tenait 24 à 30 pièces de bétail, non compris les brebis, et la visite de 1699 indique que sa contenance était de 80 charies, à raison de 300 gaulées à la charie.

GABRIEL ROULLEAU, 1600-1616

On trouve, vers 1600, avec le titre d'abbé, un sieur Gabriel Roulleau (2) qui, pourvu de lettres royales, ne put cependant se faire confirmer dans la possession de son bénéfice, avant quatre années. Il faut considérer cet abbé comme un deuxième Boutaud, pour le monastère, qu'il n'habita, du reste, jamais, car, se plaçant, probablement par ordre supérieur, sous la domination du prince de Talmond, il passa, avec ce seigneur, un marché, et lui abandonna tous les revenus de son couvent. Il remplit admirablement, pendant toute sa vie, l'office de prête-nom qu'on lui imposa, toujours empressé, en revanche, quand il avait besoin d'argent, à aliéner ou à arrenter quelque partie du domaine; de sorte que ce qui avait échappé à la dilapidation, il y a cinquante ans, disparut

---

(1) Cependant le même fait se reproduisit à Angles et à Orbestier. On vendit au profit de Claude de la Trémoille, les terres de Rémartin qui faisaient partie du domaine de l'abbaye d'Angles, et nous ne croyons pas que ce seigneur les ait jamais rendues. La vente avait été autorisée par un édit du roi et une bulle du pape.

(2) Le 4 mars 1600, l'abbé Roulleau donne à ferme les revenus de l'infirmerie de l'abbaye et touche 50 livres de pot de vin.

alors, sous le prétexte déjà connu et habilement exploité, d'amélioration et d'augmentation de revenus.

Malgré les nombreuses et vigoureuses campagnes dirigées par les rois de France, en Poitou et en Saintonge et les victoires remportées sur les huguenots, par les prédécesseurs de Henri IV, le parti réformé venait de conquérir une nouvelle puissance, à l'avènement de ce prince au trône de France ; l'édit de Nantes, de 1598, le confirmait, en effet, dans les droits acquis et lui donnait une existence légale.

Le prince de Talmond, Claude de la Trémoille, zélé protestant, avait beaucoup aidé de son bras, de ses hommes et de son argent, le roi de Navarre, quand il n'était encore que chef de parti : il y avait compromis même assez lourdement sa fortune personnelle. Lorsque Henri devint roi, il voulut bien, sans cependant combler son vassal de ses largesses, ce qui n'était pas dans ses habitudes, et encore moins dans celles de son ministre Sully, le laisser jouir des revenus des abbayes de Sainte Croix et d'Angles : le monarque nomma un titulaire, uniquement pour sauver les apparences : le véritable abbé fut Claude, qui mélangea sans scrupule et sans méfiance, dans son trésor à sec, les bénéfices des monastères et ceux de la principauté.

En compulsant les comptes de Pierre Petit, fermier du revenu temporel des abbayes de Sainte Croix et de Notre-Dame d'Angles, commencés à la fête de Saint-Jean-Baptiste 1604, finis en 1609, et remis à Madame la princesse en Orange, duchesse de Thouars (1), comme tutrice de ses enfants, et procuratrice des révérends abbés de ces deux abbayes, à raison de 5,700 livres, par chacun an, et 50 livres de sucre de Madère, nous y avons trouvé, que le sieur Petit avait dû donner à Monseigneur l'évêque de

(1) Claude de la Trémoille était mort le 25 octobre 1604.

Luçon, alors au Plessis-Bergeret, la somme de 120 livres, comme frais de défauts des deux abbés, qui n'avaient pas comparu aux divers synodes de Luçon; en outre, 300 livres aux pasteurs et anciens de l'église de Talmond, pour les trois années antérieures à 1609; 100 livres par an. Il était, on l'avouera, difficile d'être plus tolérant et libéral; nous n'irons pas jusqu'à affirmer, cependant, que les vœux des premiers donateurs étaient ainsi remplis. Tant qu'à Gabriel Roulleau, il se contentait de percevoir, annuellement, 60 livres, et par conséquent, pour les cinq années du présent compte, 300 livres. Comment montrer raisonnablement le moindre étonnement, quand on le voit, dans ces conditions, attaquer le fonds des domaines? Etait-il possible à un abbé voulant tenir son rang à Paris, de se contenter d'un si maigre revenu? C'était moins que la portion congrue allouée plus tard au plus modeste des desservants.

Quand on renouvela le bail des biens du couvent, ce qui eut lieu cette même année, il intervint avec un nouveau fermier la convention suivante, dont tous les termes font bien ressortir la situation étrange de l'époque : « Conve-« nances particulières faites ce jourd'huy, 14 mars 1609, « avec le sieur de Sainte Croix, abbé de Talmont et le sieur « de la Ronde, fermier général de l'abbaye dud. Talmont : « scavoir, que led. fermier audit nom, paiera par chacun « an, soit par droict de ferme, de pension, que pour toute « autre chose, qu'il pourrait demander de ce qui est « contenu par la ferme dudit de la Ronde, la somme de « sept vingts (140) livres seulement, y compris les cent « livres portées par lad. ferme, tant pour sa pension, que « pour la décharge du service divin, annuellement faict; « aux conditions aussy, que ledit abbé jouira de ce qui « dépend de l'infirmerie de lad. abbaye, sans que ledit « fermier y puisse rien prendre, aussy ne sera il tenu à « fournir aux frais des procès de lad. infirmerie, jouira des « produits de lad. abbaye, comme il faisait le passé, fors de

« celluy qui est joignant le jardin de l'aiguerie, à présent « la..... à scillons, où il y a deux arbres pommiers et « moyennant aussy led. abbé, ratiffiant lad. ferme, touchera « cinquante livres comptant, pour gratiffication..... Fait à « Talmond, les jours et an que dessus, en présence des « S. de la Mulletière, dit de Bourron, qui les ont signés : « ainsi signé Gabriel Roulleau, abbé, Pierre Petit, Gilles « de Bourron et Chaignevert. »

Avec de tels procédés il serait oiseux de faire remarquer que le bénéfice de l'abbaye ne tendait qu'à disparaître rapidement. Cinq ans plus tard, il était affermé par la duchesse de Thouars à Jean James, seulement 3,100 livres, plus une rente de 50 livres de sucre [1]. Encore, sur ce prix, fallait-il prélever la taxe du séminaire (117^{l} 4^{s} 10^{d}), les « deffaulx faits » par l'abbé aux synodes (60^{l} 10^{s}), les décimes extraordinaires payés au receveur de Paris (268^{l} 5^{s}), les gages et pensions aux pasteur et anciens de l'église de Talmond (100^{l})..... etc.

Nous terminerons le paragraphe qui parle de cet abbé, en insérant la pièce suivante : ce sera une preuve surabondante de l'anarchie de ces temps troublés par des esprits inquiets et révoltés contre l'oppression de ceux qui les considérèrent, trop longtemps, comme taillables et corvéables à merci, sans pour cela se montrer dignes de la supériorité qu'ils s'attribuaient.

« Aujourd'hui, en présence de nous, Guillaume Grellaud « et Nicollas Marreteau, notaires jurés, sous la court de la « principaulté de Tallemond, vénérable et religieuse personne, « frère Thomas Morandeau, prieur du prieuré de Saint-« Gilles de Palluau, ordre de Saint-Benoist, en diocèze « de Luçon, despandance de l'abbaie de Sainte Croix de « Tallemond, dudit ordre de Saint-Benoist, s'est transporté « ès lieux où soulloit estre l'abbaie et moustier dud. lieu

(1) Le sucre était alors estimé 20 sous la livre.

« de Tallemond-sur-Jard, audit diocèze de Luçon, espérant « y trouver le révérend abbé de ladite abbaye, pour, en ses « mains, faire profession de l'ordre dud. Saint-Benoist, « comme il est tenu par la provision, à lui faite, dud. « prieuré par Sa Sainteté, et après s'estre enquis à plusieurs « et diverses personnes, et mesmement à messire Jehan « Remaud, Loys Desloges prebtre vicqaire à Saint-Pierre « et Saint-Guillaume de Thalmond (1), Mes. Jacques « Jouhet, sergent royal, et Jacques Fremantin, apothi- « caire, a trouvé que led. sieur révérend abbé, ne aulcuns « des relligieux, ne font leur résidance aud. lieu de Talle- « mond, et que leur demeure est incertaine. Et veu ce, et « la perquisition faite, a protesté de faire dilligence et de « s'estre tenu en demeure de faire lad. profession, laquelle « il appartenait, et proteste de faire sistôt qu'il scaura que « led. sieur révérent sera au païs résidant ; dont il nous a « requis acte, que lui avons octroié, pour lui valloir et « servir en temps et lieu, ce que de raison. Fait au lieu « de Tallemond, le 13e jour du mois de septembre 1610. »

Signé : « DESLOGES, REMAUD, JOUHET,
« Jacques FREMANTIN, G. GRELLAUD
« et MARRETEAU, notaires. »

Le décès de Gabriel Roulleau eut lieu en 1616 ; on en trouve la preuve dans les comptes de l'abbaye de l'année 1617, rendus à la princesse d'Orange, par le fermier des revenus et dans d'autres pièces de l'époque : il mourut de la goutte, dont il eut une attaque le 20 juin 1616. Par conséquent la *Gallia Christiana* fait erreur lorsqu'elle dit qu'en 1614, Louis II de Montjournal était abbé de Talmond. Celui-ci, s'il a existé comme tel, ce dont nous doutons, n'a pu posséder le couvent qu'après 1617.

---

(1) Nous avons trouvé, dans plusieurs autres documents, les deux noms de Saint-Pierre et de Saint-Guillaume réunis pour désigner le vocable de l'église paroissiale de Talmond.

FRANÇOIS DE LA ROCHEFOUCAUD, 1617-1625

Il se serait présenté, en effet, à cette date et pendant cinq ou six ans, plusieurs titulaires qui auraient revendiqué la possession de ce titre. Dans ce nombre, il faut compter François de la Rochefoucaud, abbé de Sainte-Marie de Celles, du diocèse de Poitiers, qui, d'après les renseignements puisés à la même source, fut institué par le roi, abbé de Sainte Croix, et prêta serment, entre les mains de l'évêque de Luçon, en 1623.

Cependant, à propos du procès des dîmes intenté un peu plus tard par Sébastien de Coniac, alors abbé de Talmond, Henri de la Trémoille prétend, dans un de ses mémoires de défense, que messire François de la Rochefoucaud, duquel messire de Coniac était résignataire, prit possession de l'abbaye en 1617. D'après cette note, Louis de Montjournal, de la *Gallia Christiana*, et Jean Bertrand cité par le *Pouillé d'Aillery*, n'auraient donc jamais touché valablement les produits de ce bénéfice, et nous sommes autorisé à estimer, que ce fut sous le ministère de François, que la succursale des Sables-d'Olonne fut érigée en cure, par l'évêque de Luçon, à la réquisition du seigneur d'Olonne et des habitants (1622). On dressa, avant d'y procéder, un procès-verbal de *commodo* et d'*incommodo* et on donna la présentation de cette nouvelle érection au seigneur d'Olonne, moyennant 50 livres de rente de fondation et quelques autres redevances, auxquelles les habitants des Sables s'obligèrent. Mais on oublia complètement d'appeler l'abbé, qui devait en être le présentateur, ou ses religieux, en son absence. Il parut suffisant d'en informer le prieur d'Olonne, dont dépendait l'église érigée en paroisse, et auquel il fut alloué, largement et sans marchander, 10 livres de rente, comme tout pourboire.

Les moines de Talmond ne manquèrent pas, dans la suite, de s'inscrire contre cette usurpation accomplie au détriment de leurs prérogatives.

SÉBASTIEN DE CONIAC, 1625-1655

On arrive ainsi à 1625, année pendant laquelle fut installé un nouveau titulaire, le remuant Sébastien de Coniac, sieur de Lounéac (Bretagne), conseiller et aumônier ordinaire de M. le Prince de Condé, et sur lequel nous allons pouvoir donner d'assez nombreux détails.

Le père de cet abbé était ancien fermier, dans la maison du seigneur de la Trémoille, et lui-même avait rempli, à Quintin, les fonctions de sénéchal, pour le compte de cette famille. C'était le duc de Thouars qui lui avait fait donner l'abbaye de Sainte Croix, de même qu'il avait fait pourvoir son frère, Jean Eusèbe (1), de l'abbaye de Saint-Laon, et du domaine de Quintin, rapportant environ deux mille livres de rente. Dès qu'il arriva à Talmond, les officiers de la principauté furent, en conséquence du crédit dont il jouissait, mis à sa disposition pour l'aider à prendre possession de son nouveau bénéfice, et rechercher, avec lui, les titres qui avaient pu échapper aux guerres religieuses. Il promit, à son entrée en jouissance, de faire rétablir le culte, suivant l'intention des fondateurs, de donner l'aumône et de restaurer l'abbaye. On lui ouvrit donc, à deux battants, le trésor de la principauté, et il eut le droit d'y puiser

(1) Ce même Jean Eusèbe de Coniac fut nommé plus tard prieur du prieuré de Gastine, à Talmond, bénéfice qu'il conserva jusqu'en 1649, époque à laquelle il se désista, pour céder la place à François Jannet, clerc (30 août). — Les deux frères faisaient ainsi échange de bons procédés, car on trouve Sébastien remplaçant son frère dans divers actes et s'intitulant vicaire spirituel et temporel de Saint-Laon de Thouars, notamment en juillet 1642.

largement, aucuns dirent trop largement, tout ce qui lui paraîtrait utile à la revendication de ses droits.

Sébastien de Coniac fut loin de tenir les promesses qu'il avait faites, et d'être reconnaissant envers son bienfaiteur; il dilapida vainement à l'entretien de son train de gentilhomme, de ses secrétaires, valets de chambre, carrosses, cochers, laquais, cuisiniers, oiseaux de chasse et autres semblables choses de joie, qu'il avait avec lui, tous les revenus de l'abbaye qu'il parvint à faire atteindre cinq à six mille livres; en revanche, il oublia complètement de donner l'aumône et d'entretenir des religieux destinés au service divin. On alla jusqu'à l'accuser de s'être rendu acquéreur de certains biens de l'abbaye, vendus par l'autorité du roi (1), et de ne pas vouloir faire rendre gorge à plusieurs usurpateurs de distinction, dans la crainte d'être obligé d'abandonner lui-même quelques deniers : on dit, en outre, qu'il retira du trésor les titres concernant les fois, hommages et rachats que devait l'abbaye à la principauté, et, tout spécialement, celui rédigé par François Soussenate, en 1568. Malgré les grosses sommes qui lui furent restituées, à la suite de jugements favorables rendus par les officiers de Talmond, il ne donna pas un seul boisseau de blé aux pauvres; il ne dépensa pas un écu à acheter des ornements ou luminaires pour le service divin; il ne fit aucune réparation aux bâtiments : bien plus, il renversa ce qui subsistait, il vendit les charpentes des bâtiments de l'Aumônerie et de la chapelle de l'abbaye et il aliéna les prés Joubert et plusieurs terres dans la paroisse d'Aizenay, qui représentaient encore une valeur de plus de 600 livres de rente. Les chapelles de la Mongie et de Saint-Même, membres dépendants, ne furent pas mieux traitées, et eurent à souffrir du même vandalisme.

---

(1) Ces biens étaient vendus généralement, comme nous l'avons vu déjà une fois, pour payer les aides dus par le clergé au roi.

Cependant, en septembre 1630, l'abbé de Sainte Croix obtint, contre une dame Marguerite Yurenoge, veuve de feu sire René Perroteau, un arrêt de la cour de Fontenay-le-Comte, touchant le marais vasois appelé *Baconnois*, et le 5 octobre, il faisait publier, devant la porte de l'église de Saint-Hilaire-de-Talmond, l'adjudication au rabais des travaux qui devaient être exécutés, il faut le dire, aux frais de la défenderesse, dans ledit marais. L'exposé du cahier des charges imposé à l'entrepreneur relate des détails assez curieux : « Lesquelles réparations sont de fermer une « bresches estant à l'un des bouts de la chossée dud. « marois joignant l'achenal, bien et convenablement en « espaisseur et haulteur, et d'un pied plus hault que l'an- « tienne chossée, laquelle antienne chossée sera tout au « thour, jusqu'aux essays dud. maroys, continuée en « haulteur et espaisseur par le prenant rabbay, à ses fraits « et despans; fermera aussy toutes les autres bresches, « qui dans et sur la chossée, sont et se trouveront, despuys « le pied jusques aux hault de vieille haulteur; et aura lad. « chossée en tout son long, deux pieds de rondur en « largeur en la taille : fournira led. prenur rabay tous les « paülx grands et petits que conviendra auxd. réparations « avecque les fagots et autres boys nécessaires, fera mettre « contre lad. première bresche, du costé de l'achenal, six « batelles de pierre, que fera arimer contre lad. chaussée « pour la conservation d'icelle, fermera ledit prenur rabay « les bresches estant entre led. maroys et celui de messir « Clément Rabelot prebtre, et rendra led. prenant rabbay « lesd. réparations faictes et parfaictes dans le premier « jour de décembre prochain venant, et pour le prix qu'il « luy sera accordé, en touchera le 1/3 comptant, et l'autre « tiers en la moitié de l'ouvrage et besoigne faite, et l'autre « tiers incontinent l'ouvrage faite ».

Comme on le remarquera, on allouait autrefois des à-comptes aux entrepreneurs avant le commencement des travaux : il n'en est précisément pas ainsi de nos jours, où on leur fait, au contraire, verser une provision sous le nom de cautionnement : avec nos mœurs actuelles, cette précaution n'est pas toujours inutile.

Après lecture faite à haute et intelligible voix des conditions imposées, il ne se présenta que quatre concurrents, dont le plus raisonnable réclama 325 livres. L'adjudication n'eut pas de suite et fut renvoyée à quinzaine, afin d'obtenir de meilleurs résultats. En effet, le 19 octobre suivant, le notaire trouva, après plusieurs offres successives, preneur à 200 livres, quitte de tous frais.

Si Sébastien de Coniac n'améliorait en rien les biens qui étaient à sa charge, cela ne l'empêchait pas de travailler avec ardeur à l'élargissement de ses prérogatives et à l'augmentation de ses ressources. En secouant la poussière des vieux parchemins du trésor de la principauté, il rencontra, dit-on, par hasard, certains titres dont il pensa pouvoir tirer quelque parti ; il suffisait de les corriger un peu, oh ! il paraît fort peu, pour obtenir des résultats très appréciables. En homme profondément pratique et exercé, ce fut l'affaire d'un instant. Il vint donc, un beau jour, muni d'un énorme dossier contenant force preuves à l'appui, réclamer vingt-neuf années d'arrérages, qu'il prétendit lui être dus par les habitants des paroisses de Saint-Hilaire et Saint-Pierre-de-Talmond, Saint-Hilaire-la-Forêt, Saint-Vincent-sur-Jard et Notre-Dame-de-Longeville.

Dans le principal mémoire, rédigé par lui-même, à cette occasion, on lit le passage suivant : « Les abbés ont joui « paisiblement des dîmes dans ces paroisses jusqu'aux « troubles de la religion et de la Ligue. La province de « Poitou a été une des premières infectées par cette religion, « et l'abbaye est tellement ruinée qu'il n'y a aucun logement « pour les abbé et religieux, ayant cependant été tenu en « confidence, pendant quatre-vingts ans ou environ, par « gens de condition puissante sur les lieux : lesquels,

« n'ayant non plus d'affection pour en conserver les droits, « que de qualité légitime pour les deffendre, en ont tiré tout « ce qu'ils ont pu, se contentant de percevoir une partie du « revenu auquel ils n'avoient droit quelconque, si bien « qu'il ne faut pas s'étonner que, pendant cette confusion, « quelques habitants et détenteurs des héritages subjects « audit droit de dixme, tant de la religion réformée, dont il « y en a encore grand nombre èsdites paroisses, qu'autres, « peuvent s'étre dispensés de payer la dixme, voyant « ladite abbaye tenue par des capitaines au lieu d'abbé, et « des soldats au lieu des religieux, comme il est facile de le « justifier...... » Il ajoutait qu'il se faisait fort de fournir, s'il était utile, un cartulaire complet de l'abbaye, qui lui donnait les droits qu'il réclamait et bien d'autres, tels que ceux de justice, fours, moulins, foires et marchés, droit d'usage dans la forêt pour bâtir et y chasser, etc..., etc....

Toutes ces belles paroles n'effrayèrent pas les récalcitrants : les habitants attaqués répondirent qu'il leur importait peu de payer les dîmes à l'abbé ou aux curés, pourvu qu'ils ne les payassent qu'une fois, et conformément aux usages de l'évêché, comme il s'était fait de temps immémorial : les curés mis en cause soutinrent que les dîmes leur appartenaient et qu'ils étaient fondés à les prendre, en cette quotité, sur leurs paroissiens. Enfin, l'abbé alléguait que les dîmes étaient pour lui, qu'il était dîmeur général et que ce qu'on payait aux curés, ne se donnait point, pour et au lieu de la dîme.

Dans ces conditions, le prince de Talmond crut, de son intérêt et de son devoir d'intervenir en 1638, et ceci pour deux raisons : d'abord pour empêcher que les dîmes prétendues par l'abbé, ne soient déclarées ecclésiastiques et générales, dépendantes de la qualité qu'il usurpait, de curé primitif des paroisses, tandis que lui réclamait qu'elles soient déclarées inféodées et particulières, tenues de lui à foi, hommage et rachat et imposées d'une redevance annuelle de vingt-quatre boisseaux de froment; la deuxième, pour demander que ses sujets et vassaux soient maintenus au droit et possession, en lesquels ils étaient de temps immémorial, de ne payer, pour toute dîme prédiale ecclésiastique, qu'un boisseau de blé qu'ils donnaient annuellement aux curés des paroisses, par chaque feu, coutume qui était appelée le boisselage (1).

Plusieurs jugements suivirent les débats, dont l'un en date du 13 mars 1640, fut rendu par la chambre des Requêtes de Paris ; les habitants condamnés ne voulurent pas se laisser exécuter, et soulevèrent de nouvelles difficultés relatives au séquestre mis sur leurs biens : ils renvoyèrent même, avec force menaces, les commissaires de Poitiers, délégués pour assurer l'exécution de la sentence. Il fallut alors reporter de nouveau l'affaire devant le Parlement, mais l'abbé de Coniac la fit transférer à la cour de Bordeaux, par arrêt du roi (2), sous prétexte que les parties, de Sallo, Bouhier et quelques autres appelants, avaient des parents ou alliances au dit Parlement.

Ce nouveau tribunal appela les parties à fournir leurs griefs, tout en ordonnant l'exécution provisoire de l'arrêt de la cour de Paris (3).

Il fut alors question d'arrangements qui n'aboutirent pas, par suite de la duplicité de l'abbé, et il fallut en arriver à la réalisation de la décision qui fut confiée aux commissaires de Fontenay, avec mission de percevoir les dîmes (4) : « Me Charles Robert, l'un d'iceux, se seroit mis en devoir « de l'exécuter, et, à cette fin, transporté sur les lieux

(1) Les curés se promenaient avec un homme et un boisseau, dans tous les villages, pour recouvrer leur boisselage.

(2) 11 mars 1642.

(3) 9 mars 1645.

(4) 4 juin 1647.

« avecq des huissiers, le 1er de juillet de la mesme année, et « desnoncé son arrivée aud. sieur abbé, a desclaré estre « prest d'exécuter le susd. arrest, a ensuitte esté pour loger « en la ville de Talmond, au logis où pend pour enseigne « la Couppe, et ayant apris l'émotion des habitans et les « menaces quy leur estoient faictes, se seroient retirés, et « le jour suivant, transportés au bourg de Longeville et « Sainct-Vincent-sur-Jard, où ils auroient trouvés les « mesmes esmotions d'abitans, avecq grand menaces quy « les auroient obligez à se retirer. »

La question restait ainsi toujours pendante, et le premier jugement non exécuté, quand, le 3 décembre, la principauté de Talmond passa, par contrat de mariage, entre les mains de Henri-Charles de la Trémoille (1), qui, en qualité de protestant, demanda, à son tour, au roi (2), que la cause fut retirée de la cour de Bordeaux, pour être portée devant toute autre qu'il plaira à Sa Majesté, sauf celles de Guyenne ou de Bretagne. Les habitants intéressés suivirent le prince dans cette réclamation.

Pour en terminer de suite avec ce procès des dîmes, nous dirons, par anticipation, que Sébastien de Coniac mourut en 1655 et que son successeur, Louis-Maurice de la Trémoille, dans le but de conserver tous ses droits, obtint certaines lettres royales en forme de commission, en la chancellerie de Bordeaux (3), qu'il fit signifier à M. René Chastry, commissaire des saisies à Poitiers : mais celui-ci ne fut pas plus heureux que ses prédécesseurs et dut reculer devant les violences des habitants des paroisses.

Enfin, après de nombreux échanges de papiers de procédure, comme les choses avaient complètement changé de face depuis la nomination, à la tête de l'abbaye, du seigneur de la

(1) Fils aîné de Henri de la Trémoille et de Marie de la Tour.

(2) 4 août 1648.

(3) 12 mai 1657.

Trémoille et de la mort de son frère ainé Henri-Charles, on convint en famille de signer, devant divers conseillers, juges et magistrats de la cour de Poitiers, un accord qui mettrait fin aux débats. Le 26 janvier 1658, l'abbé Louis-Maurice et le curé de Saint-Hilaire-de-Talmond, Alexandre Papaud, fondé de pouvoir des curés et habitants de toutes les paroisses intéressées, se réunirent à Poitiers chez Me Jean Gabriau et firent rédiger, par deux notaires royaux, un acte précis, par lequel les dîmes étaient partagées entre l'abbé et les curés. L'abbé, qui eut la grosse part, prit l'engagement de reconstruire l'abbaye (1), les curés conservèrent leur boisselage, et qui paya tout cela? mon Dieu, comme il était d'usage quand deux grands avaient une querelle : le pauvre Jacques. N'est-ce pas toujours le lapin qui a tous les torts !

Si on revient maintenant de quelques années en arrière et que l'on cherche ce qu'était devenue l'abbaye pendant ces procès interminables, qui mangeaient le plus clair de ses revenus, on trouve que les bâtiments, dont on avait promis si souvent de relever les ruines, étaient toujours dans le même état de délabrement : qu'ils étaient inhabités et inhabitables, et que les obligations imposées par les fondateurs n'étaient nullement remplies, puisqu'il ne s'y célébrait plus aucun culte. Les vassaux devaient faire le tour de la ville et frapper de maison en maison, avant de trouver quelqu'un à qui s'adresser. Qu'on en juge?

Le 5 août 1644, le haut et puissant Christophe Mesnard, chevalier, seigneur de la Vergne, de Péault et de la Barotière, par suite du décès de Damoiselle Marye Mesnard, dame de ladite Vergne-Cornet, « c'estant transporté au « lieu où autrefois fut basti lad. abbaye, cuidant y treuver

(1) Nous verrons plus loin que, sur ce point, l'abbé s'efforça de remplir cette promesse que, jusqu'à ce jour, tous ses prédécesseurs avaient renouvelée, sans pour cela s'en émouvoir davantage.

« M. le Réverend abbé d'icelle pour luy faire fois et hom-
« mage plain, baiser et sermant de fidélité... et de faire
« tout ce que vassal... doit à son seigneur, sy tant est qu'il
« ly eust rencontré; ce que n'ayant faict, au subjet de son
« absance, il se seroit transporté au logies de noble homme
« Isay du Raiffe, séneschal de lad. principaulté et de lad.
« abbaye, pour, en l'absence dudit sieur abbé, faire parda-
« vant luy le mesme offre... ce que n'ayant pu obtenir au
« subjet de la maladye de cœur dud. s. du Raiffe, il seroit
« venu par devers nous, Jullien Perrayne, sieur du Vieux
« Pré, advocat fiscal de la principaulté de Thallemond et
« procureur fiscal de l'abbaye de Sainte Croix... »

Cependant, cet état de choses vraiment navrant ne pouvait se prolonger indéfiniment : à la suite des plaintes qui lui arrivaient de tous les côtés, l'évêque de Luçon mit enfin l'abbé de Coniac en demeure de faire célébrer, au couvent, le service divin, par six bénédictins ou prêtres, et, pour arriver à un prompt et meilleur résultat, il pria avec instance le prince de la Trémoille de se joindre à lui. L'abbé, comme d'ordinaire, protesta de ses bonnes intentions : qu'à cela ne tienne, dit-il, on veut des religieux? Il n'en mettra pas partout, mais ceux qu'il désignera seront de choix; il fera l'aumône largement, enfin, il réparera convenablement le monastère. Le prince de Talmond eut trop de confiance en ces belles paroles et négligea l'affaire, mais l'évêque ne se laissa pas émouvoir, et son grand vicaire envoya, vers 1648, des prêtres qui allèrent s'installer dans l'abbaye, au logement de l'aiguier, le seul qui eut à peu près survécu.

Le fougueux de Coniac ne pouvait souffrir un semblable empiètement sur ses domaines : loin de vouloir céder et s'entendre avec les nouveaux-venus, afin de leur assurer une existence convenable, il alla trouver M. le duc de la Rochefoucaud, lieutenant du roi à Fontenay, qui lui donna une lettre pour le maréchal-des-logis de la compagnie des gardes de M. de Marsillac, gouverneur de la province, afin d'obtenir un garde et, avec son aide, de se transporter à Talmond, dans le but avoué d'expulser les intrus. Il sut également s'entendre avec le lieutenant du prévôt de Fontenay et fixer jour, afin de mener à bien cette petite équipée. Ce dernier prit, en effet, avec lui, sept ou huit archers, et se transporta à Talmond, où il pénétra fort tard dans la nuit : l'abbé et quelques personnes de sa suite décidées à tout entreprendre, arrivèrent en ville, comme par hasard, presque en même temps, mais par un autre chemin. Ces bons apôtres surent toutefois bien se rencontrer et s'aboucher, et le lendemain matin, certains d'entre eux, allèrent trouver le procureur fiscal de la principauté, afin de le prévenir que le gouverneur les avait envoyés ici, pour prendre des renseignements, par devers lui, sur ce qui venait de se passer à l'abbaye. Celui-ci eut la bonhomie de les mettre, avec force détails, au courant de l'incident ; mais le maréchal-des-logis, qui écoutait tout cela avec impatience, n'attendit même pas la fin du récit quelque peu prolixe de l'avocat, pour demander à recevoir, de la bouche même des ecclésiastiques, la confirmation de ce qu'on racontait : il poussa la dissimulation jusqu'à blâmer l'abbé, au sujet des démarches qu'on le forçait à faire, bien malgré lui, et à prier le procureur de daigner l'accompagner au monastère.

On se rendit donc au bâtiment de l'aiguier, où étaient les prêtres, et le maréchal-des-logis pénétra dans la pièce leur servant de refuge. Que se passa-t-il pendant une heure que dura l'entrevue ? Nous n'en savons rien, mais ce qu'il y a de certain, c'est que les menaces n'eurent pas raison de la résistance des habitants, qui refusèrent de quitter la place avant de s'être concertés avec leur prieur, alors absent. Le procureur, témoin des violences auxquelles on se livra alors contre eux, se mit à réclamer avec instance et à déclarer aux gardes, qu'il regrettait amèrement de les avoir accompagnés, pour assister à des scènes aussi scandaleuses. C'est alors que le maréchal-des-logis, rouge de colère, et voyant qu'on osait lui résister, s'écria, au milieu des jurements les plus grossiers, qu'il allait avoir recours à la compagnie de fusiliers, alors présente à Talmond, pour recueillir les tailles, qu'il amènerait, au besoin, la compagnie des gardes de M. le Gouverneur, et qu'il ferait fagoter les religieux dans des couvertures de lit, s'il était nécessaire, pour les emporter. Le procureur voulut se retirer : il protesta même énergiquement en disant qu'il y avait différence entre justice et violence, et que le saint sacrement exposé dans l'oratoire, construit par lesdits religieux, au dit logis, saurait désavouer et punir de pareils actes de fureur. Rien n'y fit, ses réclamations restèrent vaines et on lui défendit même de sortir avant que l'expulsion ne fût accomplie et que l'heure de dîner fût arrivée.

Dans l'après-midi, le maréchal-des-logis qui avait peut-être espéré que les menaces du matin produiraient de l'effet et que les prêtres se retireraient d'eux-mêmes, remonta à l'abbaye avec les archers, le sieur de Coniac et toute sa suite : ils trouvèrent là les récalcitrants accompagnés de deux notaires, requis pendant cette courte trève, pour constater les mauvais traitements. Procès-verbal détaillé de tout ce qui s'était passé fut bien rédigé, mais les soldats refusèrent de le signer : le lieutenant du prévôt disant qu'il n'était pas venu à Talmond pour cette besogne, le maréchal et le garde allégant qu'ils ne le savaient faire. Les violences reprirent ensuite avec plus d'énergie et le valet de chambre de l'abbé alla jusqu'à faire défoncer un coffre, d'où il arracha tout le linge, les habits et les pièces de toile qui s'y trouvaient; le prieur, Jean Tireau, alors de retour, fut ellement maltraité qu'il en tomba malade le lendemain et en mourut dans la huitaine. Quand les auteurs de cet attentat se retirèrent, ils laissèrent un garde avec mission de conserver les clefs des greniers et celliers du couvent.

A la suite de cet incident odieux, l'abbé, en petit saint, gagna Thouars rapidement afin de protester, près du prince, contre la violation de ses droits. Celui-ci répondit qu'il n'y était pour rien, qu'il n'avait point mis de religieux dans l'abbaye et qu'il ne savait d'où ils venaient. Sur quoi l'abbé ajouta que ce n'était pas des religieux qu'on avait installés, mais des gens de sac et de corde, nommés La Mothe, La Vigne et ainsi des autres, qui lui avaient volé plus de six mille livres de fruits, en réserve dans les bâtiments; mais qu'il avait obtenu un jugement contre eux, auquel l'avocat fiscal de la principauté avait fait opposition; c'était pour ce motif qu'il venait lui demander de désavouer cet officier. Le prince voulut, avant de s'engager ainsi, prendre des renseignements, et pour cela il envoya un de ses valets à Talmond, afin d'inviter le procureur à venir rendre compte de sa conduite. A l'arrivée, à Thouars, de celui-ci, l'abbé se mit au lit, prétexta une maladie, et ce fut seulement plusieurs mois plus tard que de Coniac, pendant un second voyage de l'avocat à Thouars, se trouva dans l'obligation d'avouer, devant le mécontentement et la colère du prince, qu'il avait essayé de tromper son officier, pour l'attirer à l'abbaye et le rendre complice de l'expulsion des envoyés de l'évêque. Il ajouta même, paraît-il, qu'il avait modifié quelques pièces relatives au procès des dîmes, documents qu'il avait trouvés au trésor de la principauté. C'était prononcer sa propre condamnation.

Les prêtres maltraités se retirèrent, mais furent bientôt remplacés, comme on le verra tout à l'heure.

Quelques années après les derniers événements que nous venons de raconter, lesquels prouvent suffisamment de quelle moralité était notre abbé, il y eut, malgré le procès des dîmes, et en partie même à cause de celui-ci, des essais assez curieux de rapprochement et d'entente entre lui et les seigneurs de la Trémoille. Ceux-ci caressaient déjà l'idée, qui eut sa réalisation plus tard, de faire donner la commende de l'abbaye à un membre de leur famille, et par conséquent, d'aplanir ainsi les difficultés qui pourraient devenir très sérieuses, s'ils se trouvaient un jour dans l'obligation de rendre aux abbés un compte exact de tous les revenus touchés par eux, pendant et depuis les guerres de religion. Les deux adversaires, qui avaient autant d'actes d'usurpation à se reprocher l'un que l'autre (1), entrèrent donc, à un certain moment, en pourparlers et échangèrent de nombreux mémoires. Nous en avons retrouvé un qui fut rédigé par de Coniac de façon à mettre en relief et à exagérer, bien entendu, d'une façon fantastique, tous les avantages du traité à intervenir : on peut le consulter au chapitre des preuves, mais on verra toutefois que plusieurs raisons, habilement présentées, reposent bien sur un fonds de vérité (2).

N'importe : pendant ces controverses et ces négociations, de nouveaux ennemis étaient entrés dans la place et il n'était pas facile, désormais, de les déloger. Deux moines de l'abbaye de Bois-Grolland avaient imité ce que beaucoup des leurs avaient déjà pratiqué dans le pays ; connaissant fort bien les revenus importants attachés autrefois aux charges d'aiguier et d'infirmier de Sainte Croix, ils avaient adressé une requête au pape, en lui exposant que ces fonctions étaient vacantes, et avec l'aide de quelques personnes complaisantes et même, probablement, celui de l'évêque de Luçon, trop heureux de jouer ce mauvais tour à l'abbé, ils avaient obtenu des bulles d'installation dans ces deux

(1) Il suffit de lire le document qui porte le n° XIV, aux preuves de ce volume, pour se rendre compte de la duplicité des deux pouvoirs en présence : il est difficile d'avoir plus de cynisme, dans un règlement d'affaires sérieuses et religieuses.

(2) Pièce n° XV des preuves.

offices. Ils arrivèrent donc, un beau jour, sans prévenir ni l'abbé ni le seigneur du lieu, s'installèrent dans les dépendances de l'abbaye, et touchèrent une notable partie de ses revenus : ils prétendirent, de plus, s'opposer formellement à tout entente qui pourrait intervenir entre l'abbé et le duc de la Trémoille, et cela, malgré l'arrêt du Parlement que le sieur de Coniac obtint contre eux. Les intéressés essayèrent bien de passer outre, et le 4 juillet 1651, il fut dressé et écrit, de la main même de M. de Coniac, la convention ci-après, ratifiée par le prince de Talmond, quatre jours plus tard.

« Articles accordés entre Madame la Duchesse de la Trémoille, procuratrice générale de Monseigneur le duc « de la Trémoille et de Monseigneur le prince de Tarente, « le quatrième juillet 1651, et M. l'abbé de Coniac.

« On fera donner à M. l'abbé de Coniac une abbaye ou « prieuré simple, de huit à dix mille livres de revenu, pour « la sienne de Sainte Croix de Talmond, laquelle il rési- « gnera à M. le comte de Laval, lors que le dit s. abbé « aura pris possession de laditte abbaye ou prieuré, dont il « donnera seureté par escrit en luy mettant le brevet de « la ditte abbaye ou prieuré entre les mains ; les poursuittes « du dit s. abbé de Coniac, pour raison des dixmes, seront « par luy cessées jusques à ce qu'on luy ait donné le « brevet de nomination à laditte abbaye ou prieuré, ce que « on sera tenu de faire dans un an, faute de quoy, il les « pourra reprendre et continuer.

« Monsieur le duc de la Trémoille payera au dit s. « abbé de Coniac le prix des fruits par luy pris en consé- « quence des saisies féodales du temporel de la ditte « abbaye, sans que le dit payement puisse préjudicier aux « prétensions que le dit seigneur duc a du droit de fondation « sur la ditte abbaye, d'autant qu'il n'a esté accordé qu'en « considération du présent traitté.

« Le dit s. abbé pourra se pourvoir, pour le surplus

« des restitutions de fruits par luy prétendues, contre ceux « qu'ils verra bon estre, autre que mondit seigneur. Le dit « seigneur duc sera tenu faire sortir de la ditte abbaye de « Sainte Croix, dans trois septmaines, les moines qui y sont « et de leurs imposer silence. Les fruits de la présente « année, recueillis et à recueillir, demeureront entièrement « au dit s. abbé, et luy seront délivrés ou à ses gens et « fermiers.

« Le dit s. abbé de Sainte Croix de Talmond sera « désormais protégé et maintenu par Monsieur le duc de la « Trémoille, contre tous ceux qui le voudroient troubler et « traverser en la possession, où il estoit cy devant, de « commettre deux presbtres seulement dans laditte abbaye, « pour faire le service. Tous les titres et papiers concernants « laditte abbaye, et l'abbé en son particulier, luy seront « rendus de bonne foy et les meubles, sans qu'il en puisse « estre retenu aucun par ceux qui les ont, pour quelque « prétexte que ce soit.

« Et en cas qu'il y eust telle résistance de la part des « moines, qu'il ne fust au pouvoir de celluy qui sera envoyé « par ledit seigneur duc de la Trémoille sur les lieux, pour « faire exécuter ce que dessus, dans le dernier jour du « mois, le dit sieur abbé pourra reprendre, dès le premier « jour d'aoust prochain, la poursuitte de l'audience de sa « cause, pour laquelle il ne laissera, nonobstant les pré- « sentes, de continuer, obtenir et faire signifier ses adve- « nirs de septmaine en septmaine.

« Et moyennant ce que dessus, ledit seigneur duc de la « Trémoille et ledit abbé demeureront quittes de touttes « autres prétentions l'un contre l'autre, sans préjudice, « néanmoins, de leurs droits et actions contre touttes autres « personnes.

« Sébastien DE CONIAC,

« *Abbé de Talmond.*

« Ratiffié le 18 juillet 1651 : par Monseigneur, par devant

« Juliain Richard, nottaire du comté de Laval y résidant, « qui en a tenu minutte. »

On le voit, l'accord n'était intervenu entre les deux contractants, qu'à la condition expresse de voir vider les lieux par les moines installés dans l'abbaye. Or la chose n'allait point seule, et des deux côtés, il fallut chercher des expédients pour arriver au résultat tant désiré. Il n'est donc pas sans intérêt de connaître l'avis donné, sur ce point, par l'abbé lui-même, à un officier envoyé près de lui par le prince de Talmond : « Sur l'article de la lettre que « V. A. avoit escritte à Monseigneur le Prince, touchant « M. l'abbé de Conniac, j'ay conferé avec luy; il m'a « témoigné avoir très grande obligation à V. A. *de sa* « *justice* et de sa protection et m'a prié de luy en faire « ses très humbles remerciemens; mais il m'a dit qu'il « s'estonnoit fort du conseil que l'on a donné à V. A. de « consentir à l'establissement de Girardot et Bourdon, qui « sont les deux anciens moines, et à leur faire donner une « pension, puisque c'est vostre interest, aussi bien que le « sien, de les chasser, ce que l'on peut faire en vertu de son « arrest, sans qu'il en couste rien, outre que si l'on fait « pension à ces deux là, durant leur vie, il en faudra mettre « d'autres à leur place, après leur mort. Adjousté à cela que « si l'on establit des moines, cela fera grand préjudice à la « principauté de Talmond, parce que l'on ne pourroit plus « traiter d'aucun eschange ni s'accommoder avec luy, et « que l'occasion en estant perdu durant son vivant, s'il « venoit à mourir, elle se presenteroit jamais. D'ailleurs, il « dit que si les moines estoient une fois establis, ils seroient « en droit de demander la restitution des fruits de l'abbaye « qui ont esté recueillis par feu Monseigneur et par « Monseigneur depuis l'Edict de Nantes, pour estre « amploiier au restablissement de lad. abbaye et que l'on « n'en scauroit éviter la condamnation. Pour ce qui est de

« la cure (1), il dit qu'elle apartient à son nepveu, qui en a
« disposé, et qu'ainsy il ne la peut pas donner à ces deux
« moines, mais que l'on ne peut point apréhender qu'ils
« obtiennent un arrest qui leur adjuge pension, sans l'ouir
« et que l'on peut faire exécutter le sien. Il treuve encore
« un expédient, qui est de faire rentrer lesd. moines dans
« l'abaye de Breuil-Golland, dont ils sont sortis, ce qui leur
« sera facile, n'ayant qu'un ou deux religieux dans lad.
« abbaye, dans laquelle il y a église claustrale et logement
« et plus grosse pension qu'en celle de Talmond, et pour
« cela, il faut les obliger à présenter requeste à M. de
« Clervaux, leur supérieur, disant que le Pape les a
« pourveus des offices claustraux de l'abaye de Talmond,
« ascavoir d'ayguier et d'infirmier, et de deux places mona-
« chales, et qu'ils y ont esté transférez à condition que la
« discipline régulière soit pareille ou plus austère, dans
« l'abbaye de Talmond que en celle du Breuil-Golland, dont
« ils sont sortis; et l'abaye de Talmond estant entièrement
« ruinée et sans église, logements, ni religieux pour y
« vivre claustralement et exécutter l'édit de sa Saincteté et
« y observer la discipline régulière, demander qu'il plaise
« à M. de Clervaux leur permettre de rentrer dans lad.
« abbaye du Breuil-Golland et pour ce, leur donner mande-
« ment portant injonction au supérieur de lad. abaye de les
« y recevoir. Si l'on peut envoier cy lad. requeste signée
« desd. Bourdon et Girardot, M. de Conniac dit qu'il
« obtiendra le mandement : aux cas que lesd. moines ne
« veulent pas donner la main à cela, et refuser d'obéir à
« l'arrest du Parlement, que M. l'abbé de Conniac a obtenu
« contre eux pour les faire sortir de Talmond, il dit que
« V. A. n'a qu'à faire envoi à M. de Rampillon, qu'il lui
« envoie le jugement donné contre Bourdon par son supé-

(1) La cure de Saint-Pierre-de-Talmond.

« rieur, par lequel il le bannit du Royaume et luy faire « tenir à Paris : qu'après il le fera bien venir à raison.

« Voilà toutes les réponses que m'a faites M. l'abé de « Conniac; je trouve ses raisons assez plausibles, V. A. « en fera ce qu'elle jugera à propos : l'arrest qui a été « obtenu contre les moines est à Talmond. »

Nous l'avons dit, on se le rappelle, M. de Coniac ne put traiter définitivement avec le seigneur de Talmond et voir ses désirs se réaliser; il mourut le 5 avril 1655, pendant que le procès suivait son cours devant le Parlement de Bordeaux. On peut dire que cette mort précipita la solution, car la principale condition de la convention se trouvait remplie, *de plano*, et le duc de la Trémoille, alors bien en cour, pouvait faire donner l'abbaye à son fils.

Chapitre VII. — De Louis-Maurice de la Trémoille à la Révolution

1657-1790

LOUIS-MAURICE DE LA TRÉMOILLE, 1657-1681

On connaît désormais les négociations qui furent échangées entre Sébastien de Coniac et Henri, duc de la Trémoille, pour faire entrer dans cette dernière famille, la commende de l'abbaye de Sainte Croix. Elles se résumaient ainsi : l'abbé faisait valoir, afin d'obtenir pour lui un meilleur bénéfice, toutes les difficultés qu'il était en droit de susciter, par suite de la perception des revenus du monastère, faite par les ancêtres du prince actuel, durant de longues années. Les la Trémoille, il faut le dire, un peu par intérêt, surtout dans le but de s'assurer une entière tranquillité, étaient fort désireux de pouvoir faire octroier à un des leurs, cette charge encore fort enviable.

Le sieur de Coniac mort, tout était en ordre, du moins provisoirement, si on obtenait le brevet du roi ; cette régularisation ne se fit pas attendre trop longtemps.

Avant cependant de parler du nouveau bénéficiaire, comme abbé, il est peut-être intéressant, ce que nous n'avons malheureusement pas pu faire pour beaucoup de prélats de Sainte Croix, d'exposer, en quelques mots, la tendance des premiers actes de la vie du seigneur qui va diriger le couvent pendant, au moins, vingt-quatre ans.

Louis-Maurice de la Trémoille, fils puîné de Henri, duc de la Trémoille et de Marie de la Tour-d'Auvergne, était déjà bien décidé à embrasser l'état ecclésiastique, le 2 octobre 1640, lorsque le duc de Thouars lui exprima toute la peine qu'il ressentait en le voyant suivre, malgré ses avis, une carrière autre que celle des armes, « Votre chan-« gement, disait-il à son fils, bien qu'il m'aye apporté une « sensible affliction ne m'oste pas les affections de père « envers vous, puisqu'il ne vous fait pas départir des « debvoirs auquels la nature vous oblige : priés en l'auteur « de vous pardonner et de vous inspirer les moyens et « conseils de le servir en son église, avec moy et après « moy ». Plus tard, en s'adressant au nonce du pape, le même écrivait : « Les intérêts particuliers, plus que la « dévotion ont esloigné (mon fils) de moy et le main-« tiennent en cette désobéissance, non seulement au « mépris de son père, mais au scandale de plusieurs... » Ces deux passages, bien que n'appréciant pas de la même façon la conduite du jeune seigneur et écrits sous l'impression d'états d'âme différents, se complètent parfaitement, et démontrent que ce dernier, pour se faire nommer prêtre de l'Oratoire, n'hésita pas à répudier les conseils et peut-être les ordres d'un père qui n'alla pas cependant jusqu'à prononcer, du ton impérieux qu'il employait quelquefois, malgré sa faiblesse bien connue, le fameux « tu n'iras pas jusque là. » La soutane n'empêcha pas du reste le jeune ecclésiastique de prendre part à plusieurs campagnes en Bas-Poitou, et dans d'autres provinces, à l'occasion de la Fronde, comme nous le raconterons ailleurs, dans notre histoire du Talmondais.

Quoique pourvu de bonne heure, et à peu d'intervalle, des bénéfices, relativement importants, des deux abbayes de Charroux et de Talmond, du marquisat d'Epinay et du comté de Laval, les contemporains désignaient généralement ce seigneur de la Trémoille, sous le nom de comte de Laval. Ils accompagnèrent plus tard, il est vrai, cette désignation des autres titres plus honorifiques de pair de France, de comte de Benon et de prince de Talmond.

Louis-Maurice choisit, dès sa nomination à Sainte Croix, ce dernier monastère pour sa principale résidence, mais ce ne fut que le 1er juin 1674, quelques mois après la mort de son père, qu'il devint le réel possesseur de la principauté. Nous n'avons pas à rechercher l'époque précise à laquelle il reçut sa commission d'abbé commendataire de Charroux (1); nous voulons bien nous en rapporter à la *Gallia Christiana*, qui nous renseigne sur ce point et dit que ce fut en 1650; mais ce que nous pouvons certifier, avec preuve à l'appui, c'est qu'en 1655, Sébastien de Coniac, titulaire de Sainte Croix, mourait; qu'en 1656, Pierre Gorgeau était encore économe, ordonné par Sa Majesté, « pour régir et gouverner les meubles, fruits et revenus du temporel de l'abbaye », et qu'il rendait, le 10 juillet, à messire Louis Bertrand, chevalier, seigneur de la Gracière, foi et hommage pour les biens du couvent compris dans le fief de ce seigneur.

La nomination du comte de Laval se fit donc attendre plusieurs mois, et la *Gallia Christiana* fait erreur en lui donnant le bénéfice de ce monastère dès 1655. Ce n'est qu'à la fin de 1656, ou même vers le commencement de 1657, que l'on trouve la trace du nouvel abbé dans plusieurs affaires qui intéressent les religieux et notamment dans un jugement de la cour de Poitiers, rendu le 12 mai 1657.

Mais le duc de la Trémoille avait, pour son fils, de plus grandes ambitions; il désirait faire ajouter d'autres titres honorifiques à celui de simple abbé d'abbayes secon-

---

(1) Charroux, petite ville du Bas-Poitou, dans l'abbaye de laquelle on distinguait surtout un reliquaire appelé autrefois la *Sainte Vertu*, à cause des prodiges qu'il opérait. Ce reliquaire contenait, dit-on, un morceau de chair rouge encore sanglante du corps de J.-C ; on croit aussi que c'est du nom de cette relique appelée *Caro rubra*, chaire rouge, qu'on a fait celui de Charroux. Il ne faut pas douter que cette relique ne soit la même que celle qui, depuis, a obtenu tant de célébrité sous le nom de *Saint Circoncis*....

daires. Aussi, après avoir commencé des pourpalers et des démarches près du roi, afin d'obtenir pour lui l'évêché de Saint-Malo, adressa-t-il au jeune comte une lettre, dans laquelle on relève le passage ci-joint : (12 février 1658). « L'assurance qu'on m'a donnée que la cour consentirait « à votre promotion à l'évêché de Saint-Malo, sans donner « autre récompense que d'une de vos abbayes, m'a fait « prier M. Potin de vous en faire la proposition, de ma « part, en quoy je considère, non tant votre commodité et « utilité, que l'avancement de la gloire de Dieu, et le bien « de son église, où estant apelé par une vocation manifeste « et divine, il me semble que vous y devés un aquiessement « entier. Je crois que M. de Ciran sera de mon sentiment « et souhaitte que le vôtre s'y conforme, puisque vous ne « pouvés me donner une preuve plus signalée de votre « affection. » Ces avances ne furent probablement pas appréciées par notre abbé, qui conserva ses deux bénéfices et laissa pourvoir l'évêché de Saint-Malo d'un autre titulaire.

Le seigneur de la Trémoille, bien que possesseur de l'abbaye, ne disposait à Talmond d'aucun immeuble pour y séjourner. On sait que, pendant les guerres de religion, les soldats des deux partis s'étaient acharnés sur le monastère, dont il ne restait plus rien, et l'ancien château, qui n'avait jamais été qu'une forteresse érigée pour résister à un coup de main, et non une maison d'habitation, appartenait maintenant à son frère Henri-Charles, depuis son mariage, c'est-à-dire 1647. Il avait été rasé en 1628, sur l'ordre exprès du cardinal de Richelieu, et ne pouvait par conséquent être utilisé.

Pour ne pas abandonner son abbaye, à laquelle il s'intéressait beaucoup, il prit donc la résolution d'édifier un bâtiment mieux approprié aux usages de l'époque, et de construire, pour plus de commodité, tout près de Sainte Croix, c'est le cas de dire, mur mitoyen entre deux, un petit château fort modeste, dont nous avons eu la bonne fortune de retrouver un plan et plusieurs états de lieux fort circonstanciés. La découverte est d'autant plus heureuse, qu'il n'en reste pas le moindre vestige. En véritable fanatique du moellon et de la truelle, comme sa mère, il érigea deux chapelles dans l'abbaye, dont la dernière, d'après le marché passé avec le maçon, fut entreprise en 1662 (1); il édifia également une maison de retraite, au Veillon (2), près de la mer, pour y transporter les quelques bénédictins chargés d'assurer le service des fondations faites primitivement au monastère. Les actes de l'époque nous montrent souvent l'abbé de Sainte Croix au Veillon, avec son prieur, Etienne Bouringaud de Boussaye et son aiguier, Pierre Serin, prêtre, moine du monastère de Charroux, qui fut installé dans cette charge lucrative et actuellement peu encombrante, vu l'effectif du couvent, le 28 mars 1671.

Pour construire sa demeure, le comte de Laval prit du terrain un peu à tout le monde : il s'empara d'une partie du cimetière de la paroisse de Saint-Pierre, de plusieurs terres de l'abbaye et même de quelques autres, appartenant à des particuliers. Un acte du 25 mars 1667 raconte,

---

(1) Voir les preuves à la fin du volume.

(2) Le Veillon fut construit par le comte de Laval, pour remplacer l'abbaye de Sainte Croix, dont on ne pouvait relever les ruines sans d'énormes dépenses La grande église n'existait plus, depuis déjà fort longtemps, et on l'avait remplacée par la petite chapelle que l'on voit indiquée sur les plans du XVIIe siècle, reproduits par nous au chapitre I. Ce triste bâtiment du Veillon, flanqué de fortifications ridicules et de toute inutilité, d'une construction fort naïve et grossière, nous fait deviner ce qu'était le château neuf. L'abbé s'en rapportait un peu trop au goût des modestes maçons du pays, avec lesquels il passait des marchés, sans leur fournir les plans suffisants. Aussi, il en eut, comme on dit vulgairement, pour son argent. A remarquer, toutefois, au Veillon, un petit monument autrefois recouvert de coquillages, situé à l'extrémité de l'ancien potager, et servant de fontaine à jet-d'eau.

PLAN DU CHATEAU NEUF DE TALMOND

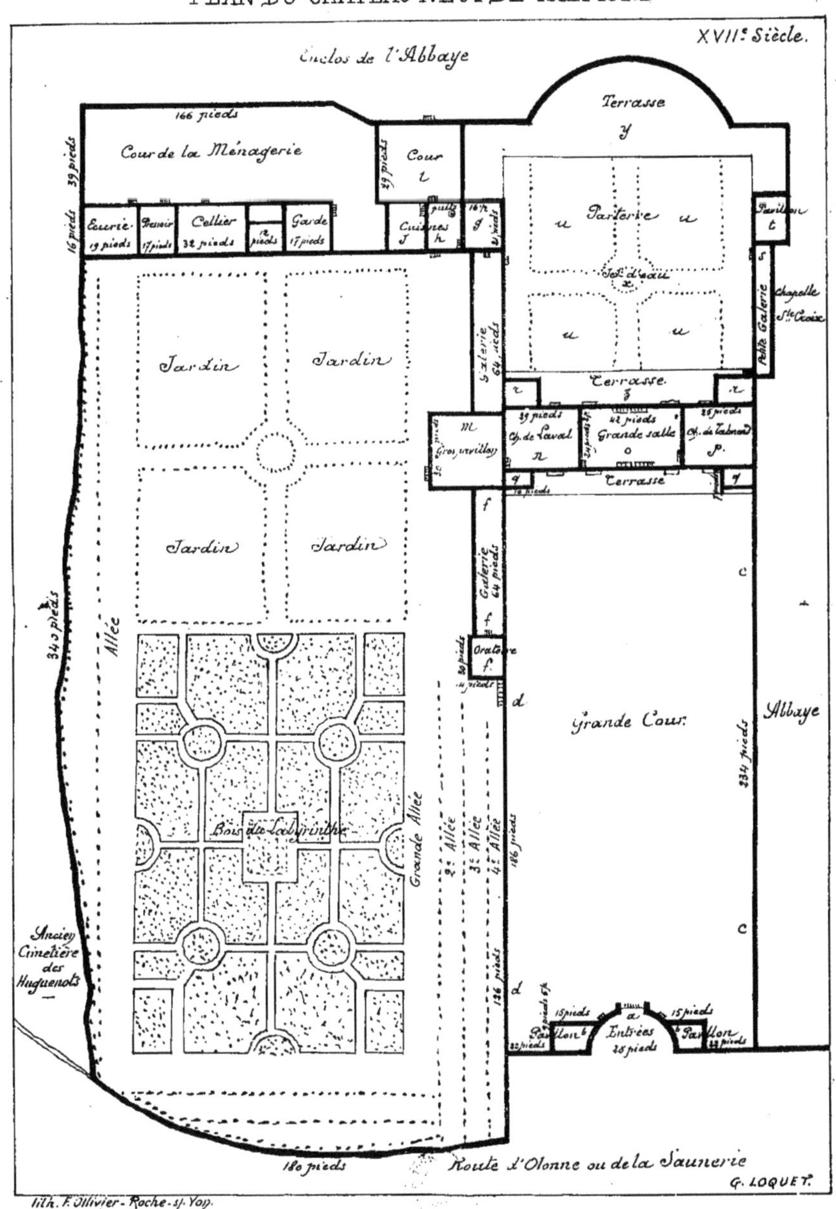

qu'en ce jour, on réunit sur la place, en face Saint-Pierre, les habitants et fabriqueurs de la paroisse pour les informer qu'autrefois, le curé avait arrenté à messire René Guérin, sieur des Forges, deux petits cimetières où primitivement étaient enterrés les protestants et les étrangers, près et hors la ville; le terrain avait une contenance de 3 boisselées environ, et la rente payée montait à 12 livres par an. Le concessionnaire en jouissait depuis quelque temps, quand un beau jour, l'abbé l'enclava dans l'enceinte de son château. La veuve fit citer alors le prince devant le sénéchal du lieu; l'abbé répondit que son intention n'avait pas été de prendre ce bien sans en donner un autre d'égale valeur, et il offrit en compensation, une pièce de terre de l'abbaye, appelée le champ du Pin, mesurant 8 boisselées. Cette combinaison fut acceptée par les habitants et sanctionnée par la veuve Guérin, qui consentit, dans ces conditions, à payer 12 livres à la Fabrique. Nous ne citons ici que cette irrégularité, mais il y en eut bien d'autres qui seront énumérées plus loin, au moment du règlement de 1690.

L'abbé acheta encore 300 livres, le 8 janvier 1666, pour le compte de l'abbaye, une petite maison avec son jardin, appelée le Grand-Puits, près de Talmond, à gauche de la route qui va aux Sables et à la Mothe-Achard.

Malgré tous les efforts déployés dans le but de relever le prestige de l'abbaye, Louis-Maurice fut obligé, bien souvent, de laisser introduire sur ses domaines des étrangers au cloître de Talmond, que les évêques de Luçon prirent un peu partout, afin d'assurer l'exercice du culte. Les ressources de Sainte Croix étaient insuffisantes pour fournir de prêtres toutes les paroisses qui lui avaient appartenues et, en faveur desquelles elle avait conservé encore le privilège de la présentation. Cependant, c'était le moment ou jamais, après les troubles épouvantables apportés par les guerres, de pourvoir largement et dignement les différentes églises de la contrée, si l'on voulait et, c'était bien le cas, reconquérir les positions perdues depuis longtemps et relever de leurs ruines la plupart des édifices sacrés. Du moment qu'on exigeait la conversion des fidèles, *manu militari*, et qu'on fixait leur chemin de Damas, il fallait au moins leur fournir les moyens de le suivre comme il convenait. La mission n'était pas toujours facile à remplir.

Pour ne donner qu'un exemple de la pénurie à laquelle était réduite Sainte Croix, nous dirons que l'église de la Jonchère, une de ses plus anciennes succursales, qui fut visitée, le 16 novembre 1676, par l'évêque Henri Barillon, était entre les mains d'un bénédictin de l'abbaye d'Orbestier. Les bâtiments étaient dans un bien triste état, si on consulte l'ordonnance de visite publiée aux preuves de ce volume : le service divin y laissait également on ne peut plus à désirer.

La santé du comte de Laval, à partir de 40 ou 45 ans, devint assez précaire : il avait hérité de ses ancêtres, de la maladie de la goutte, qui fit de nombreuses victimes dans sa famille. En 1679, ses devoirs de seigneur de Talmond et de Benon l'appelaient à Fontenay-le-Comte et à la Rochelle, pour rendre foi et hommage de ses terres, au représentant du roi dans ces sénéchaussées. Mais, retenu au lit par la terrible maladie qui lui laissa peu de calme, surtout à la fin de sa vie, il se vit dans l'obligation de donner procuration, afin de se soustraire aux rigueurs du fisc royal, à son neveu Frédéric-Guillaume et d'y joindre le certificat suivant que nous reproduisons dans son entier. « Nous sous-
« signés, docteurs en médecine de la faculté de Bourdeaux
« demeurant en la ville de Poitiers et ville de Thalmond,
« certifions à qui il appartiendra, avoir veu et visitté Mon-
« seigneur le prince de Thalmond par plusieurs et diverses
« fois, pendant un mois entier, et l'avoir trouvé malade au
« lict d'une goutte presque universelle de laquelle Son

« Altesse n'est encores entièrement guérie, mesme y a « danger de recheute, veu les douleurs qu'elle ressent par « toute l'habitude du corps, ce qui nous faict juger que Son « Altesse n'est aucunement en estat d'entreprendre aucun « voyage, sans un extrême péril pour la vie, ayant esté « réduitte, depuis quinze jours de ça, à sa dernière extré- « mité. En foi de quoy, nous avons escript et signé le pré- « sent certificat, pour valloir et servir audit seigneur prince « en temps et lieu, ce que de raison.

« Faict au chasteau de Thalmond le premier jour du mois « d'aoust, mil six cens soixante dix neuf. »

Signé : « B. Pépin, R. Veillon. »

Le dénouement fatal de la maladie se fit encore attendre plusieurs mois, et l'abbé n'expira au château de Talmond que le 25 janvier 1681, à l'âge de 56 ans, après avoir reçu les derniers sacrements de Messire René Audruger, curé de Saint-Pierre du lieu, comme il est prouvé par un extrait mortuaire, copié sur l'original, le 9 avril suivant, signé du dit curé, et conservé dans les archives de la Vendée, avec la pièce que nous avons reproduite plus haut.

A cette date du 25, dès neuf heures du matin, ce qui prouve que le décès eut lieu dans la nuit du 24 au 25, le sénéchal de Talmond, Pierre Perrayne, sieur de Vieux-Pré, accompagné de maîtres Gabriel Dinot, sieur de Puymicheau, Jacques Berton, avocat et procureur fiscal et Jean Martin, greffier ordinaire, se présentaient au château neuf, afin de faire l'apposition des scellés, « pour la conservation « des droits de Monseigneur le Duc de la Trémoille et « prince de Talmond, nepveux et autres présomptifs héri- « tiers, » en présence du curé de Saint-Pierre et de messires Jean Cruzellier et Mathurin Perrel, prêtres, aumôniers du prince décédé. Nous n'énumérerons pas les menus détails de cette visite dont le procès-verbal, nullement rédigé en style télégraphique, couvre de nombreux feuillets : nous constaterons seulement, dans le château neuf, la présence « d'un bassain à faire le poil, d'esmouchettes « avecq petite chainette et porte mouchette en argent », et d'autres objets de même métal servant à la chapelle de Son Altesse, tels que « quatre chandeliers, deux flambeaux, « une grande croix, un calis avec sa platine, un « ensensouer, deux canettes, une sonnette, un bassain, « un bénitier et aspersouer, une navette et sa cuillère, un « ensensouer de chambre et encore deux autres flambeaux » qui ont « esté laissé ès mains dudit Cruzellier pour servir « au sérémonie quy se doibt faire au corps de Sa dite « Altesse »; enfin, la réunion d'un grand nombre de coffres en bois ou cuir sur lesquels furent placés, en plusieurs endroits, des sceaux « avec bare de papier », et qui nécessitèrent la présence d'un gardien spécial afin « d'empescher « que les volleurs ne puissent forcer quelque fenestre, qui « ont paru estre mauvaise et par lesquelles il seroit facile à « des volleurs d'entrer, pour dévertir ce qu'ils pourroyent « trouver. »

Nous ajouterons également que le lendemain, 26, les mêmes officiers se rendirent au Veillon pour procéder à une opération identique, d'où ils rapportèrent deux autres chandeliers d'argent destinés à servir aux obsèques du prince. Pendant ce temps-là, l'apothicaire et le chirurgien exécutaient, au château, toutes les préparations nécessaires à l'embaumement du corps.

Le surlendemain, 27, ledit sénéchal Perrayne et ses acolytes montèrent de nouveau au château de Talmond, « dans la chambre où est déceddé Son Altesse, don (il a) « faict oster le corps et porter dans la chapelle du dit « chasteau, estant au bout de la grande gallerie d'icelluy, « pour y rester jusque aux ordres quy (lui) seront prescripts, « ayant, premier que ce, faict enterror les intestain de « Sadicte Altesse dans l'église de Saint-Pierre de ce lieu, « au costé de l'Esvangile du grand hostel, et puis faict « fermer ladite chambre de Son Altesse à la clef et sur

« chacune porte d'icelle, aposer les seaux et mis deux « clefs de ladite chambre ès mains dudit avocat fiscal : et « les seaux et meubles sous la garde dudit sieur Cruzel- « lier, de son consentement, quy a assisté à l'enlèvement « du corps de la dite Altesse. » Il existe, en plus de ce procès-verbal, un certificat signé par deux notaires et extrait par le curé Audruger du livre paroissial des sépultures, confirmant l'inhumation, à cette date, des entrailles du comte de Laval dans l'église Saint-Pierre.

Un petit incident assez intéressant nous est encore révélé par les dernières pages du document précieux que nous venons d'analyser; aussi, nous ne résistons pas au plaisir de le reproduire intégralement afin d'édifier le lecteur sur les moindres opérations des officiers consciencieux de la principauté. « Et le mardy vingt huitième janvier 1681, « maistre Michel Charlot et Jonas Chedalleu maistre « apoticquaire et chirurgien de cette ville seroyent venus « audit chasteau où seroit déceddé mondit seigneur prince, « pour changer le cœur d'icelluy et le mestre infuser dans « l'esprit de vin, et ayant esté averty, par les domestiques « de mondit seigneur, que la chambre où seroit déceddé « mondit seigneur et où son cœur estoit, estoit sellée et « que lesdits Charlot et Chedalleu disoyent que le cœur « pouroit se corompre et qu'il falloit de nécessité le « changer. C'est pourquoy, attendeu l'absance de Mon- « sieur le Séneschal et du Procureur de la cour, nous « serions transporté audit chasteau avecq nostre greffier, « où estant, aurions trouvé lesdits Charlot et Chedalleu « qui nous auroyent dit qu'il estoit necessaire de changer « le cœur de Sadite Altesse et que moing de cella il se « coromperoit, pour à quoi obvier, nous aurions faict « visite d'un seau qui est à la porte où est déceddé mondit « seigneur du costé de la salle que nous aurions trouvé « sain et entier et icelluy levé en présence des sieurs « Cruzellier et Perrel, ausmoniers de Sadite Altesse, et

« entré dans ladite chambre, lesdits Charlot et Chedalleu « auroyent tiré un pot de terre dans lequel estoit le cœur « de Sadite Altesse, et ce faict, aurions faict aposer deux « seaux sur la porte de ladite chambre après qu'icelle a « esté fermée à clef, et icelle clef demeurée ès mains dudit « Cruzellier, à cause qu'elle sert pour ouvrir celle de la « chambre apelée Talmond et que ladite clef sert aux « deux chambres et qu'il est nécessaire de faire coucher « des gens dans la chambre de Talmond pour la conser- « vation des meubles et effaits dellaissés par ledit feu « monseigneur. Et ont lesdits Charlot et Chedalleu, en nos « présances, ont mis le cœur de mondit seigneur dans « l'esprit de vin rectiffié et icelluy transporté dans la « chambre de Talmond pour icelluy embaumer, quand « besoing sera. Ce faict, nous sommes retirés et la clef « demeurée ès mains dudit sieur Cruzellier. Donné et « faict... »

Un compte de l'abbaye relate d'autres petits détails, malheureusement incomplets, sur les mesures qui furent prises relativement aux obsèques de l'abbé : ainsi, on enferma le cœur dans une petite cassette en plomb, dont le coût fut de trois livres; les luminaires brûlés à l'enterrement des entrailles, célébré dans l'église de Saint-Pierre, furent payés au fabriqueur Maurat, la somme de huit livres quatre sous; on donna, pour la confection du brancard sur lequel on transporta le corps à Thouars, cinq livres; pour la construction du cercueil, six livres; pour la façon du drap de deuil, brodé d'argent, soixante-quatorze livres trois sous; aux deux aumôniers qui accompagnèrent le corps à Thouars, douze livres, et enfin, aux deux conducteurs du char funèbre, six livres. Le médecin Chedalleu, qui avait soigné le prince « de la maladie dont il est mort », reçut quarante-cinq livres d'honoraires.

Il n'y eut donc pas à Talmond d'autre cérémonie que celle qui fut célébrée à l'occasion de l'ensevelissement des entrailles, mais il est probable, qu'à Thouars, le chef de la famille des La Trémoille fit rendre, à son oncle, les honneurs accoutumés, comme il convenait à un ecclésiastique et à un prince de son rang.

Louis-Maurice eut pour successeur immédiat, comme abbé de Sainte Croix et de Charroux, son neveu Frédéric-Guillaume, frère de Monseigneur Charles-Belgique-Hollande, duc de la Trémoille et de Thouars, qui fit vendre aux enchères, à Talmond, par les officiers de la principauté, tous les meubles qui lui revenaient de son oncle. On transporta seulement à Thouars certains objets d'un peu de valeur et on en laissa quelques autres au trésor de l'abbaye, alors plus que médiocrement pourvu des vases sacrés nécessaires à la célébration du culte. Cette vente, entreprise le 26 avril, terminée le 3 mai seulement et abandonnée faute d'acheteurs, produisit la modeste somme de 1405 livres 3 sous 6 deniers; on trouvera ce chiffre bien minime, si on le compare à ceux qui ont été mentionnés dans les inventaires et estimations relatant les richesses accumulées dans l'intérieur du château de Thouars. Il est vrai que le feu prince n'avait pas toujours rempli ses devoirs filiaux, ainsi que son père l'aurait désiré; plusieurs lettres conservées dans le chartier de cette famille, le dépeignent comme fort indépendant et très rebelle aux observations paternelles. N'étant que le fils puîné du duc Henri, il est probable que le chef de la maison fut loin de favoriser de ses largesses un enfant qui embrassa, malgré ses conseils, la carrière ecclésiastique et qu'il fut obligé, dans une lettre du 17 décembre 1662, de frapper de sa malédiction, en lui défendant de ne jamais se présenter devant lui, « sur peine de lui faire ressentir ce que peut un père justement irrité ».

D'un autre côté, sa mère, la protestante Marie de la Tour, enfouissait toutes ses richesses dans la construction fastueuse du château de Thouars, et s'efforçait plutôt d'élever des temples et de soutenir, de ses deniers, les ministres de sa religion, que de combler de faveurs un fils ingrat, « qui, requis de (sa) mère, par un excès de « bonté, de venir la voir, après deux ans quatre mois « d'absence, lui refusa (sa) veue, avec quelque raison « toutes fois, pour ce quelle auroit horreur de voir un « fils le plus desnaturé, que la terre ait jamais porté, ni « supporté ». Enfin, le prince abbé eut à faire face, pour son installation, à de trop lourdes charges : après s'être bâti, on se le rappelle, une demeure à Talmond, il fit converger tous ses efforts vers un but unique : rappeler à la vie, autant que faire se pouvait, les ruines de son abbaye. C'est alors qu'il entreprit de créer au Veillon, dans ce site grandiose et admirablement choisi, mais fort sauvage et à l'aspect quelque peu maussade, une maison de retraite pour ses bénédictins. Non seulement il dut payer la construction, mais encore, comme la terre ne lui appartenait pas, il acheta ce domaine à Me Jean Pigeon, qui le tenait de sa femme, Catherine Veillon, sœur du docteur Robert Veillon, signataire du certificat relaté plus haut. C'était beaucoup et assurément trop, pour une fortune relativement assez modeste (1). Et encore faut-il se souvenir des procès qu'il eut à soutenir, à l'instar de tous les possesseurs de biens terriers de cette époque, qui ne reculaient pas devant une dépense de mille livres en procédure, pour retirer, en définitive, une indemnité de cinquante sous.

Tout bien considéré, il est donc tout naturel d'apprendre que le comte de Laval ne laissa, après sa mort, qu'une maigre et assez triste succession ; on ne put découvrir,

---

(1) Le revenu de l'abbaye de Sainte Croix fut estimé 8,000 livres, en 1664, dans le rapport dressé par Colbert de Croissy, frère de Nicolas Colbert, évêque de Luçon et délégué de Louis XIV, qui se livra à une enquête sérieuse sur les différentes classes de la population du Bas-Poitou et les ressources de chacune d'elles.

comme argent comptant, dans tous les coffres et cassettes, longuement énumérés au procès-verbal ci-dessus, que la somme de 300 livres employée à payer une partie des frais de la domesticité, pendant le temps qui s'écoula, entre son décès et le règlement des comptes.

Louis-Maurice eut une passion, qui, dans ses repos forcés, apporta de grands soulagements aux douleurs qu'il eut à endurer : celle de la lecture. Retenu souvent au lit par la maladie, il s'était créé de toutes pièces, une ample et riche bibliothèque, destinée à le distraire de la solitude et de l'abandon dans lesquels le laissèrent presque tous les membres de sa famille.

La liste très détaillée des livres de cette collection nous a été conservée par un document dressé le 22 septembre 1681, au château neuf, sous la direction des officiers de la principauté. Là, sont énumérés les titres de six cent soixante-quinze ouvrages divers, qui furent communiqués à un expert étranger à la localité, pour en faire l'estimation. Celui-ci, en suivant les feuillets de ce catalogue, fixa la valeur de l'ensemble à 868 livres; on eut bien le soin d'ajouter à la fin de l'addition, la petite note suivante : « Ceste éstimation a esté faite par M. Loger, à bas prix, à « cause qu'il ne scavoit, ny les éditions, ny la condition des « livres. » Le contenu de cette bibliothèque, qui comprenait les principales œuvres scientifiques, philosophiques et religieuses de l'époque, resta, à la suite d'une convention postérieure, la propriété du duc de Thouars. Il ne nous en a été transmis que l'inventaire original, c'est vraiment trop peu.

Le prince, dont nous venons de parler, fit beaucoup pour la pauvre abbaye qui avait été si malmenée par plusieurs de ses prédécesseurs. Mais la tâche était au-dessus de ses forces, et sa fortune trop peu considérable. Avec de l'argent mal dépensé, fort mal employé, il ne fit rien édifier de durable, il n'obtint que des résultats boiteux, et on peut dire qu'il n'apporta aucune amélioration appréciable. Sa propre demeure, conçue avec une économie mesquine ne résista pas plus d'un demi-siècle, sans réclamer d'énormes réparations ; il y a lieu de se demander également à quoi servit jamais le Veillon, qui n'était ni monastère, ni susceptible d'être transformé en habitation particulière. Mais en voyant tant de bonne volonté déployée, tant de réformes entreprises, qui semblaient l'être pour la prospérité de l'abbaye, on s'explique très bien, que, dans plusieurs mémoires de l'époque, il soit surnommé le second fondateur de Sainte Croix. Ce qu'il fit pour elle, ne se peut, en effet, comparer à l'abandon dans lequel l'avaient laissée ses devanciers, qui, depuis un siècle, n'y demeuraient plus, n'y entretenaient, malgré leurs obligations, aucun religieux, et n'avaient qu'une seule préoccupation, retirer le plus grand profit possible de leur bénéfice. En face d'un changement si notable et tout à l'avantage du prince abbé, ses contemporains étaient donc parfaitement autorisés à le considérer comme un grand et véritable bienfaiteur.

Cependant il eut bien souvent, dans sa carrière, des moments de découragement en voyant combien les moines en général, méritaient peu, par leur vie irrégulière, les bienfaits qu'on leur accordait. Il s'en ouvrit un jour à son père, dans une lettre écrite au mois de septembre 1667, et dans laquelle on trouve cette phrase : « Nous sommes en « un temps que les moines mauvais sont les meilleurs, « c'est-à-dire les meilleurs des vauriens. » Henri de la Trémoille lui répondit qu'il avait parfaitement raison, et que les termes employés par lui étaient « très significatifs (1) ».

On peut lui reprocher encore, ce qui, pour lui, n'avait pas d'importance, d'avoir mélangé trop souvent les intérêts

---

(1) Correspondance du duc de la Trémoille par Imbert.

de la principauté et ceux de l'abbaye. Sa façon de tenir les comptes donna matière à nombre de contestations, qui s'accentuèrent surtout, lorsque son neveu abandonna la carrière ecclésiastique.

FRÉDÉRIC-GUILLAUME DE LA TRÉMOILLE, 1682-1689

On a peu de choses à dire de Frédéric-Guillaume de la Trémoille, prince de Talmond (1), abbé du dit lieu et de Charroux, chanoine de Strasbourg : né en 1668, il était deuxième fils de Henri-Charles, prince de Tarente, et d'Amélie de Hesse-Cassel.

Pourvu de l'abbaye de Talmond, en 1682, il s'occupa peu de son nouveau bénéfice, qu'il ne visita qu'une fois, du 23 septembre au 27 octobre, probablement à l'occasion de son installation. Ce prince, d'un caractère assez fougueux et autoritaire, préférait de beaucoup le mouvement des camps à la vie conventuelle, qu'il abandonna fort jeune, dès 1689; son fondé de pouvoir spirituel, à Sainte Croix, fut Dom François Cisterne (2), prieur claustral, qui sut ajouter à ce premier titre celui de prieur de Palluau, charge dans laquelle il fut installé, le 18 novembre 1683, par Pierre Morineau, curé de Saint-Hilaire-de-Talmond.

A cette époque, l'évêque de Luçon voulut réunir le prieuré de Palluau-la-Chapelle, à la cure : le nouveau

(1) Le prince Frédéric de la Trémoille ne jouit un peu plus tard des revenus de la principauté, que par suite d'un accord passé avec Charles-Belgique-Hollande, duc de la Trémoille et de Thouars, son frère.

(2) Le père Cisterne fut un des zélés ecclésiastiques qui opérèrent des conversions dans la ville de Talmond et les environs, après la révocation de l'Edit de Nantes. On le rencontre à chaque page du registre fort bien tenu, qui fut rédigé à cette époque, par le curé de Saint-Pierre. Ce prêtre était avantageusement remplacé, pendant ses absences assez fréquentes, par le prieur claustral de Sainte Croix.

prieur ne demanda pas mieux, pourvu que la réunion se fit à son profit, et il ne paraît pas qu'il y mît le moindre obstacle; mais il n'en fut pas de même de ses moines, qui, nous ne savons pour quelle raison, protestèrent avec assez d'énergie. Le prélat réclama l'intervention de l'abbé, et voici la lettre que Frédéric-Guillaume fit envoyer au prieur claustral de Talmond.

« Au Révérend, le très révérend père Cysterne, prieur « de l'abbaye de Talmond, à Talmond, près des Sables-« d'Olonne, par Nantes.

« A Paris, le 25 mars 1684.

« En l'absence de Mons. Magneux (1), qui partit dimanche « dernier pour Laval, je vous envoye, mon révérend père, « le sentiment de M. Noüet, le plus habile avocat de cette « ville, touchant l'union que Monseigneur de Luçon « prétend faire du prieuré de Palluau à la cure. Ceux de « vos religieux qui prétendent s'y opposer verront que « s'est sans fondement, et qu'ils pourroient bien s'abstenir « de faire paroistre leur disposition là-dessus. Monseigneur « le prince vostre abbé m'a chargé de vous escrire d'or-« donner, de sa part, à ses officiers, de recevoir toutes les « significations qui seront faites sur ce sujet et de les « envoyer à mondit seigneur évesque, qui s'est chargé de « faire faire, à Luçon et ailleurs, tout ce qui sera néces-« saire dans cette affaire. S'il y manque quelque chose de « ce costé cy, vous aurez la bonté de nous le faire scavoir, « car Son A. désire que Monseigneur de Luçon soit « satisfait (2).

---

(1) M. Magneux, intendant général de M. le duc de la Trémoille, à Paris.

(2) L'évêque de Luçon était Monseigneur Henri de Barillon, resté célèbre par ses confessions, et surtout par les conversions qu'il exigea des protestants.

« Je crois que vous verrez M. Magneux dans peu de « temps car apparement il ira faire un tour à Nantes et de « là à Talmond. Si pendant son absence il y a quelque « chose que lon puisse pour vostre service, je vous prie de « ne me pas épargné, d'estre persuadé que je vous estime « intimement et que je suis véritablement, mon révérend, « votre très humble et très obéissant serviteur. »

Signé : « SEGURET. »

« J'escris en droiture à Monseigneur de Luçon, si par « malheur ma lettre se perdoit, je vous prie toujours luy « faire scavoir que je me suis donné cet honneur.

« Agreez que je me recommande à vos prières et que je « vous asseure que j'y ay grande confiance. »

A cet envoi étaient joints en blanc deux projets de résolution qui devaient être signés, l'un par lui-même, l'autre par les religieux réunis.

L'entreprise de l'évêque réussit-elle immédiatement? Nous l'ignorons ; nous affirmerons seulement qu'au XVIIIe siècle, le prieuré était réuni à la cure, quand Guillaume de Metz en prit possession (1718), à la mort de Alexandre Frappier, son prédécesseur.

Deux chapitres des comptes de l'abbaye prouvent clairement que le couvent ne comprenait, au temps de Frédéric-Guillaume, qu'un prieur, frère Cisterne, un aumônier, frère Joseph Lemoyne et deux religieux, frères Prudhomme et Nepveu. Ils sont donc loin les temps où les abbés de Talmond, qui avaient le gouvernement de dix-huit à vingt moines, sans compter ceux des prieurés extérieurs, parlaient de se rendre aux conciles de Rome, afin de délibérer sur les intérêts supérieurs de l'Eglise, ou recevaient des papes les pouvoirs nécessaires pour lancer l'excommunication. Loin, les bénédictins pieux et modestes qui répandaient partout leurs bienfaits, secouraient les malades et semaient, dans les populations environnantes, les germes de la charité chrétienne. Quatre religieux, plus ou moins recommandables, et un abbé souvent peu respectable, dépensent follement et quelquefois honteusement, les riches aumônes jadis offertes comme secours aux pauvres ou abandonnées en échange de prières perpétuelles.

PIERRE COURCIER, 1689-1713

Frédéric-Guillaume abdiqua ses fonctions, on se le rappelle, le 2 avril 1689, et son successeur fut Pierre Courcier, théologal de l'Eglise de Paris, prêtre, docteur en Sorbonne, demeurant en cette ville (1). Les titres seuls et le domicile du nouveau titulaire suffisent à démontrer de suite, que l'abbaye ne fut, pour lui, qu'une rente fixe dont il s'efforça, naturellement, de diminuer continuellement les charges. Il en prit possession réelle et actuelle, le 9 avril : la succession avait donc été préparée à l'avance, et la transmission ne subit aucun retard.

Les premiers soins de l'abbé Courcier furent consacrés à régler la question, quelque peu embarrassée, que lui laissaient ses deux prédécesseurs, qui avaient joui en même temps, des revenus de la principauté et de l'abbaye, et avaient mélangé, à n'y rien comprendre, les ressources de ces deux domaines. Il écrivit, en conséquence, à un de ses officiers de Talmond, pour lui demander des renseignements circonstanciés. Voici, d'après un mémoire conservé, mais non signé, la réponse détaillée qui lui fut adressée, en 1690; elle était accompagnée des deux intéressants croquis relatifs à l'abbaye, ceux que nous avons publiés plus haut, et d'après lesquels il nous a été permis de retracer, au moins dans ses grandes lignes, l'ancienne disposition des bâtiments.

« Les deux tiers ou environ de la cour du chasteau neuf

(1) Le successeur de Frédéric-Guillaume, à Charroux, fut Charles Frotier de la Messelière, doyen de Saint-Hilaire de Poitiers.

« de Talmond (1), avecq une partie du bois jardin, le gros « pavillon, la chambre joignant et les deux tiers de la salle « du chasteau, apartenoient autrefois à deffunct M. Barraud, « escuyer, sieur de la Longeay, qui avoit, en cette estendue, « une maison pour loger un bordier, avec un jardin de « 2 à 3 boicellées de terre, que deffunct Monseigneur le « Comte de Laval luy a eschangé pour le pré *L'aiguier*, et « une pièce de terre joignant apellée *Gattebourse*, de peu de « valeur, et de mauvaise qualité : ce pré et cette terre sont « aujourd'huy possédés par M. de la Lardière, fils et « héritier dudit s. de la Longeay. M. l'abbé les peut « reprendre et entrer en possession d'iceux, si bon luy « semble, sauf audit sieur de la Lardière à demander aux « héritiers de mond. seigneur, le comte de Laval, le prix et « valeur de sa maison et jardin, qui peut monter à 200 ou « 250 livres.

« Joignant cet emplacement et jardin, il y avoit une « autre maison et petit jardin, qui fait le reste de la place « du bois que mond. seig., le Comte de Laval, a acquis, de « ses deniers, de Hillaire Fisson.

« Le jardin potager, aussy joignant led. bois et séparé « par une muraille, estoit autrefois le cimetière de la « paroisse de Talmond, arrenté au sieur Fr. Guérin, pour « 12 livres, duquel il a fait extorsion : Deffunct mond. « seig. l'a pris depuis et eschangé avec lesd. s. Giraudet, « curé et habitans de la paroisse, pour une pièce de terre « contenant environ 7 boicellées, tant en pré, terre labou- « rable, que taillis d'ageon, apellée *le Pin*, deppendante de « l'abbaye. Mond. S. l'abbé peut encore reprendre sa terre, « et l'église la place du cimetière, ou demander la rente qui « estoit sur iceluy, si on ne donne plutôt un fond en « eschange.

(1) Ce document porte pour titre : Eclaircissements sur les droits mêlés de l'abbaye et la principauté de Talmond.

« Dans l'enclos, au bout du cimetière, il y avoit environ « 4 boicelées de terres (usurpées par les religionnaires, « depuis par M. Blot) retirées du s. de la Brosse-Bréchard, « aussi religionnaire : la basse-cour, les écurie et celier « ont esté bastis en partie de leur estendue.

« Dans le même enclos, proche la maison du *Cabinet*; « il y a 7 boicelées despendantes de lad. abbaye, qui feurent « autrefois eschangées par deffunct M. de Coniac, abbé, « pour une maison qui despendait de l'Aiguerie, laquelle est « réunie et renfermée dans le jardrin de l'abbaye, parce que « deffunct mond. seig., le comte de Laval ayant descouvert « que l'eschange et contre eschange estait le fond de lad. « abbaye, il les a réunys : dans l'étendue de cette terre, « estoit une partie de la vigne et de ce que mond. seign., le « comte de Laval, avoit destiné estre le clos de lad. abbaye.

« Il y a de plus, proche les terres cy-dessus, quatre « boicelées, qui estoient du fond de la cour de Talmond, « données en eschange par lesd. sieur curé et habitants, à « mond. seig. le Comte de Laval, pour cinq autres boicelées « et une pièce apellée la pièce *des fossés*. Cette terre est la « continuation de la vigne du costé du tenant des terres « apellées les *Bonnes*. Cet eschange peut subsister, parce « qu'il est à la comodité et bienséance de M. l'abbé et dans « son renclos.

« C'est ce que j'ai pu découvrir, avec l'aide de quelques « anciens de la ville de Talmond : et pour régler ce qu'il y « a de fond à l'abbaye, autant qu'il est de ma cognoissance, « j'estime que, oultre le désintéressement que les héritiers « de mond. seig. le Comte de Laval, doivent à M. de « la Lardière, pour le pré L'aiguier, et pièce de terre « appelée Gattebourse, que M. l'abbé peut reprendre, « comme aussy, le désintéressement du vieux cimetière « à la paroisse dud. Talmond, on doibt céder à l'abbaye, « oultre ce qui estoit cydevant destiné pour son clos, « et séparé par la grande allée, les terres au dessus

« le long du fossé rendant du Cabinet au tenant des « Bonnes, dans lesquelles estoient les vignes qui ont esté « dégastées, ainsy que le tout est séparé par un autre fossé, « qui estoit entre lesd. vignes et les autres terres qui ont « leur estendue jusqu'au susd. jardrin potager, basse-« cour et parterre, ainsy que le cartier est renfermé de « circuit de fossés et de lad. grande allée; lequel fera à « l'advenir et sans conteste, le clos dud. chasteau.

« Pour les 4 boicelées cy dessus marquées avoir esté « retirées du s. de la Brosse-Brichard, qui font partie de la « basse-cour, escurie et celier, on a l'estendue des fossés « de la ville qui vont depuis le partaire jusqu'à la Mesnar-« derie et ce fond vaut bien lesd. 4 boicelées, qui ne sont « pas de bonne terre, comme il est aysé d'y voir. »

Les négociations, pour la liquidation d'une semblable succession, furent laborieuses et durèrent cinq années. Enfin, le 29 octobre 1695, intervint un arrangement, signé à Paris à l'hôtel de Créquy, par lequel Madeleine de Créquy, épouse et procuratrice du seigneur Charles, duc de la Trémoille et prince de Talmond, demeurant à Paris, quai Malaqueste, d'une part, et Me Pierre Courcier, demeurant au cloître de l'église de Paris, paroisse de Saint-Jean-le-Rond, d'autre part, aplanissaient leur différend à l'amiable. L'abbaye resta propriétaire du champ du *Pin* et paya à la fabrique de Saint-Pierre, 12 livres de rente. Il en fut de même de l'ancienne maison de l'aiguier et d'une pièce de sept boisselées donnée en échange des anciens fossés de la ville; le pré l'Islau, la terre de Gattebourse, celle de Landeronde, située en face de la porte de l'abbaye, toutes vendues à M. de la Lardière, restèrent la propriété de ce dernier, mais le duc restitua, en compensation, au couvent, la propriété venant de M. de la Brosse-Bréchard et 5 livres de rente sur la Ménarderie. La pièce des Bonnes, dont les habitants avaient pris possession, revint à l'abbé. Tant qu'à la somme de 2433 livres 1 sou

8 deniers, provenant de la succession du feu sieur Jean le Ferme, ancien curé de Saint-Nicolas de la Chaume, et reçue par M. le comte de Laval, le 18 mars 1679, elle retourna à la communauté, pour être utilisée à l'achat de rentes sur l'Hôtel de ville de Paris, sauf toutefois 300 livres qui en furent distraites, comme représentant la valeur de la croix et des chandeliers en argent, abandonnés à la chapelle de Sainte Croix. Le duc de la Trémoille fut institué propriétaire de tous les livres de la bibliothèque du comte de Laval, et remboursa un certain nombre de boisseaux de blé, en compensation des fruits recueillis sur les terres usurpées, avant leur restitution.

Nous ne connaissons pas d'autres actes importants de cet abbé, dont le passage au gouvernement du monastère laissa pour nous, on le voit, peu de traces intéressantes. La restauration des bâtiments, loin d'être continuée par Pierre Courcier fut absolument négligée, et les obligations contractées à peine remplies par deux ou trois religieux, parmi lesquels nous ne pouvons nommer qu'un sieur Jean Collet, prêtre, qui conserva les fonctions d'aumônier durant quelques années.

FRANÇOIS DU DROT, 1713-1741

François du Drot, conseiller du roi, aumônier de feu Monseigneur le duc de Berry, vicaire général du diocèse de Laon et grand archidiacre, reçut la commende de l'abbaye de Sainte Croix, le 22 avril 1713 (1); mais le premier document que nous ayions vu de lui, date seulement du 9 mai 1715. Il n'était pas au monastère, lors du passage à Talmond du bénédictin Dom Boyer, qui raconte ainsi sa visite : « Après avoir dit la sainte messe (2), je fus

---

(1) *Gallia Christiana.*

(2) Il venait de l'abbaye de Bois-Grolland, 13 mai 1713.

« diner à l'abbaye de Sainte Croix de Talmont, à une lieue « de Bois-Grolland. Dom Louis de Montfaucon, notre « ancien confrère, me reçut noblement. Il y a quatre jeunes « religieux tous aimables. Je parcourus le cartulaire qui « n'est pas original, et je dressai un catalogue des abbés. « Talmont est une principauté. »

Dans plusieurs actes rédigés par cet abbé, il est dit que le lieu ordinaire de sa résidence fut Talmond. Nous ne savons où il l'établit tout d'abord; cependant, vers le mois de novembre 1725, il loua, au prince de ce lieu, le château neuf pour en faire son pied à terre, et il passa avec lui un bail à cette occasion : le traité constatait que de nombreuses et importantes réparations avaient été effectuées à l'immeuble. Il eut, paraît-il, une singulière façon d'entretenir les bâtiments : on en peut juger en lisant le passage suivant, extrait d'une lettre écrite, le 14 février 1730, par le prince, à son procureur, Me Lévêque : « Représentez honnêtement « à M. l'abbé, qu'en faisant battre son bled dans la salle « du château, que c'est vouloir abimer le pavé, et que cela « ne convient pas, et que vous seriez obligé à m'en avertir, « s'il continuait (1). »

L'abbé du Drot suivit la ligne de conduite de ses prédécesseurs, et fit faillite comme eux, aux engagements pris par les fondateurs : il n'exécuta aucune construction à l'abbaye et consentit avec peine à payer les prêtres nécessaires au culte. De grosses querelles, entre lui et les quelques religieux résidant à Talmond s'ensuivirent et un acte notarié en relate certains détails piquants (2) : « Aujour-

---

(1) A la sortie de l'abbé du Drot, le 8 août 1735, il fut dressé par le sieur André Lévêque, une visite du château en présence d'ouvriers experts et de Elisabeth Guignaud, servante domestique de l'abbé : il y fut constaté de nombreuses dégradations.

(2) Acte original conservé dans les archives de M. Morisset, notaire à Talmond.

« d'huy, quatrième jour du mois de juillet 1726, après « midy, par devant nous, nottaires royaux de la ville et « principauté de Talmont, soussignés, a été présent et « personnellement estably en droit et duement soumis, « Dom Charles-Angélique le Page, aiguier en titre de « l'abbaye de Sainte Croix de Talmont, demeurant en « laditte abbaye, lequel a dit et déclaré, qu'en expliquent « son intencion et volonté sur le compromis qui a été passé « entre M. l'abbé Dudrot, abbé de laditte abbaye, et luy, « le 13 juin dernier, devant Herbert nottaire royal audit « Talmond, pour expresse, par l'avis de Monseigneur « l'evesque de Luçon, il n'a jamais entendu compromettre « sur l'instance appointée au conseil au rapport de « Me Pallu, conseiller, en la grand chambre, sur l'appel « interjetté par led. s. abbé Dudrot de la sentence des « Requetes du Palais du ... juillet 1725, qui condamnait « ledit sieur abbé Dudrot à luy payer la pension de « 300 livres, en qualité de aiguier et religieux de laditte « abbaye de Sainte Croix de Talmont; laquelle instance « ledit sieur le Page déclare expressement entendre pour-« suivre, jusqu'à avoir deffinitif. Attendu que ledit compro-« mis n'a été fait et passé, par ledit sieur le Page, à « l'exemple du sieur Claude de la Voirie, religieux de lad. « abbaye, que sur les contestations qui estoient pendantes « au juge royal de Fontenay-le-Comte, pour raison du « partage entre les religieux et ledit sieur abbé Dudrot, « augmentation de pension et réparations à faire aux « bâtiments de lad. abbaye, et autres contestations concer-« nant le menu fait seulement. De laquelle déclaration, « ledit sieur le Page nous a requis acte que nous « nottaires... »

Signé : « Charlot et Regaine,
« *Not. roy.* »

La conduite des moines présents à l'abbaye n'aurait laissé rien à désirer, à cette époque, si l'on s'en rapporte, ce qui est peut-être un peu risqué, au certificat suivant : « Sur la représentation qui nous en a esté faitte par les « sieurs Pierre-Claude de la Voyrie et Louis Rabillé, les « deux, religieux de l'abbaye de Sainte Croix de Talmond, « dans l'étendue de nostre ville, que l'on cherchait à les « perdre, nous tous soussignés, habitants de laditte ville, « pour rendre témoignage à la justice qui leur est due, nous « déclarons à tous ceux qu'il appartiendra, que la conduite « nous a toujours paru très régulière, leurs mœurs sans « reproche, et, qu'à nottre conoissance, ils ont rempli « dignement leur devoir et les obligations de leur état, et « qu'ils n'ont scandalisé aucun de nous autres, ainsi que « l'on a prétendu vouloir l'insinuer à nous et à Monsei- « gneur l'évesque de Luçon. En foy de quoy nous avons « signé le 10 septembre 1727. »

Signé : « AUBIN, curé.

« MAURAT, chirurgien; L. DEGRÉ, séneschal. »

suivent d'autres signatures.

Cependant, certains habitants du couvent se livraient à des distractions qui n'étaient pas précisément prévues dans le règlement élaboré par saint Benoît. Nous en prenons pour preuve une lettre écrite par le prince à son procureur (1) : « M. l'abbé Dudrot m'a mandé que le moine « Rabillé continue de chasser. Dittes au garde d'informer « contre luy la première fois, et vous pouvez assurer ledit « moisne, que j'auray un ordre pour le faire mettre dans un « cul de basse-fosse. » L'ancien abbé, Frédéric-Guillaume, qui écrivait ces mots, avait, on le voit, la main un peu lourde.

Ce fut l'abbé du Drot qui régla définitivement, avec les princes, les arrérages dus par ceux-ci à l'abbaye, en raison de l'occupation illicite exercée pendant les guerres de

(1) Ce fait se passait en 1730.

religion : le dernier paiement eut lieu le 19 septembre 1728, par les soins de Me de Lanion, un des officiers des ducs de la Trémoille. Mais l'acte le plus important, traité par lui, fut assurément celui qui eut rapport à l'installation dans les bâtiments de Talmond, d'une maison de retraite pour les prêtres infirmes et malades, et à l'abolition des offices claustraux et menses conventuelles.

Cette transformation fut le dernier soupir de la puissance de ce monastère autrefois florissant, qui ne pouvait survivre à la pâle anémie dont mourait également à petit feu la principauté, entre les mains de ses princes. La nouvelle institution ne naissait pas viable, et les longs pourparlers échangés entre l'évêque, le seigneur de la Trémoille et l'abbé firent bien ressortir, avant l'heure, toutes les difficultés qui devaient entraver la réussite complète. On passa outre, cependant, et c'est la pauvre petite ville de Talmond qui en supporta les plus cruelles conséquences, car son importance en fut encore amoindrie. Nous ne pouvons mieux faire que de rapporter, à l'appui de ce que nous avançons, le passage suivant, écrit par un auteur que l'on ne peut accuser d'ignorance ou de partialité à cet égard.

« Vers la fin de son épiscopat, Michel-Celse de Bussy « créa, conformément à l'idée de Jean-François de Lescure, « une maison de retraite, où les prêtres pauvres, ayant « servi dans le diocèse et hors d'état de continuer leurs « fonctions, trouvaient la table et le logement. Pour « atteindre son but, il fit supprimer les titres, offices « claustraux, menses conventuelles et places monacales de « l'abbaye de Sainte Croix de Talmond, et en affecta les « revenus à son œuvre. Ce changement fut approuvé par « lettres patentes de décembre 1735, et la chambre ecclé- « siastique du diocèse eut l'administration de l'établisse- « ment ainsi renouvelé. Belle idée, mais d'une réalisation « bien difficile. Tous les hommes ne sont pas appelés à « vivre en communauté : il faut, pour cela une vocation

« particulière et comment, dans l'absence de cette vocation, « soumettre à la règle, même la moins sévère, des vieillards « chargés d'ans et d'infirmités? On trouve là les plus « sérieux obstacles. Un système, non de cellules, mais « d'habitations complètes et juxtaposées, avec une chapelle « commune, enlèverait peut-être une partie des inconvé- « nients. Tel qu'il s'exécuta, le projet de Michel de Bussy « ne prit pas racine. Quelques années avant 1789, la « maison était à peu près délaissée, et au commencement de « la Révolution, il n'y résidait aucun invalide. Un ecclé- « siastique, servant de vicaire à la paroisse, acquittait seul « les messes d'obligation (1). »

La transformation fut donc décidée et arrêtée en 1735 : mais la prise de possession fut retardée de deux ans, comme l'indique le procès-verbal suivant, rédigé par un notaire de Talmond :

« Aujourd'huy, troisiesme jour de janvier mil sept cent « trente sept, ce requerant, messire René Gaborit, prêtre, « docteur en théologie, chanoine et archidiacre d'Aizenay, « en l'église cathédrale de Luçon, abbé commandataire de « l'abbaye royalle de Nostre-Dame de Trizay, official et « vicaire général dudit diocèze, le siège épiscopal vacant, « et sindicq du clergé dudit Luçon y demeurant, et en « laditte quallité de sindicq, moy André Quéneau, notaire « royal appostolique dud. dioceze de Luçon, soussigné, « demeurant en la ville des Sables-d'Ollonne, receu et « enregistré au siège royal de Fontenay, suivant l'édit, en « présence des témoins cy bas nommés, et aussy soussignés, « me suis, avecq ledit sieur Gaborit, transporté à l'abbaye « royalle de Sainte Croix de Talmond, ordre de Saint- « Benoist, paroisse de Saint-Pierre dud. Talmond; où « estant, ledit sieur Gaborit, par vertu du décret de feu

(1) Histoire des moines et évêques de Luçon par M. l'abbé du Tressay, t. III.

« Monseigneur l'illustrissime et révérendissime Michel-
« Celse-Roger de Rabuttin de Bussy, évesque dud. Luçon,
« donné à Paris le dix decembre mil sept cent trante cinq,
« signé Michel-Celse-Roger de Rabuttin de Bussy, évesque
« de Luçon, et plus bas, par Monseigneur, Gogot, secrait-
« taire, scellé du sceaux, des armes de mondit seigneur
« évesque, portant extainction et suppression à perpettuité
« des tiltres, des offices claustraux, manses conventuelles et
« places monacalles de laditte abbaye de Sainte Croix de
« Talmond, et du droit d'y nommer et de les conférer par
« monsieur l'abbé de laditte abbaye, suivant son consan-
« tement et celluy des relligieux titulaire desd. offices
« claustraux, le tout mantionné audit décret, quy a uny,
« annexé et incorporé tous et chascuns les droits, honneurs,
« fruits, proffits, revenus et émollumant quy en despendent
« pour estre employé à perpetuitté à l'entretien des pauvres
« prestres séculiers et invallides du dioceze dudit Luçon,
« quy composeront la Communauté de laditte abbaye,
« feront le service divin et acquitteront les charges d'icelle,
« en exécution des lettres patantes de Sa Majesté, donnés
« à Versaille, au mois de décembre de laditte année, mil
« sept cent trante cinq, dhuement enregistrée au Parlement
« de Paris, le vingt-sept novembre mil sept cents trante
« six. Lesquelles lettres patanttes, en approuvant et
« confirmant ledit décret, ont ordonnés l'établissemant de
« laditte Communauté de prestres séculiers, suivant qu'il
« est plus au long expliqué èsdits decrets, lettres pattanttes
« et arrest d'enregistremant. Ledit sieur Gaborit, audit
« nom, a pris et apprehendé la pocession corporelle, réelle
« et actuelle desdits offices claustraux, manse conventuelle
« et places monnacalles de laditte abbaye, dudit Sainte
« Croix de Talmond, et de tous les droits, honneurs, fruits,
« proffits, revenus et esmolluments quy en despendent, et
« ce, par la libre entrée que ledit sieur Gaborit a fait,
« avecq moy et mesdits thémoins et autres assistants,

« dans ladite église de ladite abbaye dudit Sainte Croix
« de Talmond : ayant pris de l'eau bénite, fait l'aspersion,
« sonné la cloche, monté à l'autel, icelluy baizé, fait la
« génusflexion, leu dans le missel, visité les vases sacrés,
« pris séance en une place au cœur, et a générallement
« gardé et observé toutes les autres formallités et cérémo-
« nies, à ce requises et accoutumées, à laquelle prize de
« pocession il ne s'est trouvé aucun opposant; de tout quoy,
« j'ai donné lecture à haute et inthelligible voix en ladite
« église, aux fins que personne n'en prétendent cause
« d'ignorance, dont du tout, ledit sieur Gaborit, audit nom,
« a requis acte, que nousdit nottaire et thesmoings luy
« avons octroyé, pour lui valloir et servir ce que de raison.
« Fait et passé, en ladite église de l'abbaye, dudit Sainte
« Croix de Talmond, le jour et an que dessus, en la pré-
« sence des susdits thesmoings quy sont : Maître Jean-
« René Alquier, advocat séneschal et seul jeuge ordinaire,
« civil, criminel et de police de ladite ville de Talmond,
« demeurant au bourg et paroisse d'Angle, estant de présent
« en cette ville de Talmond, maitre Pierre Rioux, bourgeois,
« demeurant audit Talmond, et autres en quallitée, comme
« dit est, d'assistants quy ce sont avecq ledit sieur Gaborit et
« nous soussignés. Ainsi signez ens la minute des présentes,
« R. Gaborit, Dupont, curé de Notre-Dame de Longeville,
« Rémaud, Rondeau, docteur en droit, Lévesque, Alquier,
« Pierre Riou et Quéneau, nottaire royal appostolique. »

Maintenant il ne reste qu'à glisser légèrement sur les derniers faits et gestes dépourvus d'intérêt pour nous, des abbés possesseurs des bénéfices uniquement temporels de l'abbaye de Sainte Croix. Nous ne mentionnerons plus qu'un dernier acte accompli par l'abbé du Drot : c'est un hommage rendu, en 1741, au prince de Talmond. Nous le publions aux chapitres des preuves, parce qu'il donne des renseignements très précis sur des époques antérieures à celle à laquelle il fut rédigé.

JACQUES-PHILIPPE DE PONNAT, 1746-1781

A l'abbé du Drot, succéda Jacques-Philippe de Ponnat, prêtre, chanoine de l'église-cathédrale de Grenoble, dont l'existence révélée pour la première fois, en 1746, peut être contrôlée jusqu'en 1781. Ce n'est pas dire, pour cela, qu'il fut nommé en 1746 et qu'il résilia ou mourut en 1781, car nous n'avons fait aucune recherche en dehors des archives de la Vendée. Pour marquer son passage, nous publierons simplement le résumé suivant d'une pièce originale trouvée par nous.

Le 27 novembre 1759, à Talmond, maison et demeure de la demoiselle veuve Ruchaud, en présence des deux notaires royaux, Rémaud et Martineau, Jacques-Philippe de Ponnat, constitua, comme procureur général et spécial, Messire René Gaborit, abbé de Trizay, chanoine honoraire et syndic de l'église cathédrale de Luçon, auquel il donna pouvoir :

1° De consentir pour lui à la réunion du prieuré de Sainte Croix d'Olonne, à sa nomination, en sa qualité d'abbé de Talmond, à la mense conventuelle de Talmond, réunie à la chambre ecclésiastique de Luçon, à laquelle led. seigneur veut donner des marques de sa bienveillance et faire, autant qu'il pourra, pour son bien et avantage.

2° De transiger, dans l'instance pendante au Parlement de Paris, avec messire Alex. Barraud, chevalier, seigneur de la Rivière, des Granges-Cathus et de la maison noble de la Grande Gaudinière, en la paroisse de Saint-Hilaire-de-Talmond, à l'occasion de certains cens, rentes et devoirs seigneuriaux, qu'il prétend être dus à sa maison, par des métairies dépendantes de l'abbaye.....

3° De poursuivre, en son nom jusqu'à sentence ou arrêt définitif, le recouvrement des sommes, à lui adjugées, par jugement du siège royal de Fontenay, sur les deniers provenant de la succession de messire François du Drot, son prédécesseur, et de recevoir les dites sommes des sieurs receveurs des économats du clergé.....

FRANÇOIS DE LA CORBIÈRE, 1786

Quant à messire Pierre-Olivier-François de la Corbière de Juvigné, prêtre, vicaire général du diocèse, chanoine archidiacre de l'église cathédrale de Verdun, aumônier de Madame Adélaïde de France, et dernier abbé commendataire de l'abbaye royale de Sainte Croix de Talmond, il ne nous est connu que par un bail passé le 15 décembre 1786; par celui-ci, il afferme le revenu de l'abbaye, pour sept années, à François Hemery, arpenteur royal, demeurant à Saint-Denis-la-Chevasse, moyennant la somme de 8,000 livres par an, à partir de 1788.

Ces biens comprenaient encore :

1° La maison du Vieux Parquet, à Talmond.

2° La maison de Saint-Même et ses dépendances, paroisse de Saint-Hilaire-de-Talmond.

3° La métairie de la Baudouinière, paroisse de Saint-Hilaire-de-Talmond.

4° La métairie de la Valissotière, paroisse de Saint-Hilaire-de-Talmond.

5° La métairie de la Brissoulière, paroisse d'Avrillé.

6° La métairie de la Mongie, paroisse de Longeville.

7° Le pré de la Couaille, paroisse de Saint-Hilaire-de-Talmond.

8° Les fiefs et terrageries d'Aizenay, etc....

Toutes ces propriétés furent vendues comme biens nationaux, à l'époque de la Révolution. Il serait sans intérêt de savoir qui s'en rendit possesseur et quelles sommes elles ont coûtées. Elles appartiennent encore, presque toutes, à de très anciennes familles du pays, qui les achetèrent à des prix fort modérés.

Ainsi disparut de la scène du monde une communauté qui n'eut peut-être pas des jours aussi bien remplis et aussi glorieux que ceux de plusieurs de ses rivales voisines, mais qui, cependant, rendit des services signalés pendant les premiers siècles de son existence, malgré les désordres et les prévarications dont ses membres se rendirent souvent coupables dans la suite. Les nombreuses critiques que nous avons dû faire, pendant le cours de ce modeste ouvrage, se sont plutôt adressées aux hommes, trop souvent peu dignes de leur ministère, qu'à l'œuvre elle-même ; que ceux qui sont placés actuellement à la tête d'institutions religieuses et charitables se disant plus parfaites, osent, *seuls*, lui jeter la première pierre ! Nous craignons fort que les frondeurs soient peu nombreux.

DEUXIÈME PARTIE. — PREUVES ET DOCUMENTS

Pièce I. — Traduction de la charte de fondation de l'abbaye de Sainte Croix. (1049 environ)

« Quiconque aménage sur la terre, autant qu'il est en son pouvoir, une maison propre au Seigneur, est digne du séjour, non préparé de main d'homme, que celui-ci lui réserve dans les cieux. Or, il ne peut en être fondé de meilleure que dans les pieuses pensées de ceux qui aiment sincèrement le Christ; ne peuvent parvenir à en édifier, qu'un petit nombre, et ceux qui implorent avec ardeur le Roi des cieux; beaucoup, en effet, attachés aux choses de ce monde, sont d'autant plus portés à s'adonner aux œuvres du siècle, qu'ils se montrent plus négligents à entreprendre un pareil édifice. De ce fait, observant et comprenant que Moi, Guillaume, prince et seigneur de Talmond, j'étais prêt de m'éloigner de ceux qui disent, « Vous êtes le temple de Dieu, » quoique absorbé par les affaires du siècle, j'ai résolu, intérieurement, de fonder une église avec mes propres ressources, afin d'être compté parmi les fils de l'Eglise; comme je ne pouvais m'occuper d'être digne de cette demeure, ceux, au moins, qui le sont, en auront une par mes soins, dans laquelle habitera le Seigneur. Cette maison, il m'a plu de la construire près de mon château, en l'honneur de la croix du Seigneur, afin qu'elle apparaisse sacro-sainte, au dernier jour du jugement, à moi, mes enfants et mes proches, comme une suprême garde. Là, j'ai réuni des moines, sous la règle de Saint Benoît, pour combattre, au nom du Christ, et par leurs prières continuelles, assurer en notre faveur une efficace intervention.

Et, pour les nourrir et vêtir, ou pour tout autre usage, je les ai comblés de quelques-uns de mes biens, c'est-à-dire : l'église de Saint-Pierre située à l'intérieur de mon château, avec ses ornements, toutes ses coutumes et redevances : l'église de Saint-Hilaire avec son cimetière, son bourg, ses coutumes et tous ses revenus ; j'ai donné, dans leur intégrité, les foires du lieu, de sorte que toutes les personnes les fréquentant, les vigiles ou anniversaires, qu'ils vendent, soit en ville, soit dans les champs, soit sur les routes, paieront les coutumes à l'abbé ou à ses préposés, seuls autorisés à rendre justice à qui de droit. J'ai donné aussi toute la dîme de la paroisse et du château, à savoir celle des agneaux, des pourceaux, des veaux, du lin, de la laine, du sel et du vin ; de telle façon que si quelqu'un plante sa terre en vignes, le dixième en appartiendra en propre à Sainte Croix, excepté, toutefois, pour les vignes que tient Pierre, fils de Mainard, au Breuil-Abbaut, celles qui sont dans la terre d'Ascelin à la Bretonnière (1), et enfin celles de Arbert Bastard à Torterel. Et si, par hasard, quelque seigneur de ces terres, mû par une diabolique instigation, trouble par quelque controverse les dîmes allouées à Sainte Croix, les vins de mon propre cellier et mes brebis, si j'en possède, seront dîmés à perpétuité en sa faveur. J'ai accordé également une certaine terre sur les bords du Fage (2), dans laquelle se trouvent une petite maison inféodée du prévôt Cruneau et la terre de Martin le charpentier : comme ce fief de Cruneau (3), paye, chaque année, cinq sous, le jour de la Nativité, et un cheval pour aller à Poitiers, son possesseur deviendra l'homme de

(1) La Bretonnière entre Longeville et l'ancien port de la Pépière.

(2) Le Fage doit être le ruisseau que l'on appelle la Bigeoire ou rivière de Cadoret.

(3) Cornuailles, fief situé en face l'abbaye, au-dessus de Cadoret, dans la ville même.

l'abbé. J'accorde quatre moulins, deux en eau douce, deux en eau salée, un four dans le château, et des pêcheries dans l'étier de Jard, avec le droit d'y prendre sèches ou autres poissons. J'ajoute à tous ces dons faits à N. S. J. C., à sa croix vivifiante, et aux moines qui militeront dans ce lieu pour lui, à prendre dans ma forêt d'Orbestier, tout le bois vert et sec nécessaire à leurs bâtiments, soit pour l'église, la construction et la réfection des cloîtres, lorsque cela deviendra nécessaire, soit pour la cuisine, le four, le logement de l'abbé, l'infirmerie, les bains et toutes dépendances utiles à la dite abbaye : qu'ils en prennent aussi bien pour l'intérieur de la ville que pour l'extérieur, autant qu'ils en auront besoin. Dans cette même forêt d'Orbestier, j'ai réservé une enceinte pour le pâturage des pourceaux, bœufs, vaches, juments, durant l'été et l'hiver, ainsi que le droit de panage pour les pourceaux des moines qui pourront aller partout où iront les miens : les chèvres, dont la peau est destinée à confectionner les sandales des religieux, auront le brout dans toute la forêt. A tout cela, je joins un navire libre et exempt de tous droits et coutumes, dans le port de Talmond ou tout autre port de ma seigneurie. J'ajoute encore que, si mes barons, qui sont ici présents et qui l'approuvent, ou des habitants quelconques de mon domaine, desirent donner ou vendre leurs biens à Sainte Croix ou à ses moines servant Dieu, non seulement je veux qu'on n'y porte pas obstacle, mais encore qu'on les y engage, à la condition, toutefois, que leur suzerain n'y perde aucun privilège ou service. Je stipule encore cette convention en honneur de la croix du Seigneur, c'est que, si un sujet du couvent se bat en champ clos, qu'il vainque ou soit battu, il ne payera l'amende qu'à Sainte Croix et à son abbé. Si, à Dieu ne plaise, par accident, il tue ou blesse un homme, soit dans l'enceinte de la ville, soit au dehors, sur toute l'étendue de ma seigneurie, il ne payera l'amende ou le droit, qu'à l'abbé de Sainte Croix. S'il vole ou fait usage de fausses mesures, il sera encore justiciable de l'abbé. S'il vend un bœuf ou une vache, ou tout autre bétail, dans les limites de mon fief, il n'acquittera l'impôt de vente qu'à l'abbé; mais si la transaction se passe dans un marché public, c'est là qu'il soldera son droit. Aucun impôt ne sera retenu ni perçu sur la vente des bestiaux de l'abbaye, aux marchés ou en dehors, dans la ville ou les faubourgs, sur les routes ou dans les champs; si quelque dissentiment s'élève avec nos voisins et que le trouble augmente, ce qui n'est pas, les sujets de Sainte Croix ne seront ni avertis, ni levés, tant pour aller tuer leurs semblables ou piller et dévaster les biens des chrétiens, que pour élever des fortifications ou creuser des fossés; qu'il ne leur soit fait aucune violence, qu'ils travaillent en paix loin du trouble des combats, et qu'aucune perturbation ne soit portée dans leurs affaires : grâce à cette parole donnée, qu'amis et auteurs de la paix, ils jouissent de celle-ci avec tous et même avec ceux qui la troublent; si cependant nos ennemis pénétraient sur notre territoire, que chacun se lève alors pour défendre ses biens contre eux !

« Quand Moi, Guillaume, je vis approcher le jour de ma mort, je pris l'habit monastique, dans ce couvent, que j'avais élevé en honneur de la croix du Seigneur, et, convoquant tous les barons que j'avais appelés de diverses contrées et installés dans ma seigneurie, je les suppliai d'accroître, autant qu'ils le pourraient, la richesse de l'église fondée par moi, de tous les biens que je leur avais cédés, lorsqu'ils se décideront à s'en défaire, et principalement des dîmes et des églises qu'ils y ont élevées; qu'ils ne les transmettent jamais à aucune autre église qu'à la mienne. Tous, d'un unanime élan, donnèrent leur approbation, et ayant fait rassembler leurs fils, descendants, petits enfants, enfants, adolescents et adultes, j'eus, en présence des pères, le témoignage favorable des fils. Il existe autant de témoins de cette donation que le pays de Talmond compte de vassaux. Mais, de peur que mes héritiers, négligents de notre salut et du leur, par ignorance du passé et par ambition de posséder, aient l'idée d'enfreindre ces prescriptions, je les confie à l'écriture et à la renommée, et de ma propre autorité, de celle de mes fils, Guillaume et Pépin, et de ma fille, Asceline, par stipulation volontaire, je corrobore cette charte, et je la sanctionne et confirme, par le témoignage d'hommes dignes de foi, c'est-à-dire de mes fidèles dont les noms suivent : Raoul de Bulle et ses fils, Pierre et Raoul, Arbert Bastard, Ascelin l'aîné, Aimeri Roux, Etienne le recoveur, Albert Barbat, Aimon l'échanson, Mathurin le camérier, Jean et son frère Isembert, Locle le maréchal; parmi les ecclésiastiques, Bonaventure, Garin, Tébaud, Barthelemy, Gautier, Hilaire et beaucoup d'autres. »

(Cartulaire de Talmond, ch. I.)

Pièce II. — Traduction de la charte contenant le don de la forêt de Jard fait au monastère de Montierneuf de Poitiers, par le comte de Poitou (1119).

« Au nom de la sainte et indivisible Trinité, Père, Fils et Saint-Esprit, Moi, Guillaume, duc d'Aquitaine, j'ai ordonné de transcrire, par ces lettres, le don que j'ai fait à Dieu et à Saint-Jean l'Evangéliste de Montierneuf, dont mon père a posé la première pierre. Donc, j'ai donné audit monastère dans la paroisse de Jard, la chapelle de Saint-Nicolas, libre de toutes coutumes, comme je l'ai reçue, sans en rien retenir. Je l'ai livrée et concédée toute entière, avec l'approbation et le consentement de mon fils, Guillaume, et en présence de Marc, abbé, à qui est effectuée cette donation, Adelelme, moine, Froger, Robert, serviteur, Guillaume Forton, valet de chambre, Pierre Upet, prévôt de Talmond, Guillaume de Surgères, procureur et conservateur des biens à moitié de la comtesse. J'accorde, en outre, à l'usage des moines servant Dieu dans la dite chapelle Saint-Nicolas, ce que ma mère, la comtesse Aldéarde, avait alloué audit monastère, c'est-à-dire la dîme de la moitié de tous les blés de Jard, ainsi qu'ils sont récoltés à la moisson; également la dîme des vendanges, celles des laines, des agneaux, des porcs, des poissons et produits de tous les marais. Je concède et constitue spécialement, comme propriété des moines qui serviront Dieu dans la chapelle Saint-Nicolas, la partie des marais qui s'étend depuis l'entrée de la mer qui s'appelle Goule de Jard, avec la Noue-Bernard, jusqu'au lieu nommé Curbet. Je donne auxdits moines la dîme du pain du four de Jard et des autres, s'il en est ou s'en construit. Je leur donne également la forêt contiguë et, en outre, du bois autant qu'il en faudra, pour suffire à la dite église de Saint-Nicolas, à la construction de maisons, au chauffage ou autres usages, sur lesquels aucun vassal n'a de coutume ou de réserve et ne peut en réclamer. Je concède encore à Montierneuf le pacage sûr et libre de Jard, de même que mon père me l'a livré; cette forêt fut si bien gardée, que jamais personne n'osa la couper, avoir un secoueur (1) ou un ramasseur, et qu'il s'y trouvent uniquement le nourrisseur de mon colombier, et le desservant de la chapelle de Saint-Nicolas. Si, à l'avenir, on y rencontre des ramasseurs, mon prévôt de Talmond en fera justice pour moi, et la moitié du droit deviendra, afin de montrer leur droit, la possession des moines, à moins qu'ils ne le veulent.... ; et, si un religieux ou son serviteur trouve des ramasseurs, qu'il disperse leur bande dans la forêt et qu'il casse leurs vases. Mondit prévôt fera justice de ceux qui, après le renvoi des porcs de la forêt, conduiront les leurs pour dérober le panage, et tout le droit perçu sera la propriété des moines, à leur gré. Si on défriche quelque partie de la forêt, et qu'on en retire quelques fruits, vin, pain ou légume, ou, si toute la forêt vient à être cultivée, la dîme en appartiendra aux moines de Montierneuf.

« Cette charte fut faite, l'année 1119 de l'incarnation du Seigneur. Les témoins sont : ledit abbé Marc Durand, prieur de Saint-Nicolas de Poitiers, Martin, moine, Savary, clerc, Hugues, mon frère, Hugues de Uvet, Aimé Roux, Arucius, Froger Coccius, Guillaume Mingot, Bernard Dormeur, Pierre Ainard et beaucoup d'autres (2). »

(1) Secoueur de glands.

(2) Extrait du chartier du monastère de Montierneuf, par J. Besly. — Preuves de l'histoire des comtes de Poitou, p. 436.

Pièce III. — Traduction de la charte de fondation de l'aumônerie d'Olonne (1203).

« Maurice, par la grâce de Dieu, évêque de Poitiers, à tous ceux qui voient la présente page.

« Il est important et conforme à la raison que les choses dignes de mémoire soient, par le secours de la plume, transmises à la connaissance de la postérité, afin que, recommandées au témoignage des lettres, elles n'encourent pas le dommage de l'oubli.

« En conséquence, nous voulons faire parvenir à la connaissance, tant de nos successeurs que de nos contemporains, par l'attestation du présent écrit, que Guillaume Giroire, chevalier d'Olonne, ayant construit une aumônerie ou un hôpital dans ladite ville et y ayant aussi édifié une chapelle, nous demanda instamment de consacrer ladite chapelle, son autel et le cimetière destinés aux pauvres reçus dans ladite aumônerie. Mais nous, qui ne voulions pas y procéder sans sauvegarder les droits de l'abbé de Talmond, de son prieur d'Olonne et du chapelain de l'église dudit lieu, dans la paroisse duquel était fondée ladite aumônerie, nous nous sommes appliqué à ce qu'elle ne puisse, à l'avenir, causer aucun préjudice ni dommage aux susdits abbé, prieur, chapelain et église paroissiale, ni à leurs droits.

« Ayant donc consacré la chapelle et le cimetière pour le service des pauvres dudit hôpital, il a été convenu ce qui suit, en notre présence et d'un consentement unanime, entre lesdits abbé de Talmont, prieur et chapelain d'Olonne, d'une part, et le susnommé Guillaume, fondateur de l'hôpital, d'autre part.

« Le seigneur abbé aura le choix du chapelain particulier qui, après avoir juré, la main sur les Saints-Evangiles, de n'usurper en rien les droits de la paroisse, sera placé dans l'aumônerie pour y administrer aux pauvres le service divin.

« Il n'y aura pas d'autre autel que celui qui vient d'être consacré.

« La chapelle actuelle ne pourra jamais être remplacée par une plus grande, et il n'y sera jamais placé aucune cloche.

« En temps ordinaire, il n'y sera pas célébré de messe avant la fin de la messe paroissiale dans la grande église, et aux grandes fêtes, avant la messe Dominicale.

« Il n'y sera jamais fait de procession, sauf à la fête de la Trinité et au jour anniversaire de la dédicace.

« On n'inhumera dans le cimetière que les corps des pauvres décédés dans l'aumônerie. Si le défunt est né à Olonne, il ne pourra être enterré dans le cimetière desdits pauvres, sans la permission du chapelain de la paroisse.

« Il ne pourra jamais être établi dans l'aumônerie aucune association ni confrérie de clercs ou de laïques.

« Tous les droit et autorité que les moines d'Olonne ont dans l'église paroissiale, ils les auront aussi dans la chapelle de l'aumônerie, tant sur les offrandes que pour la célébration des divins offices. Il en sera de même du chapelain de la paroisse, excepté pour la sépulture des pauvres morts audit hôpital.

« Et afin que ce traité ait une durée perpétuelle, Nous, (évêque de Poitiers), avons fait confirmer, par l'apposition de notre sceau et de celui de Guillaume, abbé de Talmont, le présent acte authentique dressé en forme de cyrographe (c'est-à-dire rédigé en double).

« Fait l'an du Seigneur 1203, le 7 juillet, dans la chambre de l'abbé de Talmont, en présence de Laurent, archidiacre de Brioux (1), A., sous-doyen de Talmont, P., prieur

---

(1) Le cartulaire dit : « *Magistro Villelmo de S. Laurentio Burcense archidiacono* », par conséquent il aurait fallu traduire, maître Guillaume de Saint-Laurent, archidiacre de Brioux.

claustral et R., prévôt de l'abbaye, P., de Saint-Martin (1), Guillaume de Montaigu, Girard, chapelain d'Olonne, A. (2), prieur du dit lieu, Guillaume Giroire, chevalier, et plusieurs autres, tant clercs que laïques (3). »

(1) Pierre de Saint-Martin, curé de Saint-Pierre de Talmond.

(2) Aimery de la Peyrate, parent du futur abbé Raoul de la Peyrate.

(3) Société d'Emulation de la Vendée, année 1875, p. 9 et cartulaire de Talmond, ch. CCCCLXXXVI. — Traduction de M. Paul Marchegay.

Pièce IV. — Traduction des chartes relatives au don fait par Savari de Mauléon à Saint-Nicolas de la Chaume.

« I. — Tous les faits confiés aux lettres et à la voix des témoins, trouvent dans leur mémoire des garanties de durée; sachent donc tous que moi, Savari de Mauléon, prince et seigneur de Talmond, pour le salut de mon âme et de celles de mes parents, ainsi que de mon oncle, Guillaume, j'ai donné et concédé, à titre de pure et perpétuelle aumône, en l'honneur de Dieu, de Sainte Marie, de Saint-Nicolas et de tous les saints, au monastère de Sainte Croix de Talmond et aux religieux de cette abbaye, servant Dieu en l'église de Saint-Nicolas de la Chaume (1), mon fief appelé le fief des Vieilles-Vignes et Plantes, situé près de la Chaume. Tous ce que j'avais en droits et domaine dans ledit fief, je l'ai donné et concédé aux moines sans y retenir, pour moi, mes héritiers et mes sergents, aucun droit de propriété ni aucune redevance. Quand cette donation fut faite, le droit de baillage de tout le fief était entre mes mains, parce qu'il n'y avait plus de sergent; mais la moitié du fief ayant été donnée en douaire, par mon défunt oncle, à sa femme Béatrix, l'abbaye n'aura la jouissance de cette moitié qu'à la mort de sa veuve.

« J'ai aussi donné et concédé aux mêmes moines, pour leur nourriture, six setiers de froment par an sur les terrages qui se lèvent dans ma terre d'Olonne. Si ces terrages produisent moins de six setiers, on y suppléera avec le blé qui sera le meilleur après le froment.

« En outre, j'ai donné et concédé aux religieux de la Chaume : 1° un des hommes de mon fief dudit lieu, nommé

---

(1) Saint-Nicolas, patron des marins.

Bernard, et son héritier, affranchi à perpétuité de toutes les coutumes et exactions qu'il me devait, ainsi que tout ce qu'il possède; 2° la charge, chaque jour, d'une bête de somme, en branches et en bois mort, pour leur chauffage dans ma forêt d'Orbestier, et le droit d'y prendre, sur la désignation de mon sergent, les arbres nécessaires pour la reconstruction de leurs édifices; 3° avec le consentement des pêcheurs, 12 deniers en monnaie courante, à lever, le jour de la Saint-Nicolas d'hiver, sur chaque bateau de pêche existant au port d'Olonne.

« Fait publiquement dans l'église de Saint-Nicolas de la Chaume, entre les mains de dom Raoul de la Peyrate, alors abbé de Talmond, l'an de l'Incarnation du Seigneur, 1218; en présence de Guillaume d'Apremont, seigneur de Poiroux, Guillaume, seigneur de la Mothe (Achard) R. Guienin, P. Veillet, sénéchal du Talmondais, A., prieur d'Olonne, J., aumônier du dit lieu, et plusieurs autres.

« Pour que cette donation ait autant de force que de durée, j'ai voulu et fait confirmer cette charte par l'apposition de mon sceau (1).

« II. — Sachent tous, soit présents soit avenir, qui verront la présente charte, que moi, Savari de Mauléon, prince et seigneur de Talmond, ayant pris le signe de la croix vivifiante et prêt à me mettre en route afin de secourir la Terre-Sainte, je donne et concède, pour le salut de mon âme et de celles de mes parents, à Sainte-Marie, à la chapelle de Saint-Nicolas de la Chaume et aux moines de Sainte Croix de Talmond qui la desservent, en pure et perpétuelle aumône, deux foires qui seront tenues annuellement, l'une, le jour de la Saint-Nicolas d'hiver, et l'autre, au mois de mai, le jour de la translation dudit saint.

« J'ai en outre donné aux religieux de la même chapelle

---

(1) Société d'Emulation de la Vendée, année 1878, Cartulaire de Talmond, ch. CCCCXLI. — Traduction de M. P. Marchegay.

un emplacement pour construire une maison dans les sables qui sont au-dessus du port; plus entre le port et le fief de vigne de la Tour, l'emplacement d'un nouveau village, dans lequel ils pourront recevoir des hommes venant, non pas de ma terre, mais d'ailleurs. Ils seront à perpétuité quittes et francs de toute taille, corvée et exaction, excepté de la coutume de la pêche qui m'est due par tous les pêcheurs, sauf par celui d'entre eux que j'abandonne pour le service des moines de Talmond; le tout sans rien réserver à moi, mes héritiers ni mes sergents.

« Fait publiquement en Ré, l'an de l'Incarnation 1218; étant témoins : Raoul de la Pérate, abbé de Talmond, Arnaud, prieur de la chapelle de la Chaume, Guillaume d'Apremont, seigneur de Poiroux, Guillaume de Nuaillé et P. Giraud, mon sénéchal du Talmondais.

« Et pour que cette donation ait autant de force que de durée (1), etc., etc. »

---

(1) **Cartulaire de Talmond, ch. CCCCXLII. — Traduction de M. P. Marchegay.**

Pièce V. — Traduction de la confirmation par Aimeri vicomte de Thouars des droits de l'abbaye dans la forêt d'Orbestier. (1254.)

« A tous les fidèles du Christ pouvant parcourir ou entendre ces lettres, Aimeri, vicomte de Thouars, seigneur de Talmond, salut à l'auteur de notre salut. Sachez, que nous donnons et concédons à l'abbaye de Talmond, de l'évêché de Poitiers, et aux moines qui y servent le Seigneur, l'entier usage des bois dans notre forêt d'Orbestier, pour construire et même réparer les bâtiments du monastère, les branches et les arbres creux pour leur chauffage, et tout ce qui sera nécessaire à leur propre grange, appelée vulgairement grange du Bois (1), au moulin du Breuil (2) qui possède deux roues, et au moulin également à deux roues des Gramare (3). Nous accordons en outre le pâturage de leurs animaux dans la dite forêt, sauf pour les chevaux, juments, chèvres et boucs, tant en hiver qu'en été, de la fête de Saint-Michel archange au mois de mars (4)..... les porcs à la mamelle n'étant pas comptés dans ce nombre de cent. Et toutes ces choses nous les donnons et concédons aux dits moines, dans la dite forêt, excepté dans nos réserves qui sont : le Breuil-Gautier (5)) et Grand-Lande,

---

(1) Le Bois, fief situé près du village des Eaux, paroisse de Saint-Hilaire-de-Talmond.

(2) Ce Breuil doit être celui qui existe encore dans le voisinage du même village des Eaux.

(3) Village des Hautes Mers ou Grands-Mers, sur la rivière du Routin.

(4) Il manque probablement ici une phrase qu'il nous serait du reste facile de rétablir en relisant une charte déjà publiée dans le cours de ce récit, et traitant également la question du panage des porcs. Nous avons préféré en respecter l'intégrité.

(5) Bourgautier, paroisse de Saint-Hilaire-de-Talmond.

situé entre le dit Breuil-Gautier et la Noue-Brune, dans laquelle lande, nous accordons aux moines le pâturage pour huit bœufs, sauf également la Mothe de cette forêt, le Parc du chateau (d'Olonne), la Pulante (pépinière), les aires du dit chateau, le buisson de la Pignotière, le buisson Jolain, le buisson de Saint-Martin-des-Cheusseaux, la Baillère, l'essart Hieyn (du petit sentier), le boqueteau de Bourgenest, les haies entourant la forêt, le buisson à Landereau, la Veille et autres, tel que les lieux se comportent et se comportaient, avant notre prise de possession. Il est à savoir que les dits moines useront de cette permission de telle façon que, toutes les fois qu'ils auront besoin de trois ou quatre arbres pour construire, réparer leurs bâtiments ou tout autre usage, ils pourront, sur les lieux permis, les couper, les prendre et les emporter, après en avoir simplement informé notre verdier (1). Mais s'ils veulent réparer un vieil édifice ou en construire un neuf, et s'ils ont besoin pour cela de plus de quatre arbres, après l'avis des moines ou de leur mandataire, notre verdier se rendra sur les lieux pour voir et désigner à quel endroit les arbres seront pris, de façon toutefois que le lieu soit propice. Si celui-ci, une fois requis, ne vient pas voir et désigner, alors les moines ou leurs mandataires pourront couper, prendre et transporter ce qu'ils jugeront nécessaire, parmi les arbres de la forêt. Si cependant la forêt devient la proie des flammes et si les dits moines ne trouvent plus ce qui est nécessaire à leur usage, ils pourront tirer de nos réserves, sans aucune contestation, tous les bois utiles à leur consommation.

« Item, nous donnons et concédons, aux dits moines et au monastère, 50 sous de devoir annuel que l'abbé et le couvent nous devaient rendre, le jour de la Nativité de Saint-Jean-

---

(1) Gardien et receveur des forêts, pour le compte des seigneurs de Talmond.

Baptiste, pour service, sur le fief de la Carrofière, et 24 sous de cens annuel, qu'ils nous payaient, au dit jour, pour leurs pâturages en marais de Longeville.

« Item, nous donnons et concédons aux dits moines et au monastère, 26 sous de cens annuel dus à la fête susdite, sur les prés de Vertou, situés dans la paroisse d'Olonne, et s'il y a quelque chose de dû, en plus de cette somme, sur les dits cens, on le payera à nous ou à notre mandataire. Nous donnons également 6 livres de monnaie courante, en rente annuelle, aux dits moines, sur notre fromentage de la forêt d'Orbestier, perçu le jour de la fête de Saint-Michel archange, en vertu d'un certain don fait à eux sur le dit fromentage, quoiqu'ils aient peut-être droit à recevoir davantage.

« Et toutes ces choses..........

« Donné à Mareuil, au mois de mars, l'an du Seigneur 1254 (1). »

(1) Cartulaire de Talmond, ch. DXXXVI.

Pièce VI. — Titre d'Erection de l'office d'Aiguier (1)

(3 mai 1366)

AQUARIATUS DE TALEMUNDO

Universis Christi fidelibus presentes licteras inspecturis, frater Petrus, Dei et appostolice sedis gracia, abbas humilis monasterii Sancte Crucis de Talemondo, ordinis beati Benedicti, Lucionensis diocesis, totusque ejusdem loci Conventus, salutem et sinceram in Domino caritatem.

Nonnulla dudum per multa temporum curricula antiquitas observavit quod, subcedente tempore et temporum variatione, sagaci studio decet in melius reformari.

Cum igitur, in nostro

AIGUERIE DE TALMOND

A tous les fidèles du Christ qui verront ces lettres, Frère Pierre, par la grâce de Dieu et du siège apostolique, humble abbé du Monastère de Sainte Croix de Talmond, ordre de Saint-Benoit, diocèse de Luçon, et tout le couvent de ce lieu, Salut et sincère affection dans le Seigneur.

De toute antiquité, à travers le cours des années, il a été observé, que les temps se succédant et changeant, il y a lieu de tout améliorer avec soin et habileté.

Comme donc, dans notre

(1) Pièce sur parchemin conservée aux archives du département de la Vendée, série H, fonds de l'abbaye de Talmond, et portant comme titre : « Lettre de la fondation et institution de l'office perpétuel de l'Aiguerie de l'abbaye de Saincte Croix de Thalmond en Poitou, du 3 may 1366 ».

monasterio prelibato observatum fuerit, ab antiquo, quod abbates dicti monasterii, per suos ministros, nunc unum, nunc alium, tam in victu quam in vestitu, conventui ministrari necessaria faciebant, in quibus defectus, in abbatis absencia, aliquando ob ministrancium incuriam et negligenciam apparebat.

Propter quod, felicis recordationis dominus Joannes Boutini, tunc abbas monasterii prelibati, predecessor noster, in mente concepit, cum consensu sui conventus, creare et facere in dicto monasterio aquariatus officium perpetuum, *et eidem de bonis dicti monasterii elargiri, propter quod posset dicto conventui, in victu et vestitu et aliis necessariis provideri, actendens quod mandata celestia geruntur efficaciter, tamen onera, cum fratribus paciuntur. Sed, quare morte preventus, idem predecessor noster, quod mente conceperat ad effectum non potuit deducere peroptatum. Nos*

dit monastère, il a été constaté, depuis longtemps, que les abbés, par l'intermédiaire de leurs officiers, faisaient distribuer tout ce qui était nécessaire au couvent, soit en une ou en autre chose, tant nourriture que vêture, et qu'il y avait quelquefois manquement en l'absence de l'abbé, par suite de l'incurie et de la négligence des délégués.

C'est pourquoi notre seigneur Jean Boutin, d'heureuse mémoire, alors abbé dudit monastère et notre prédécesseur, conçut l'idée, du consentement du couvent, de créer et installer un *office perpétuel d'aiguerie*, dont les ressources seraient accrues au moyen de celles de l'abbaye, afin qu'il pût pourvoir les dits religieux de nourriture, de vêture et autres choses nécessaires; il estimait que les mandats du ciel sont gérés efficacement, quoique lourds, lorsqu'ils sont supportés entre frères. Mais, comme devancé par la mort, notre dit prédécesseur ne put à son gré mettre à exé-

predicti abbas et conventus, considerantes dictam ordinacionem suam esse dicto monasterio utilem et honestam, eam prosequimur, et sub confidencia beneplaciencie reverendi ac domini, domini Guillermi, Dei et et apostolice sedis gratia, Lucionensis episcopi, statuimus et ordinamus quod, in dicto monasterio nostro, sit et erit perpetuum aquariatus officium, *et in ipso officio erit quidem aquarius, per nos dictum abbatem et successores nostros erigendus, ponendus, et quociens opus fuerit, amovendus; quod quidem aquariatus officium facimus, creamus et ordinamus, et ipsum officium de bonis dicti monasterii dottamus et eidem assignamus, pro supportandis oneribus infrascriptis :*

Et primo, tradimus, concedimus et scituamus, et tradidisse, concecisse et scituasse confitemur perpetuo, Nos abbas et conventus supradicti, pro nobis et successoribus nostris, predicto

cution ce qu'il avait conçu dans son esprit, Nous dits abbé et couvent, considérant que la dite création est utile et honorable pour notre dit monastère, nous la poursuivons, et avec l'assurance d'avoir l'assentiment de révérend seigneur, notre seigneur Guillaume, par la grâce de Dieu et du siège apostolique, évêque de Luçon, décrétons et ordonnons que, dans notre dit monastère, est et sera à perpétuité une *aiguerie*, et que dans la dite fonction un aiguier, par nous et nos successeurs, sera érigé, installé et changé, toutes les fois que besoin sera; ainsi donc nous faisons, créons et ordonnons le dit office d'aiguerie et nous le dotons de biens de notre dite abbaye, à lui assignés, pour supporter les charges ci-dessous énumérées :

Et premièrement, nous dits abbé et couvent, pour nous et nos successeurs, livrons, concédons et remettons, et avouons avoir livré, concédé et remis, pour l'aiguerie et à l'aiguier qui

aquariatus officio et aquario, qui nunc est, et suis futuris successoribus, de rebus et bonis, proventibus et emolumentis dicti nostri monasterii, ab ipsis perpetuo tenendum et explectandum, videlicet, harberiamentum nostrum de Olona, vocatum Decimaria, cum curtilagio, viridariis et pertinenciis suis;

Item, altam et mediam justiciam et omne jus alte et medie justicie quam et quod habemus in villa et parrochia de Olona, una cum comodo et emolumentis seu rachatis homagiorum, nobis dicto abbati debitorum, in villis et parrochia de Olona et de Insula Olone, honore et sollempnitate tamen dictorum homagiorum, seu factione eorumdem, nobis dicto abbati et nostris successoribus reservatis;

Item, omnes census, redditus ac firmas quos et quas habemus et habere consuevimus in villa et parrochia de Olona, exceptis firmis seu censibus qui et que ad mensam nostri dicti abbatis pertinent racione defuncti

à présent est, et à ses successeurs, sur les choses, biens, produits et émoluments de notre dit monastère, pour être tenus et exploités par eux à perpétuité, à savoir : notre herbergement d'Olonne, appelé Maison des dîmes, avec son courtil, ses vergers et ses appartenances ;

Item, haute et moyenne justice et tous droits de haute et moyenne justice que nous possédons sur les bourg et paroisse d'Olonne, avec toute contribution, émoluments et rachats des hommages à nous dus dans les bourgs et paroisses d'Olonne et Ile-d'Olonne, nous réservant toutefois, à nous dit abbé et à nos successeurs, l'honneur, la cérémonie et la redevance des dits hommages ;

Item, tous cens devoirs et fermages que nous avons et avons coutume d'avoir dans les bourg et paroisse d'Olonne, à l'exception des fermes et cens qui appartiennent à la mense de notre dit abbé en

Petri Bironi, et dicti rectorant;

Item, tradimus et assignamus eidem officio omnes feodos vinearum, terrarum pratorum et salinarum quas habemus in parrochia de Olona, de Insula Olone et de Castro Olone exceptis feodis qui ad mensam nostram dicti abbatis pertinent, racione dicti condonati nostri monasterii predicti;

Item, tradimus omnes decimas quas habemus et habere consuevimus in villis et parrochiis de Olona, de Insula, de Castro Olone et de Calma Olone, tam in bladis, vindemiis et sale quam in canabis, linis, animalibus et velleribus;

Item, tradimus et assignamus quatuordecim sextaria frumenti, annui et perpetui redditus, que habere consuevimus in area dominica de Olona, ad antiquam et veteram mensuram;

Item, unum quarterium

raison de feu Pierre Biron;

Item, nous donnons et assignons au même office tous nos fiefs de vignes, terres, prés et salines que nous avons dans les paroisses d'Olonne, Ile-d'Olonne et Château-d'Olonne, à l'exception de ceux qui appartiennent à notre mense du dit abbé, par raison du dit don fait au susdit monastère;

Item, nous abandonnons toutes les dîmes que nous avons et avons coutume d'avoir dans les bourgs et paroisses d'Olonne, l'Ile, Château-d'Olonne et la Chaume-d'Olonne, tant en blés, vendanges et sels qu'en chanvres, lins, animaux et brebis;

Item, nous cédons et assignons quatorze septiers (1) de froment, de rente annuelle et perpétuelle, que nous avons coutume d'avoir sur la terre seigneuriale d'Olonne, d'après la vieille et antique mesure;

Item, une quarterée de

(1) Le septier de blé valait 16 boisseaux.

frumenti, annui et perpetui redditus, quod nobis debet singulis annis, dominus de Rocha Henrici, in parrochia de Landa Veteri;

Item, unum quarterium frumenti, annui et perpetui redditus, quod nobis debet, singulis annis, dominus de Pinsoneria, in parrochia de Fenollerio;

Item, tradimus et assignamus centum octuaginta areas salinarum, cum pertinenciis suis, quas habemus in maresiis de Campo Clauso, in parrochia Olone;

Item, medietatem centum sexaginta arearum salinarum, cum pertinenciis suis, quas habemus in maresiis de Caloneria, in dicta parrochia Olone, pertinencium pro indiviso cum priore de Calma Olone et cum Andrea Cerclerii;

Item, sex sextaria salis, ad mensuram Olone, que habemus super maresio Martini, singulis annis, annui et perpetui redditus,

froment, de rente annuelle et perpétuelle, que nous doit chaque année le seigneur de la Roche-Henri, paroisse de Landevieille;

Item, une quarterée de froment, de rente annuelle et perpétuelle, que nous doit chaque année le seigneur de la Pinsonnière, paroisse du Fenouiller;

Item, nous cédons et assignons cent quatre-vingts aires de salines, avec leurs appartenances, que nous avons dans le marais de Champ-Clos, paroisse d'Olonne (1);

Item, la moitié des produits de cent soixante aires de salines, avec leurs appartenances, que nous possédons dans les marais de la Chalonière, paroisse d'Olonne, par indivis avec le prieur de la Chaume d'Olonne et André Cerclier;

Item, six septiers de sel, à la mesure d'Olonne, que nous tirons chaque année de rente annuelle et perpétuelle, du marais Mar-

(1) Aujourd'hui Chanteloup.

quodquidem maresium tenet archipresbyter Alperiensis;

Item, unam cargiam salis, ad dictam mensuram, quam nobis debet dominus de Tusta, annis singulis, annui et perpetui redditus;

Item, tradimus et assignamus decimas agnorum, vellcrum, porcellorum et vitulorum quas habemus et habere consuevimus et in villis et parrochiis beati Petri de Talemondo, beati Hyllarii prope Talemondum, et beati Hyllarii de Foresta, de Sancto Vincencio in Jardro, de Perusio, de Grosso Brolio et de Cappella Achardi, exceptis decimis que ad prioratum de Sancto Vincencio in Jardro, de Meurrieria et de Perusio pertinent et pertinere consueverunt, quas traddere nostre intencionis non existit;

Item, tradimus et assignamus eidem officio omnes acquestus quos fecit frater Petrus Merlea, quondam aquarius dicti monasterii nostri, in dicto aquariatus

tin[1] que tient l'archiprêtre de Pareds;

Item, une charge de sel, à la même mesure, que nous doit chaque année le seigneur de la Touste, de rente annuelle et perpétuelle;

Item, nous cédons et assignons les dîmes en agneaux, brebis, pourceaux et veaux que nous avons et avons coutume d'avoir dans les bourgs et paroisses de Saint-Pierre de Talmond, Saint-Hilaire près Talmond, Saint-Hilaire de la Forêt, Saint-Vincent en Jard, Poiroux, Grosbreuil et la Chapelle-Achard, excepté les dîmes qui appartiennent et ont coutume d'appartenir aux prieurés de Saint-Vincent en Jard, la Meurière et Poiroux, qu'il n'est nullement de notre intention d'aliéner;

Item, nous cédons et assignons au dit office tous les acquêts faits par Pierre Merleau, autrefois aiguier, pourvu de l'aiguerie de notre dit monastère, au

(1) Marais de Saint-Martin-de-Brem.

officio, tempore quo vivebat et dictum aquariatus officium gubernabat;

Item, tradimus, concedimus et assignamus, et tradidisse, concessisse et assignasse confitemur predicto aquariatus officio et aquario, qui nunc est, et suis futuris successoribus, quamdam domum in dicto monasterio nostro, pro ponendo, custodiendo et servando provisiones dicto conventui ministrandas;

Item, volumus et concedimus quod dictus aquarius ponat et teneat duos porcos in area abbacie, tempore mestivarum, anno quolibet, nutriendos de siliquis et residuis aree prelibate;

Item, habebit dictus aquarius de feno abbacie pro equo suo;

Item, poterit dictus aquarius habere et tenere, in maresiis dicti monasterii, animalia sua perherbandos tempore prime herbe, et pro provisione dicti conventus, dumtaxat, sine contradic-

temps où il vivait et où il remplissait les fonctions d'aiguier;

Item, nous cédons, concédons et assignons, et avouons avoir cédé, concédé et assigné au dit office de l'aiguerie et à l'aiguier qui présent est et à ses futurs successeurs, une certaine maison dans notre dit monastère, pour déposer, garder et conserver les provisions à distribuer au dit couvent;

Item, nous voulons et accordons que le dit aiguier place et entretienne, chaque année, dans l'intérieur de l'abbaye, et au temps des mestives (1), deux porcs à nourrir des cosses et résidus de la dite abbaye;

Item, aura le dit aiguier du foin de l'abbaye pour nourrir son cheval;

Item, pourra le dit aiguier avoir et tenir sur les marais du dit monastère, pour y herbager ses propres animaux, à l'époque de la première herbe; et on tant qu'il n'y aura aucune con-

(1) Epoque des moissons.

tione aliqua, ipsa in dictis maresiis ponere poterit et tenere;

Item, dictus aquarius ebdomadam facere non tenebitur, in aliis quamplurimis occupatus; et advertandum quod, si res predicte, quas dicto officio aquariatus, assignamus, tradimus, aliquibus oneribus sint subjecte in deneriis feodalibus ac aliis quibuscumque, aquarius predictus ipsa et onera supportabit.

Quocirca, *aquarius dicti monasterii, qui nunc est, et sui futuri successores, perpetuo tenebitur et tenebuntur facere, ministrare et providere flocos seu habitus nobis dicto abbati et successoribus nostris, ac singulis monachis et religiosis monasterii nostri antedicti, ac etiam magistris seu administratoribus domorum abbatis, videlicet de Mongeria, de Martineria, de Sancto Maximo ac de Pessoleria, aut aliarum domorum, si que fuerint, quotiescumque indiquerint et fuerit opportunum, exceptis tribus*

testation pour l'approvisionnement du dit couvent, pourra les placer et tenir dans les dits marais;

Item, n'est tenu le dit aiguier de faire la semaine, étant occupé ailleurs, tant et plus; et soit entendu que si les dites choses que nous assignons et cédons au dit office de l'aiguerie sont sujettes à quelques charges en devoirs féodaux ou autres quelconques, le dit aiguier les supportera.

En conséquence, l'aiguier dudit monastère qui présent est, et ses futurs successeurs, sera et seront tenus, à perpétuité, servir et pourvoir de frocs et habits monacaux nous dit abbé et nos successeurs, et les religieux et moines déjà nommés de notre dit monastère, et même les préposés et administrateurs des maisons abbatiales de la Mongie, la Martinière, Saint-Même et la Pessolière ou autres, s'il en existe, toutes les fois qu'il en sera indiqué et que besoin sera, à l'exception toutefois des trois offices de

officiariis in sepedicto monasterio, videlicet Elemosinario, Infirmario et Sacrista, quibus non tenebitur ministrare;

Item, in festo Omnium Sanctorum, anno quolibet, tenebitur dictus aquarius facere et ministrare omnibus et singulis religiosis dicti conventus et magistris dictarum domorum predictarum, pro vestiario, tres alnas cum dimidia boni panni et sufficientis rousseti seu burelli, et de biannio in biannium, pannulas seu forraturas agnorum, et noviciis, capriolorum;

Item, in vigilia qualibet festi beati Martini yemalis, tenebitur dictus aquarius ministrare dictis religiosis dicti conventus botas seu ocreas de aluta; et quando dicte bote seu ocree fuerint vetustate seu dirupte, tunc predictus aquarius tradet dictis religiosis antepedes, seu avant piez, in dictis botis suis, vel si maluerint, sotulares, si et quando fuerit opportunum; et non tenebitur dictus aquarius minis-

notre dit monastère, l'Aumônerie, l'Infirmerie et la Sacristie, auxquels il ne sera tenu de pourvoir;

Item, chaque année à la fête de Tous les Saints, sera tenu le dit aiguier faire et fournir à tous et chacun les religieux dudit monastère et préposés des maisons déjà citées, pour leur vêture, trois aunes et demie de bon drap, et suffisamment roux ou couleur de bure, et de deux ans en deux ans, des pannes ou fourrures d'agneaux, plus des fourrures en peau de chèvre pour les novices;

Item, à la vigile de la Saint-Martin d'hiver, sera tenu le dit aiguier, fournir aux religieux dudit couvent des bottes ou brodequins de cuir, et lorsque les dites bottes ou brodequins seront vieux ou déchirés, alors le dit aiguier leur fera mettre des avant-pieds, ou si les dits religieux le préfèrent, leur fournira des souliers, quand besoin sera; et ne sera tenu le dit aiguier, fournir aucun vêtement au

trare dicto abbati, nec preposito, nec tribus officiariis supradictis, vestiarium aliquod, nec dictis magistris dictarum domorum tenebitur facere forraturas, aut ipsis calciamenta aliqua tradere, vel etiam preparare;

Item, etiam tenebitur dictus aquarius facere et administrare omnibus et singulis religiosis dicti conventus, exceptis abbati, cappellano suo et preposito, omnem ciborum administracionem sive carnium, sive piscium, videlicet ter in ebdomada, carnium, die Dominica, die Martis et die Jovis; et si contingeret a monasterio absentari, et dicti prepositus et cappellanus ad monasterium declinarant, tenebitur dictus aquarius ipsorum singulis ministrare sicut uni alii de conventu; et si occurreret jejunnium die Martis vel die Jovis, tenebitur dictus aquarius, die Lune precedenti, carnes dicto conventui ministrare, videlicet qualibet die, pro duobus, unum ferculum castrati vel bovis, secundum tempora;

Item, quod dictus aqua-

dit abbé, au prieur claustra et aux trois officiers déjà nommés, ni faire aucune fourrure pour les préposés aux susdites maisons, ni leur livrer ni même préparer des chaussures quelconques;

Item, sera tenu le dit aiguier, faire et administrer à tous et chacun les religieux du dit couvent, excepté à l'abbé, son chapelain et au prieur claustral, toute distribution de vivres, soit viande, soit poisson, à savoir pour la viande, trois jours de la semaine, les dimanche, mardi et jeudi; et s'il arrive au dit abbé de s'absenter du monastère, et aux dits prieur et chapelain de s'éloigner de l'abbaye, le dit aiguier est tenu de leur faire la même distribution qu'à tout autre du couvent; et si un jeûne tombe le mardi ou le jeudi, le dit aiguier est tenu, le lundi précédent, de servir de la viande aux dits religieux, à savoir ce jour-là, pour deux, un repas de mouton ou de bœuf, selon le temps;

Item, le dit aiguier fera du

rius de dicto castrato faciet octo fercula dumtaxat, et de longa bovis tria fercula tantum, et de aliis peciis, ad valorem et estimacionem premissorum; et si contingat ipsum aquarium, ministrare et servire de agnis, capriolis, caponibus, leporibus, cuniculis, aut aliis cibariis, ministrabit ad valorem et estimacionem premissorum;

Item, in diebus quibus debent comedi pisces, dabit et ministrabit dictus aquarius, secundum tempora, videlicet de marlucio recenti fercula de duobus peciis pro duobus, quarum peciarum quelibet debet habere in longitudinem plenam palmam; et si faciat servicium de cancere idem observabitur; si autem de radio, seu ray aut pocheteau, quinque pecias tenebitur ministrare, aut de aliis piscibus, ad valorem, aut de piscibus siccis, quinque pecias;

Item, tempore Quadragesimali et tempore Adventus

dit mouton huit repas, et d'une longe de bœuf seulement trois repas, et de même pour les autres morceaux, suivant la valeur et l'estimation ci-dessus indiquées; et s'il arrive que l'aiguier fournisse et donne agneau, chevreau, chapon, lièvre ou autres vivres, il les servira toujours suivant la valeur et l'estimation ci dessus;

Item, aux jours pendant lesquels on doit manger du poisson, le dit aiguier donnera et distribuera, suivant l'époque, à savoir en merlus frais, des repas de deux morceaux pour deux, lesquels morceaux auront chacun en longueur une pleine main; même observance si le service est fait avec des chancres; mais s'il fournit de la raie, du pocheteau (1), il en donnera cinq morceaux, ou d'autres poissons, suivant leur valeur, ou de poisson sec, cinq morceaux;

Item, à l'époque de la Quadragésime et de l'Avent

(1) Pocheteau ou posseteau, gros poisson plat qui ressemble à la raie, mais est beaucoup plus dur et moins estimé.

Domini, et in die jejuniorum, debet ministrare, pro duobus, ferculum de sex peciis piscium siccorum, et de recentibus, quinque; et si contingat dictum aquarium facere servicium de ovis, tenebitur dare cuilibet religioso quinque, pro generali, et unum ovum frixum, secundum tempora; et in diebus quibus serviret de piscibus, tenebitur dare cuilibet religioso, pro pictancia, unum ovum aqua bullitum, vel aliud, ad valorem ovi;

Item, in diebus quibus dicti religiosi, secundum suas observancias, bis comedunt in die, tenebitur dictus aquarius dare cuilibet religioso unum ovum album, in diebus piscium, et in diebus carnium, unum frixum, in cena; et post dictum ovum, vel aliud, ad valorem, debet dictus aquarius dare et ministrare cene, videlicet caseum vel sex nuces, seu sex eschaloignes, aut alium fructum, ad valorem; et si

et des jours de jeûne, il doit distribuer pour deux, un repas de six morceaux de poisson sec et de cinq de poisson frais ; et s'il arrive que le dit aiguier serve des œufs, il sera tenu d'en donner cinq à chaque religieux, pour la générale (1) et un frit, selon le temps ; et les jours où il servira du poisson, il donnera à chaque religieux, comme pitance (2), un œuf bouilli à l'eau, ou autre chose de même valeur qu'un œuf;

Item, les jours où les dits religieux, suivant l'observance, mangent deux fois dans la journée, sera tenu le dit aiguier donner à chaque religieux un œuf blanc, les jours de poisson, et les jours de viande, un œuf frit au dîner, et après le dit œuf autre chose de même valeur sera donné et distribué au dîner, soit du fromage, six noix, six châtaignes, ou autres fruits de même valeur; et si un jeûne tombait

(1) Repas de moine où chacun avait son plat.

(2) Portion monacale de la valeur d'une pite (menue monnaie du Poitou) et meilleure que la portion de légumes.

jejunium occurreret illa die, dicta cena daretur in prandio, nonobstantibus cibariis supradictis;

Item, tenebitur dictus aquarius, in vigiliis festorum principalium, videlicet Natalis Domini, Pasche, Penthecostes, Assumpcionis beate Marie, Omnium Sanctorum, Sancte Crucis, et in die Jovis in Cena Domini, duo fercularia plenaria ministrare, videlicet, in quolibet ferculo, tres pecias marlucii recentis aut canceris, et de radio vel de begris, quinque pecias, aut de aliis piscibus, ad valorem, pro generali, et pro pictancia tantumdem; et in die Assumpcionis beate Marie Virginis, ac etiam in die unius festorum Sancte Crucis, duo fercularia plenaria, secundum quod occurebunt diebus quibus carnibus vel piscibus uti licebit; et est sciendum quod, in festis sollempnibus, quando abbas celebrabit magnam missam, tenebitur dictus aquarius ministrare dicto

ce jour-là, le dit dîner serait servi en déjeûner nonobstant les mets ci-dessus;

Item, sera tenu le dit aiguier, les vigiles des fêtes principales, c'est-à-dire, Nativité du Seigneur, Pâques, Pentecôte, Assomption de la Sainte Vierge, Toussaint, Sainte-Croix et le jeudi de la Cène du Seigneur, servir deux repas complets, à savoir, chacun, de trois pièces de merlus frais ou de chancre, et de cinq pièces de raie, de bègre (1) ou de poisson de même valeur, soit pour la générale, soit pour la pitance; et à la fête de l'Assomption de la bienheureuse Vierge Marie, et même à l'une des fêtes de la Sainte-Croix, deux repas complets, suivant qu'elles tomberont le jour où il sera permis de manger viande ou poisson; est à savoir également que les jours de fêtes solennelles, quand l'abbé célèbrera la grand'-messe, le dit aiguier devra

(1) Bègre, espèce de poisson.

abbati et cappelano suo generale, sicut aliis religiosis ;

Item, in uno festorum Sancte Crucis, debet dictus aquarius ministrare dicto abbati et gentibus suis generale et pictanciam, sicut aliis de conventu ; et quocienscumque conventus non utetur carnibus, debet magister ordinis serviri et ministrari pro duobus, tam in generali quam in pictancia, et in cena, tam in prandio quam in cena ;

Item, ille qui legit in cena debet habere pictanciam duplicem ;

Item, debet et debebit dictus aquarius facere et ministrare dictis religiosis, in omnibus et singulis festis de quartis dupplicibus, et diebus dominicis in albis, generale, prout supradictum est ; *et tres pecias, in quolibet ferculo, de assato, pro pictancia, videlicet de*

servir au dit abbé et à son chapelain, la générale, de même qu'aux autres religieux ;

Item, à l'une des fêtes de la Sainte-Croix, devra le dit aiguier, distribuer au dit abbé et à ses gens, générale et pitance comme aux autres membres du monastère ; et toutes les fois que le couvent n'usera pas de viande, le maître de l'ordre (1) devra être servi et pourvu pour deux, tant en générale qu'en pitance au dîner, et autant au déjeuner qu'au dîner ;

Item, celui qui lit au dîner doit avoir aussi double pitance ;

Item, doit et devra le dit aiguier faire et distribuer aux dits religieux, à toutes et chacune les quatre fêtes doubles et les dimanches blancs (2), la générale, comme il est ci-dessus dit; pour la pitance trois morceaux, à chaque repas, de rôti, soit d'oie, mouton,

(1) Maître de l'ordre veut dire ici, l'abbé.

(2) Dimanche où l'on s'habille en blanc pour les cérémonies et généralement les processions.

anteribus, de castrato, de caponibus, de porco, de leporibus, de cuniculis; et de minutis volatilibus, videlicet pullis, colonis de Jardo, avicecis, pardricibus, in ferculo, pro duobus, unum integrum volatile, secundum tempora. Et si contingeret dicta festa de quartis dupplicibus diebus piscium evenire, tenebitur dictus aquarius ministrare, in ferculo, pro duobus, tres pecias de piscibus paratis, seu tria ova frixa, aut tria alexia, vel valorem; et si dictus aquarius daret et ministraret generale de ovis, in diebus piscium, in quartis dupplicibus, tenebitur ministrare et dare cuilibet religioso quinque ova, pro generali, et tria frixa, pro pictancia;

Item, quociens conventus faciet servicium pro benefactoribus dicti monasterii, videlicet pro Savarico et Radulpho de Malo Leone et pro dominis Radulpho et Guillelmo de Malo Leone et pro Cadelo et pro abbatibus dicti monasterii defunctis, et quociens ibit in pro-

chapon, porc, lièvre, lapin; et en menus oiseaux, tels que poulets, colins de Jard, perdrix, selon l'époque, un oiseau entier pour deux. Et s'il arrive qu'une des dites quatre fêtes doubles tombe un jour de poisson, le dit aiguier sera tenu de distribuer, au repas, pour deux, soit trois morceaux de poissons préparés, trois œufs frits, trois harengs ou autre chose de même valeur; et si le dit aiguier donnait et distribuait la générale en œufs, un jour de poissons, pendant les quatre fêtes doubles, il sera tenu donner à chaque religieux cinq œufs pour la générale et trois œufs frits pour la pitance;

Item, toutes les fois que le couvent célébrera un service pour les bienfaiteurs du monastère, à savoir pour Savary et Raoul de Mauléon, pour les seigneurs Raoul et Guillaume de Mauléon, pour Cadelon et pour les abbés défunts du dit monastère; toutes les

cessione, revestitus vel aliter, extra monasterium, pro causa neccessitatis aut alias, vel quando conventus revestitus erit pro recipiendo aliquem prelatum, si noviter ad dictum monasterium applicuerit, tenebitur dictus aquarius facere et dare et administrare dicto conventui, sicut supradictum est de sollempnitatibus et quartis dupplicibus; et quociens conventus faciet servicium pro sepultura unius fratrum dicti monasterii, aut priorum, seu sociorum prioratuum dicti monasterii, dictus aquarius tenebitur dare et ministrare dicto conventui generale et pictanciam, prout dictum est de solempnitatibus de quartis dupplicibus;

Item, quociens conventus faciet servicium pro fundatoribus vel benefactoribus dicti monasterii, videlicet pro Guillelmo principe et duce Aquitanie, Guillelmo, Savary et domina Eustachia, et in crastinum die festi Omnium Sanctorum,

fois que le couvent, revêtu des habits sacerdotaux, ira en procession hors du monastère pour raison de nécessité ou autre, ou quand il prendra ces mêmes habits pour recevoir un prélat se présentant au dit monastère pour la première fois, sera tenu le dit aiguier, faire donner et distribuer au dit couvent, comme il est dessus dit pour les solennités et les quatre fêtes doubles; de même que, toutes les fois que le couvent célébrera un service pour la sépulture d'un frère du dit monastère, d'un prieur ou associé des prieurés du dit monastère, sera tenu ledit aiguier donner et distribuer au dit couvent la générale et la pitance, comme il a été dit pour les solennités et les quatre fêtes doubles;

Item, toutes les fois que le couvent fera un service pour les fondateurs ou bienfaiteurs du dit monastère, soit pour Guillaume, prince et duc d'Aquitaine, Guillaume, Savary et la princesse Eustachie, et le lendemain de la fête de Tous les

debebit ministrare dictus aquarius dictis religiosis pictanciam, sicut in solempnitatibus de festis principalibus. Et si contingeret aliquos hospites supervenire religiosos, cujuscumque sint ordinis, vel de parentibus aut amicis religiosorum dicti monasterii, tenebitur dictus aquarius eis ministrare generale et pictanciam, secundum diem, sicut religiosis dicti conventus; excepto quod si dicti hospites sint tanti status et magnificencie quod amplius quam quator equites in comitiva habeant, eis dictus aquarius nichil ministrabit, sed eis abbas necessaria tenebitur ministrare. Et si contingeret abbates aut alios prelatos ad dictum monasterium declinare, nichil eis dictus aquarius ministrabit;

Item, quociens dictus conventus trentenarium faciet pro patribus, vel matribus, vel pro aliquo de religiosis dicti monasterii, tenebitur dictus aquarius dare et ministrare uni pauperi, per

Saints, devra le dit aiguier distribuer aux dits religieux la pitance comme aux solennités des principales fêtes : et s'il advient que quelques hôtes religieux d'un ordre quelconque, ou parents ou amis des religieux du dit monastère, arrivent au couvent, sera tenu le dit aiguier de leur servir la générale et la pitance, suivant le jour, comme aux autres religieux; excepté lorsque les dits hôtes sont de tel rang et condition, qu'ils ont une suite de plus de quatre cavaliers, auquel cas le dit aiguier n'a rien à leur fournir, mais c'est à l'abbé de les pourvoir du nécessaire. De même s'il descend au couvent abbés ou autres prélats, le dit aiguier ne leur doit rien servir ;

Item, toutes les fois que le dit couvent célébrera un trentenaire (1) pour pères, mères ou quelque religieux du dit monastère, sera tenu le dit aiguier, donner et distribuer à un pauvre, pen-

(1) Trentenaire, ensemble de trente messes en l'honneur d'un mort.

triginta dies, generale et pictanciam, sicut uni de dictis religiosis;

dant trente jours, la générale et la pitance, comme à un des dits religieux;

Item, tenebitur dictus aquarius tradere elemosinario vel subelemosinario unum denarium, pro obitu cujuslibet religiosi, mortui vel moriendi, dicti monasterii, crosati in regula, anno quolibet, pro largiendo pauperibus;

Item, sera tenu le dit aiguier de donner comme redevance, chaque année, à l'aumônier ou sous-aumônier un denier, pour être distribué aux pauvres, à l'obit de chaque religieux du dit monastère, mort ou devant mourir, ayant pris la croix suivant la règle;

Item, tenebitur dictus aquarius dare et ministrare rectori ecclesie beati Petri de Talemondo, subcappellano et clerico ac sacriste ejusdem, ac priori elemosinarie et duobus cappelanis suis, quociens in processione ibunt vel fuerunt cum conventu dicti monasterii, generale et pictanciam, sicut uni de dictis religiosis;

Item, sera tenu ledit aiguier donner et distribuer au curé de l'église Saint-Pierre de Talmond, aux sous-chapelain, clerc et sacriste de la même église, au prieur de l'aumônerie et à ses deux chapelains, toutes les fois qu'ils iront ou auront été en procession avec le couvent du dit monastère, la générale et la pitance, comme à un des dits religieux;

Item, tenebitur dictus aquarius dare et ministrare dictis religiosis, in quator festis principalibus, videlicet in festo Nativitatis Domini, Sancti Pasche, Penthecostes et Omnium Sanctorum, generale dum-

Item, sera tenu le dit aiguier donner et distribuer la générale seulement aux dits religieux, pour les quatre fêtes principales, savoir la Nativité du Seigneur, la Sainte-Pâques, la Pentecôte et la Toussaint,

taxat, et abbas tenebitur facere entremex et pictanciam, et ulterius pictanciam, in cena ;

Item, debet et debebit dictus abbas dare et administrare dicto conventui et hospitibus supervenientibus generale et pictanciam, tam in prandio quam in cena, duobus diebus dominicis quibus in ecclesia Dei cantabitur, In principio ;

Item, tenebitur et tenebuntur prior de Longavilla, infirmarius dicti monasterii, et sacrista, dare et administrare dicto conventui et supervenientibus hospitibus generale et pictanciam plenarie, sicut fieri est in festis principalibus ordinatum, per duos dies quilibet eis datos et assignatos per priorem claustralem, tam in prandio quam in cena ;

Item, in Quadragesima, elemosinarius et procurator dicti monasterii tenebuntur quilibet dare et administrare unam pictanciam, sicut dictum est de aliis officiariis, tam in prandio quam in cena, et tenebuntur

et l'abbé fournir entremets et pitance, et de plus la pitance, au dîner ;

Item, doit et devra le dit abbé, donner et distribuer au dit couvent et aux hôtes présents la générale et la pitance, tant au déjeûner qu'au dîner, les deux dimanches auxquels il est chanté dans l'église de Dieu, *In principio ;*

Item, sera et seront tenus le prieur de Longeville, l'infirmier du dit monastère et le sacriste, donner et administrer au dit couvent et aux hôtes présents la générale et la pitance entières, comme il a été décidé être fait pour les fêtes principales, pendant les deux jours à eux trois indiqués et assignés par le prieur claustral, tant au déjeuner qu'au dîner ;

Item, à la Quadragésime, l'aumônier et le procureur du dit monastère seront tenus chacun donner et distribuer une pitance, comme il est dit pour les autres officiers, tant au déjeuner qu'au dîner, et en outre

officiarii supra dicti, diebus eis assignatis, facere, dare et administrare familie dicti monasterii generale, in prandio dumtaxat;

Item, prior de Olona tenebitur dare et ministrare unam pictanciam dicto conventui, in Quadragesima, sicut officiarii supradicti, racione anniversarii defuncti Aymerici, quondam prioris de Olona, excepta familia, cui nichil tenebitur ministrare. Quibus diebus dictarum pictanciarum, nichil tenebitur dictus aquarius conventui aut aliis ministrare;

Item, in capitulis communibus et generalibus, tenebitur dictus abbas facere et administrare prioribus prioratuum dicti monasterii generale et pictanciam, et dictus aquarius cum sociis generale et pictanciam ministrabit;

Item, in diebus sepulturarum prelatorum dicti

seront obligés les susdits officiers faire, donner et distribuer, aux jours à eux assignés, la générale aux serviteurs du dit monastère, mais pour le déjeuner seulement;

Item, le prieur d'Olonne sera tenu donner et distribuer au dit couvent, à la Quadragésime, une pitance, comme les susdits officiers, à cause de l'anniversaire de feu Aymeri, jadis prieur d'Olonne, à l'exception des serviteurs, auxquels il ne sera tenu donner quoi que ce soit. Pendant tous ces jours des dites pitances, le dit aiguier ne sera tenu de faire de distribution au couvent ou à d'autres personnes;

Item, les jours d'assemblées capitulaires ordinaires ou générales, le dit abbé sera tenu faire et distribuer aux prieurs des prieurés du dit monastère la générale et la pitance, et le dit aiguier fournira à leurs compagnons la générale et la pitance;

Item, les jours de sépulture des prélats du dit mo-

monasterii, et electionum ac benedictionum, et introïtus abbatum dicti monasterii, noviter veniencium ad ipsum monasterium, tenebitur prepositus dicti monasterii ministrare dicto conventui et supervenientibus generale et pictanciam;

Item, debet dictus aquarius dare et ministrare barbitonsori dicti monasterii, quociens rasuram faciet, aut flobotomiam, alicui de religiosis dicti monasterii, generale et pictanciam, sicut uni de dictis religiosis;

Item, dabit et ministrabit pannicusori qui fuerit conventui, singulis diebus, generale, sicut uni de religiosis monasterii memorati, et etiam coquo conventus et famulo de coquina;

Item, tenebitur dictus aquarius providere de cibariis, sicut uni de dictis religiosis, illis qui portant breve aliarum religiosarum et abbaciarum;

nastère, d'élections, de bénédictions et d'entrée des abbés au dit monastère, quand ils y viennent pour la première fois, sera tenu le prieur claustral du dit monastère distribuer au dit couvent et aux arrivants la générale et la pitance;

Item, doit le dit aiguier donner et distribuer au barbier du dit monastère, toutes les fois qu'il fera la barbe ou la tonsure, à quelque religieux du dit monastère, la générale et la pitance, comme à un des dits religieux;

Item, donnera et distribuera au tailleur d'habits chaque jour qu'il sera au couvent, la générale, comme à un des religieux du dit monastère, et de même pour le cuisinier et le garçon de cuisine;

Item, sera tenu le dit aiguier d''approvisionner d'aliments, comme un des dits religieux, les porteurs des billets de mort des autres maisons religieuses et abbayes;

Item, tenebitur dictus aquarius dare et ministrare breviario, qui portat breve pro abbatibus et fratribus dicti monasterii, generale, sicut coquo dicti conventus, aut uni de servitoribus.

Officium autem aquariatus perpetuum supradictum, *Nos abbas et conventus predicti, de proborum virorum et maturo consilio fecimus, et creavimus et ordinavimus, et adhuc facimus, creamus et ordinamus; et de bonis supradictis dicti monasterii dotavimus et dotamus, humiliter supplicantes reverendo in Christo patre, ac domino, domino G., Dei gracia Lucionensi episcopo, quatinus, de ipsius benignitate et gracia, creacionem et ordinacionem ac dotacionem, et onerum imposicionem dicti aquariatus perpetui officii, ratam et gratam habere dignetur, et, per sui interposicionem decreti, auctoritate sua ordinaria confirmare.*

In quorum testimonium, presentes litteras sigillorum

Item, sera tenu le dit aiguier, donner et distribuer; au porteur des billets de mort des abbés et frères du dit monastère, la générale, comme au cuisinier du dit couvent, ou à un des serviteurs.

Ce susdit office perpétuel d'aiguerie, Nous abbé et couvent déjà nommés, après avis de gens honnêtes et mûre délibération, avons institué, créé et ordonné, et encore instituons, créons et ordonnons; et des biens ci-dessus énumérés du dit monastère, l'avons doté et dotons, suppliant humblement révérend père en Dieu, et seigneur, notre seigneur Guillaume, par la grâce de Dieu évêque de Luçon, de sa bonté et sa grâce, daigner ratifier et avoir agréable, la création, ordination, dotation et imposition des charges attribuées au dit office perpétuel d'aiguerie, et, par l'intervention de ses lettres, les confimer de son autorité accoutumée.

En témoignage de quoi nous avons fait corroborer

nostrorum munimine fecimus roborari.

Acta fuerunt in nostro generali capitulo, nobis ibidem capitulantibus, presentibus et audientibus fratribus :

Johanne Moteys, priore claustrali,

P. Meyrelli, aquario,

Aymerico Negretelli, senelario, (sic),

G. Boubat de Longavilla,

J. Laurencii de Joncheria,

L. Feignorelli de Bello Loco,

P. Gunterii de Paludello,

A. Bracheti de Sancto Vincencio in Jardo,

Johanne Laurencii de Calma Olone,

Johanne Constancii de Luco,

prioratuum nostrorum prioribus,

Ac Stephano Charruyelli, cantore,

J. Girardi, infirmario,

G. Assaillici, sacrista,

les présentes lettres, par l'application de nos sceaux.

Fait en notre assemblée capitulaire générale, nous-même capitulant, et nos frères présents et écoutant :

Jean Moteys, prieur claustral,

Pierre Meyreau (1), aiguier,

Aymeri Negreteau, cellerier,

G. Boubat, de Longeville.

J. Laurent, de la Jonchère,

L. Feignoreau, de Beaulieu,

P. Gontier, de Palluau,

A. Brachet, de St-Vincent en Jard,

Jean Laurent, de la Chaume-d'Olonne,

Jean Constant, du Luc,

tous prieurs de nos prieurés;

Et Etienne Charruau, chantre,

J. Girard, infirmier,

G. Assailly, sacriste,

---

(1) Appelé Perres Marreleu dans une charte de 1364, de l'abbaye d'Orbestier.

ac fratribus Seguyno de Rato, et Simo de Ylandia, ac pluribus aliis dicti monasterii religiosis,

Die tercia mensis maii, anno Domini millesimo trecentesimo sexagesimo sexto.

et frères Seguyn de Rays et Simon d'Ylande,

et plusieurs autres religieux dudit monastère,

Le troisième jour du mois de mai, l'an du Seigneur, mil trois cent soixante-six.

Pièce VII. — (Jean de Balodes, aiguier, 6 janvier 1468.)

Obitus abbatum et aliarum personarum pro quibus tenetur aquarius Religiosis facere pitanciam.

JANUARIUS

IIII die. Domina Eustachia (1) *pitanciam dupplicem* (a. b. c. d. e. f. g.)

XXVIII die. Dompnus Guillelmus, abbas, (a. b. c. d. e. f. g.)

FEBRUARIUS

II die. Dompnus Guillelmus, (a. b. c. d. e. f. g.)

XI die. Dompnus Daffredus, (a. b. c. d. e. f. g.)

XII die. Dompnus Guillelmus, (a. b. c. d. e. f. g.)

XVII die. Radulphus Princeps (2), (a. b. c. d. e. f. g.)

XX die. Dompnus Guillelmus quondam abbas, nichil pro isto.

Penultima die. Guillelmus princeps (3), (a. b. c. d.e. f. g.)

MARTIUS

VIII die. Dompnus Petrus, (a. b. c. d. e. f. g.)

XVII die. Dompnus Aymericus, (a. b. c. d. e. f. g.)

XIII die, Radulphus princeps (4), (a. b. c. d. e. f. g.)

---

(1) Probablement Eustachie, fille de Raoul III de Mauléon et épouse de Hugues III vicomte de Thouars et ensuite de Raoul de Machecoul, seigneur de Luçon.

(2) Raoul de Mauléon.

(3) Guillaume II le Jeune.

(4) Raoul de Mauléon III ou IV.

APRILIS

VII die. Dompnus Johannes, (a. b. c. d. e. f. g.)

JUNIUS

XVIII die. Dompnus Alexander, (a. b. c. d. e. f. g.)

JULIUS

Antepenultima die. Savaricus princeps (1) (a. b. c. d. e f. g.)

AUGUSTUS

III die. Dompnus Simon, (a. b. c. d. e. f. g.)
IIII die. Dompnus Giraldus, (a. b. c. d. e. f. g.)
V die. Dompnus Dionisius, (a. b. c. d. e. f. g.)
IX die. Dompnus Johannes, (a. b. c. d. e. f. g.)
X die. Cadelo, princeps (2) (a. b. c. d. e. f. g.)
XI die. Johannes, abbas, (a. b. c. d. e. f. g.)
XII die. Bernardus, abbas, (a. b. c. d. e. f. g.)

SEPTEMBER

IIII die. Bertrandus, abbas, (a. b. c. d. e. f. g.)
XXII die. Euvrardus, abbas, (a. b. c. d. e. f. g.)

OCTOBER

VIII die. Petrus, abbas, (a. b. c. d. e. f. g.)
XVI die Guillelmus, princeps (3), (a. b. c. d. e. f. g.), *pitanciam duplicem.*
XXV die. Giraudus, abbas, (a. b. c. d. e. f. g.)
XXVIII die. Johannes, abbas, (a. b. c. d. e. f. g.)

---

(1) Savary de Mauléon.
(2) Cadelon, troisième seigneur de Talmond.
(3) Guillaume le Chauve, fondateur de l'abbaye.

NOVEMBER

X die. Radulphus, abbas, (a. b. c. d. e. f. g.)
XI die. Johannes, abbas, Bittaud, (a. b. c. d. e. f. g.)
XII die. Johannes abbas, Curzai, (a. b. c. d. e. f. g.)
XVIII die. Guillelmus, abbas, (a. b. c. d. e. f. g.)
XXVII die. Bartholomeus, abbas, (a. b. c. d. e. f. g.)

VACAT

Ultima die. Johannes Pison nuper abbas, nichil pro isto (1).

(1) Pièce sur parchemin et originale, conservée aux archives de la Vendée, faisant suite à la copie de la précédente, qui est relative à la création de l'aiguerie.

Pièce VIII. — Lettre de Louis XI à l'évêque de Luçon, Nicolas Boutaud, au sujet de l'élection de l'abbé de Sainte Croix.

« De par le roy,

« Nostre amé et feal (1), nous avons entendu que celui qui à présent est abbé de l'abbaye de Sainte Croix de Tallemond, en vostre diocèse, est tellement débilité de sa personne, tant à cause de son ancien aage, que de certaine maladie de laquelle, etc., nous escripvons présentement aux religieux et couvent de ladicte abbaye, que sitost que vacacion escherra, en leur dicte abbaye, ils veuillent eslire en futur abbé et pasteur, ledit frère Jehan de Balodes, et non autre. Et pour ce que, comme dit est, nous désirons fort que ledit frère Jehan soit pourveu de ladicte abbaye, et que la confirmacion de ladicte eslection vous appartient, nous vous prions, tant acertes que faire povons, et sur le plaisir que faire nous désirez, que si lesdiz religieux eslisent ledit frère Jehan en abbé de ladicte abbaye, vous icelle eslection vueillez, en faveur de nous, confermer incontinent que serez requis de ce faire, sans y faire aucune difficulté. Et ou cas que lesdiz religieux eslissent autre que ledit frère Jehan, si ne recevez ne confermez ladicte eslection, en quelque manière que ce soit. En quoy faisant, vous nous ferez si grant et singulier plaisir, que plus grant en pareil cas ne pourriez. Et en aurons tousjours vous et voz affaires, de plus en plus, en nostre singulière et spéciale recommandacion. »

---

(1) Publication de M. P. Marchegay dans la Société d'émulation de la Vendée.

Pièce IX. — Extrait des comptes de Jean Goland, receveur de la principauté de Talmond. — Du 1er Janvier 1497 au 1er Janvier 1498 (1).

« Item, pour l'abony de l'abaye de Thalmont deu à Monseig. pour mutation de Monsg. d'Aux, cy l'abé, qui est à présent nommé frère Pregent de Granges.......... XXV^{l}

« Item et pour l'abony de l'abaye de St Michel en Layr, pour la mort et mutation de frère Thomas Prevost, en son vivant abé de lad. abaye, et de Monseig. Jehan de la Trémouille, archevesque d'Aux et abé de lad. abaye.... XV^{l} »

(1) Extrait des Archives de la Vendée, Fonds de Talmond.

Pièce X. — Arrentement, pour deux poules et trois deniers, de la pièce de terre des Fosses, par l'abbé François Boutaud.

« Sachent tous..... ont esté présents..... Révérend père en Dieu Monsieur François Boutaud, prebtre licentié es droitz par la grâce de Dieu et du Saint Siège Appostolic, abbé titulaire de l'abaye Sainte Croix de Thallemond sur Jard..... et Mathurin Moyron, marchand bouchier, demeurant, tant le révérend, en son houstel abbatial dud. lieu de Talmond, et led. Moyron, en sa maison de continuelle résidence au dit lieu de Talmond ; lequel révérend, considérant que lesdits lieux ci après déclarés... qui sont ès appartenances anciennes dudit houstel abbatial de Talmond, stérils, inutilles et de tout temps immémorial ruinés, en assiette maigre et sans aucun prouffict... à icelluy houstel de l'abbaye, désirant, à son pouvoir, iceulx améliorer... pour l'augmentation des apartenances dudit houstel et abbaye susdit, avec l'exprès consentement des prieurs et relligieux, faisant le convent de ladite abbaye de Talmond, a, ce jourd'huy arrenté et accensé... sçavoir est, une pièce de terre vulgairement dicte Les Fousses, où de présent, et par cy devant, jà longtemps, les manans et habitans dudit lieu de Talmond ont prins et prennent, par permission touteffoys et octroy dudit sieur Révérend abbé, prieur et relig., la terre convenable et propre à bastir, sans autrement y avoir aucun droict. Et est icelle pièce de terre confrontée, d'un bout au grand chemin, par lequel on va de Talmond au village de la Saunerie et la fourest dud. lieu de Talmond, d'autre bout, au fief de la Chanterie..., d'un cousté à l'enclouse de Fr. Chaignevert, un petit chemin entre deux, et d'autre cousté à la terre de ladite abbaye..... Deux poulles et 3 deniers de rente......

« Fait et passé à l'houstel abbatial de ladite ab. de Tal., le 23 décembre 1556 (1). »

(1) Original sur parchemin, conservé aux archives de la Vendée.

Pièce XI. — Plaintes de l'aumônier de Tallemond, sur les injustices de son abbé à son égard. 4 Mai 1564 (1).

« A Monseigneur, Monseigneur Révérend Père en Dieu Monsieur l'Evêque et baron et seigneur de Luçon.

« Plaise à mon dict seigneur entendre que ensuyvant et obtempérant au voloyr et édict du Roy nostre sire, dont lui a plu y remédier et commis commissaires pour sçavoir et entendre les doléances et plainctes que ont, le temps passez, heu les gens d'église, et qu'il fut ordonné par M. de Saint Marsaud et vous, que ung chascun bailleroit par escript ses dictes doléances et signées de ceulx lesquels se plainderoyent, pour y estre pourveu et remédié, selon le vouloir du Roy, et partant actendre grâce de Dieu, du Roy, de Justice et de vous, se humilie par devant vous, frère Pierre Very, religieux en l'abbaye de Thallemond, aulmosnier ou dit lieu, et curé de Longeville, pour lui faire faire raison et justice des tortz et griefs, cy après déclarez, qui sont estez faictz, puys deux ou troys ans en ça, en les bénéfices de l'aulmosnerie du dict Thallemond et cure de Longeville.

« Et premièrement, pour le regard de la dicte aulmosnerie, a esté par M. l'abbé de Thallemond, ou aultres personnes propousées pour luy, et à son adveu et commandement, vendu et arrenté toutes et chacunes des terres labourables dépendans de la dite aulmosnerie, et esquelles estoient franches et tenues à franches aulmônes, qui estoyent en nombre de huit à neuf septrées de terres, à la mesure de Thallemond, lesquelles ledit complaignant n'a joy, il y a plus de treize ans, et n'en puist joyr. Plus luy ont esté empeschez tous les prez de la dite aulmosnerie, qui pouvoient valloir auparavant trente six livres tournoys, par maistre

(1) Dom Fonteneau, vol 14. p. 533.

François Chaignevert, greffier du dit Tallemond, damoiselle Anne Masson, veuve de deffunt maistre Benoist Foucher.

« Plus, luy a esté empesché ung marais, terres labourables, les prés, la grange pour mettre la paille pour les pauvres, le cymetière de la dicte aulmonerie où l'on a coustume d'enterrer les pauvres déceddans en la dicte aulmosnerye et autres circonvoisins, qui luy a esté et encore empesché par la dicte damoyselle Anne Masson et Mathurin Moyron marchant.

« Plus, luy a esté empesché et est de présent, et ne joist des vignes appartenant à la dicte aulmosnerye, lesquelles estoient franches et en nombre de trente jornaulx par Girard Garechier et Anthoine Guyet, disant qui peuvent valoir, an par an, sept à huit pipes de vin.

« Item, lui a esté empesché par ledit Moyron et la dicte Masson ung marais ou vassaiz appellé les prez Sulliz qui peuvent valloir par an, à ladite aulmosnerie, quinze livres.

« Item, luy a esté empesché et ne joist ledit complaignant, un tènement ou enclouse jouxte les maisons de la dicte aulmosnerie, estans le dit tènement ou enclousture, parti en pré, parti en terre labourable, par Jehan et Collas Seborins frères, qui peuvent valoir, an par an, dix à douze livres tournoys.

« Item, tous et chacun les jardrins estans de la dite aulmosnerye et joignant la porte d'icelle, le chemin entre deux, tenant les dits jardrins à la grange de la dicte aulmosnerye et appartenances de la dicte aulmosnerie, ont esté par ledit abbé arrenté à la dicte Masson et Moyron, et qui peuvent valloir les dicts jardrins, an par an, douze boiceaulx de bled.

« Item, a été levé par Maistre Georges Chaignevert pour un vazais et maraiz, tant à prendre poisson que pré, qui peuvoyt valloir à la dicte aulmosnerye la somme de dix livres tournoys, et plus, pour le prix et somme de deux sols six deniers de rente.

« Ont esté toutes les dictes chouses arrentées par le dit

abbé, et autres ayant de luy charge, à la somme de dix sept à dix huit livres tournoys, luy qui n'est pour secourir les pauvres et faire charges que doibt le dit aulmosnier, envers Dieu et les hommes, et poyer les décymes et subsides annuels que le Roy, nostre sire, prend sur la dicte aulmosnerye. Et est ce que certifie estre vray pour la présente, marchée de ma main, et fait signer à ma requeste au notaire soubsigné, juré de la baronnye de Luçon, le 14e jour de May, l'an 1564. Signé F. P. Very.

« A. Ayraud, à la requeste du dit Very aulmosnier susdit. »

Pièce XII. — Mémoire sur le Prieuré des Eaux en 1570.

« Comme par cy devant les feux seigneurs de la terre et seigneurie du Breuil eussent fondés et dottés et grandement augmentés la chapelle de N. D. du Broueil, appellée à présent N. D. des Eaux, qui depuis a été érigée en prieuré, de l'ordre de Saint Benoist, et pour laquelle fondation et augmentation, ils eussent donné aux chapellains et prieurs dud. prieuré, plusieurs domaines, héritages, terrages, complant de vigne, cens et rente, entre autre chose, un moulin de marée, appelé le moulin de Garet, joignant le fief de vigne de la Couture, et trois marois ou vasois, l'un apellé le petit marois de Garet, autrefois dit le marrois de Mauviçon et deux autres ou vasois, appellés les Jolets avec leurs bossis et éthiers et appartenances, tenant le dit marrois, d'une part au fief de la Couture, et de l'autre à l'acheneau qui conduit du Préau à Tallemond; desquelles choses, les chapellains ou prieurs du prieuré auroient toujours très bien joui, jusqu'à ce que feu R. P. en Dieu frère François Boutaut, en son vivant se disant abbé de Tallemond, sous couleur qu'il était en la collation de lad. abbaye, ce serait entré en la possession de lad. chappelle ou prieuré, et ayant renoncé à son ordre de Saint Benoist et prins la religion prétenduë réformée, auroit dissipé, aliéné la plus part du revenu, terres et domaines de lad. abbaye et des prieurés et bénéfices en dépendant, et entre autres, dud. prieuré des Eaux; et entre autres choses, auroit fait certain prétendu bail à ville prix, de certaines petites rentes desd. moulins Garrais, vasois, marrois, bossis et choses susdittes, à un nommé Me Jacques Mercereaux, lors sergent royal, homme de pratique et d'estat et de la religion prétenduë réformée, lequel en vertu du prétendu bail, fait sans cause et nécessité et sans observer les solemnitées en tel cas requises, se seroit pareillement entré en la possession et jouissance desd. choses, icelles ruinées et démolie tant par le moyen des troubles cy devant avenus en ce royaume, et sous couleur du prétendu bail; au moyen de quoy, frére Jouachain du Bourg, à présent prieur dud. prieuré des Eaux, auroit obtenu lettres royaux pour casser led. bail prétendu, et pour qui, devra avoir lesd. choses par voye de Justice, sur l'enterrissement desquelles les parties seroient entrée en contestation, décrire leurs moyens par devant le sénéchal du Poitou, ou son lieutenant à Fontenay le Çompte, où le procès étoit indécis, seroient survenus les derniers troubles de l'année présente et précédente, pendant lesquelles la chappelle et maisons dud. prieuré auroient été brulée, dissipée et démolie, et tous les meubles dud. du Bourg, prins et ravis, iceluy étoit prins et rançonné d'excessives rançons, led. moulin ruiné, en manière qu'à présent, ensemble lesd. manoirs sont en ruine et décadence, sans aucun profit et même led. prieur ne l'ose trouver, en manière que lesd. choses sont ainsi ruinée, tenues par led. Merceroux. Ce que considérant, led. du Bourg et qu'au moyen desd. choses ne lui est possible de remettre lesd. choses en état, ny d'icelles jouir au moyen dud. prétendu bail.......... et ne pouvoit au moyen desd. spoliations et la présente pauvreté, faire poursuite en manière que soit n'y estoit...... les choses demeureroient à jamais perdue, sans qu'il eust espoir les pouvoir recouvrer pour lui et futurs titulaires dud. bénéfice; pour lesquelles considérations et aussi pour l'*augmention dud. bénéfice*, auroit prié requis noble personne *Julien Dutreau, écuier seig. de Bordever et Jean Veugnon seig. de la Gautronnière*, prendre les charges dud. procès et remettre led. moulin, vasois et choses susd., ruinées, en dues état et réparations, offrant de leur bailler à vente ou emphitéote perpétuelle, payable aud. prieur et ses futurs successeurs. A quoy inclinant lesd. Dutreau et Veignon auroient fait avec led. prieur l'accord et convenence, ce qui s'ensuit : et pour ce, led. Dutreau, demeurant en son hotel noble de Bourdevere, paroisse Sainte Cécile, et ledit Vaignon en son hotelle noble de la Gautronière, paroisse des Cluseaux, étant à présent en l'hôtel dud. lieu du Breuil, d'une part, et led. du Bourg prieur susdit au prieuré de Vandosme, paroisse d'Olone, et de présent, étant aud. prieuré des Eaux, d'autre part, ce sont personnellement établie par devant nous, soussignez, notaires de la baronnie d'Olonne. C'est ascavoir, qu'après que led. du Bourg nous a dit et attesté en avoir duement communiqué avec les autres religieux de lad. abbaye, d'autant que huy, aucun abbé résidant en lad. abbaye, et du princonsentement des autres religieux, baille, cède et transporte et arente ledit moulin du Garret, les appartenances, *ensemble lesd. vazois bossis et autres choses susdites, aud. Dutreaut pour une moitié, aud. Vaignon pour l'autre moitié*, pour en payer par chacun an, aud. prieur et les futurs successeurs prieurs dud. prieuré, 100 sols tournois de rente perpétuelle, à compter l'an après qu'ils seront effectuellement jouissant desd. choses, le présent bail les choses cy devant déclarée scavoir faire juger, à leur propre coût et dépens, led. procès jusques en faire dire par arrest; moyennant laquelle poursuite ils auroient aussi pour lesd. parties réputé lesd. dépens dud. procès, et led. du Bourg les fruits qui sont échus, et y feroit les frais, lesd. Dutraut et Veignon, écuiers, par moitié, et aussi à la charge de faire remettre et rédifier lesd. moulin et manoir, et d'en faire toutes les réparations nécessaires..... et aussy que led. procès se poursuivra au nom dud. du Bourg...... et de fait, duement led. prieur du Bourg susdit, quitte et décharge ses futurs successeurs prieur dud. prieuré de tous cens et devoirs dues pour raison desdits lieux à lad. seigneurie du Breuil...... Fait et passer au lieu du Genetier, en la paroisse de Chasteau d'Olonne...... le 8e jour de oct. l'an 15-0. Julien du Tréhaut, Jean Veignon, Joachin du Bourg, Lemoine notaire (1). »

(1) Copie d'un ancien titre conservé aux Archives de la Vendée. Quelques membres de phrases, mal transcrits par le copiste, sont peu compréhensibles.

Pièce XIII. — Présentation d'un curé à la cure de la Chapelle Achard, par Olivier de Chaytzin.

« A tous, Révérend père en Dieu Monseigneur, Monseigneur l'évesque de Luçon, Messieurs voz grands vicaires ou vicaires en spirituel et temporel, ou à Messieurs le Doyen, chanoines et chapitre de l'église cathédralle dud. Luçon, le siège épiscopal estant vacant, Olivier de Chaytzin, humble abbé commendataire, économe spirituel et emporel de l'abbaye de Sainte Croix de Thalmond, en votre diocèse, salut avec honneur de révérence. Comme ainsy soit que la cure et église parroichiale de La Chappelle Achard, aussy de votre diocèse, soit à présent vaccante par le décès et trespas de feu Messire Nicolle Babynet, dernier paisible possesseur d'icelle, et, qu'advenant vaccance de lad. cure par nostre résignation ou autrement, le droict de présentation et de nomination nous appartient à cause de nostre dite abbaye et économat d'icelle et avons la collation, pension, institution et toute autre disposition. Pour ce est-il, est (et) pour entretenir le service divin deu en icelledicte cure, nous vous nommons et présentons Messire Françoys Nau, homme capable, idoine et sufisant, pour icelle obtenir et deservir ; vous suppliant qu'à ceste nostre présentation, vous donniez et confériez ou faciez donner ou conférer, aud. Nau, lad. cure et mandez qu'il soit mis en possession réelle, actuelle et corporelle d'icelle, avec toutes et chacunes ses appartenances, ensemble luy en délivrez lesd. pension, titre et collation à ce requisses et nécessaires.

« Fait à la Rochelle, le 20e jour du moys de febvrier 1593. »

Signé « De Chaytzin (économe susdit). »

Pièce XV. — « Mémoire des adventages qui pourroient revenir à la Principauté de Talmond si on traittoit avec l'abbé de Sainte Croix dudit lieu. »

« Premièrement, il pourroit donner beaucoup de lumières et d'esclaircissements dans les droits de la principauté, qu'on ne sçauroit aisément tirer de ceux qui sont sur les lieux, qui ne voudroient point que la ditte abbaye tumbast dans la maison de monseigneur, pour ce qu'il y en a qui possèdent des biens qui sont du dommaine de la ditte abbaye, dont ils apprehenderont la restitution.

« Et que d'autres ont des moulins à vent qui seroient inutiles, si on unissoit à la principauté ceux qui estoient autre fois de l'abbaye, et qui estoient affermés trois mil livres, ce qui se peut à présent, par eschange, et dont le revenu seroit de plus de deux ou trois mil livres, en les rebâtissant, et dont le bastiment ne sçauroit couster plus de quinze cents livres.......................... 2,000l

« Plus, on se conserveroit les droits de four et de foires qui vallent six cents livres de rente.............. 600l

« On garantirait la principauté de la rente de vingt quattre boisseaux de froment, trois moutons et trois anorges (1) et 1 ratz (2) d'avoine, qui vaut par an, cent livres..... 100l

« Plus, la mouvance et féodalité du temporel de la ditte abbaye, avec le droit de rachapt.

« La principauté seroit deschargée de fournir le bois, comme elle y est obligée, par la fondation de la ditte abbaye, tant pour le chauffage des religieux, pour la rebastir et l'église, que pour réparer les mestairies de la ditte abbaye.

« Plus, monseigneur sera deschargé de la restitution des

---

(1) Agneaux.
(2) Mesure pour l'avoine, comme le septier pour le froment.

fruits pris de la ditte abbaye, pendant vingt et neuf années, qui monteroient à une somme de plus de six vingt mil livres.

« Plus, de la prétention de restitution des fruits pris, tant en conséquence de la saizie féodale, que soubs le nom des moines qui y ont esté introduits.

« Le revenu de la principauté se pourra augmenter, faisant un arentement ou un acte d'eschange, des marais de la Tranche despendants de la ditte abbaye, qui contiennent plus de trois lieues de Poitou, lesquels estant unis à la principauté et desséchés, ne les donnant qu'à la dixiesme partie des fruits et un sol de cens par journal, vaudront plus de dix mil livres de rente .... 10.000[l]

« Si monseigneur le Prince veut prendre part et fournir aux frais dudit desseschement, pour la part qu'il aura dans lesdits marais, comme il le peut à bon compte, pouvant obliger ses subjects à faire des courvées pour rebastir une digue qui a esté ruiné, afin d'empescher les eaux et les faire couller, par des canaux sur lesquels on pourra facilement bastir lesdits moulins, par ce moyen, le revenu de la principauté s'augmentera de plus de vingt mil livres de rente.

« Si l'abbaye estoit dans la maison, on pourroit tirer grande utilité des particuliers, pour se rédimer du droit de dixme, lequel ne peut estre contesté, puisqu'il est du droit divin, en les gratifiant de la remise de tous les arrérages du passé et réduisant le droit à la vingt et quatriesme partie des fruits, ce qu'ils ont autrefois offert à l'abbé, mais qu'il n'a voullu accepter, et qui estant passé par arest ne pourroit plus estre contesté par un autre qui succederoit à la ditte abbaye.

« On asseure aussy, qu'il ne faudroit pas deux mil livres pour faire revenir plus de trois mil livres de rentes, qui ont esté usurpées à la ditte abbaye, et ainsy, les dixmes estants réduittes à la vingt et quatriesme partie des fruits, l'abbaye vaudroit plus de quinze mil livres de rente.

« Le dit abbé demande, qu'il plaise à S. A., faire rendre

compte au sieur de Vieux Pré et autres, qui ont pris les fruits de la ditte abbaye, depuis 1646 jusques à présent, tant soubs le nom des moines, qu'en vertu de la saisie féodale, qui reviennent à plus d'onze ou douze mil livres par an, partant resteroient plus de huit mil livres (1). »

(1) Copie conservée aux Archives de la Vendée.

Pièce XVI. — Mémoire rédigé à propos du procès des dîmes et de l'arrangement à intervenir entre l'abbé Sébastien de Coniac et le prince de Talmond (1652).

« Monsieur de Coutrière (1) représentera aux deux religieux qui sont dans l'abaye de Talmond et à Messieurs de Garnault et de Vieux Pré, qu'on dict les y avoir appellés et les y maintenir encore, le préjudice notable que leur retenüe faict aux affaires de la maison troublée par M. l'abé.

« Premièrement, que sur les asseurances apportées à Madame par M. de Mortagne, son Me d'hostel, de la part desdicts Sr de Garnault et Vieux Pré, de ne point maintenir les religieux, et eux de vuider la maison, et lieux appartenants au s. abbé, et qu'il jouiroit paisiblement de ses fruicts, on traicta avec luy et luy promist-on en outre que ceux qui luy avoient esté pris, luy seroient rendus. Ce néantmoins, on a continué de prendre lesd. fruits, ce qui a occasioné led. abé de reprendre ses poursuites et de son audiance, et il n'est pas au pouvoir d'empêcher que, par le plaids de son advocat ou des conclusions de M. l'advocat général, on adjuge aud. abé ce qui s'ensuit :

« 1° L'establissement des moines réformez, comme il y en a départie dans le procès, et que la cour préferera à ces deux Messieurs et autres, qui se disent joincts à eux.

« 2° La restitution des fruicts pris despuis qu'ils ont esté establis à Talmond, qui vont à beaucoup au delà des pen sions de deux religieux, lesquels ne pourroient l'avoir a plus de 240 liv. par an, suivant l'ordonnance du grand vicaire de Luçon.

---

(1) M. de la Coutrière fut envoyé à Talmond par M. de la Tremoille pour donner des instructions aux officiers du prince en cette localité Ce mémoire lui fut probablement remis par l'intendant qui négociait alors avec M. S. de Coniac.

3° Autre restitution des fruits despuis les premières saisies féodales de l'abaye, ny ayant aulcuns actes valables à justifier qu'elle relève à droict de rachapt de la principauté, et quand il y en auroit quelques parties relevant à fief par les actes produicts, c'est à homage abonni et qui n'acquerroit par ce de fruicts, que pour ces portions là.

« 4° Les dommages et intérest de telles saisies et ceux de l'enlèvement des fruicts et vente du sel, à moins qu'il ne l'estoit, ne seront pas desniez, ny les despens de l'instance.

« 5° Il n'y a pas aussy de doubte que Monseigneur ne soit condempné à toutes les restitutions en privé nom, estant, comme il est justifié, que Me de Vieuxpré, y a employé non seulement son nom, mais y a agi par son autorité, et encore par la présence de Me Rousseau qui a faict les receptes, du moins, de ce qu'eussent perceu les fermiers.

« 6° Les deux religieux ont jouy de la terre de Saint Maisme affermé 1800 liv. et des terres des environs de l'abaye, qui valent beaucoup, sans avoir payé les décimes, l'oblat, les réparations, ny autres charges de l'abaye, et n'ont pas faict plus de service que les deux prestres qui y estoient.

« 7° L'on empeschera le surçoy accordé par l'abé du procès des dixmes, jusques à ce qu'on ayt trouvé autre abaye à luy donner, en eschange de la sienne, et les particuliers et les paroissiens rentreront dans la procédure du parlement de Bourdeaux.

« 8° Il estoit aussy convenu de faire eschange avec l'abé, des droicts de four et moulins, qui luy sont de peu de valeur, et des terres et marais de la Tranche, paroisse de Longeville, toutes choses utiles à la principauté et qui en accroistront de beaucoup le revenu, si cest eschange eust esté omologué.

« 9° Il est justifié par l'abé que l'abaye a esté baillée à ferme 27 ou 28 ans, tant par feu Monseigneur, feu Madame, que par Monseigneur, qui en ont pris les fruicts sans qu'ils ayent faict faire le service, ny aulcunes réparations. Quand l'abé ne concluroit pas à la restitution des dictes jouissances, M. l'advocat général la demandera, pour rebattir l'église et autres choses. Elle seroit une ruine, que les amys de la maison ne doivent pas authoriser, ny trouver estrange si, pour l'éviter, on les prie d'envoyer ces Messieurs là.

« 10° Il ne sera pas possible de persuader au Parlement que ce sont autres qu'eux qui maintiennent lesd. religieux, et il y auroit mesme une espèce de honte de ce que autres eussent plus de pouvoir de le faire ; ce n'est pas que si leurs altesses eussent peu les protéger plus longtemps, elles ne l'eussent faict, mais ils devoient eux mesmes, dans la cognoissance qu'ils ont que cette affaire ne se peust juger, qu'au desadvantage de la maison, se retirer eux-mesme. On sçait qu'il y a dans le procès deux arrests qui avoient fait deffense d'establir en l'abbaye plus grand nombre de Religieux que celluy qui y estoit, avant iceux, et on asseure que Me Bourdon ny pourroit pas demeurer, et qu'il y a jugement de M. le général de Citeau qui l'a banni de ce Royaume, pour quelques crimes, qui est ez mains d'un amy de Monseigneur, qui ne veult point s'en prévaloir pourveu qu'il se retire, ny, de ce dont on l'asseure, faire justification contre M. Girardot d'une vie toute autre que celle qu'il doit mener.

« 12° Mais s'ils veulent retourner d'où ils sont venus et laisser l'abaye libre à l'abé, Monseigneur et Madame feront leur possible à les y faire revenir, et s'employeront à tout ce qu'il pourront, pour eux, et à toutes autres rencontres.

« 13° Mais s'ils sont si déraisonables que de ne vouloir point obéir et contester à faire donner un arrest désavantageux à la maison, M. de Coutrière verra avec M. le Séneschal et autres serviteurs de la maison, et avec leurs amys, ce qui se pourra pour faire jouyr l'abé de son abaye en entier, et en exclurre lesd. deux religieux, asseurés que leurs Altesses approuveront ce qui s'y faira. Aussy, il découvrira de quelles choses, l'abé a esté privé et ce de quoy il a jouy, despuis quand, et en quelles années, et qui sont ceux qui en ont profité, et, dans la pure vérité, ce dont Monseigneur peust estre tenu et garand et qui ont esté mis par M. Coneau et autres qu'il y a envoyés ou à leur ombre et à leur insceu (1). »

(1) Copie non signée conservée aux Archives de la Vendée.

Pièce XVII. — Marché pour la construction d'une chapelle au château neuf de Talmond.

« Aujourd'huy onzième jour du mois d'octobre, mil six cents soixante et deux, par devant nous notaires de la principauté de Thalmond, soubsignés, furent présants en leurs personnes, très hault et illustre prince Monseigneur Louys Maurice de la Trémouille comte de Laval, pair de France, abbé de Sainte Croix dudict Thalmond, y estant de présant d'une part, et Christofle Martineau, maitre tailleur de pierre et masson, demeurant dans la ville dudict Thalmond, d'austre part; entre lesquels et de leurs bon gré et vollonté, a esté faict et arresté le marché de besoigne quy s'en suict : Sçavoir est, que le dict Martineau a promis et sera obligé personne et biens, comme pour deniers roiaux, de faire pour mondict Seigneur, bien et duement, une peticte chappelle au bout de celle que mondict Seigneur a faict faire en sadicte abbaye de Thalmond, à prendre dès le coing des deux pilliers et faire les murailles d'un bout et deux costés, en sorte que ladicte chapelle aye vingt pieds de dedans en dedans, de franc creux en carré; dans laquelle segonde chapelle, il fera deux hostels en pierre, contre la muraille de l'austre chapelle, ja bastie et construicte de mesme grandeur chascun, que cellui qui est dans ladicte chappelle, et entre les dicts deux hotels sera une porte de pierre de taille en rond, de trois pieds de large et six pieds de hault : Plus, fera dans le pignon de ladicte premyère chapelle, un vitral on rond de trois pieds de pierre de taille, évasé dehors et par le dedans, et conformément au modelle qui luy a esté donné par mondict seigneur. Fera aussy deux austres vitraux dans les murailles des deux costés, de chascun un pied et demy de large et de hauteur, autant qu'il se pourra, qui seront de pierre de taille; plus, fera, au bout de ladicte nouvelle chapelle, unne austre porte de pierre de taille en rond, aussy de trois pieds de largeur et six pieds de hault, et au dessus de ladicte porte qui sera au dit bout, fera un petit vitral rond de la largeur et haulteur de deux pieds en rond, et mettera le peignon, un pied au dessus le grand vitral qui est aprésant à la chapelle bastie, lequel vitral il fermera et se servira de la pierre de taille, sans endommager ni affoiblir la muraille ; fournira le dict Martineau de tous mathériaux nécessaires, soict de pierre, chaud. sablc, terre et eau et autres dont il aura besoing. Et oultre griffonnera les murailles de la dicte petite chapelle de dedans et dehors, et la blanchira par le dedans ; prendra, dans les ruines et masures de la dicte abbaye, touste la terre qui lui poura servir, et s'il ne s'en trouve suffisamment, ledict Martineau en fournira : fera conduire tous lesdicts mathériaux sur lesdicts lieux à ses fraicts. Pour faire laquelle besogne, mondict Seigneur paiera ou fera paier audict Martineau, la somme de deux cents livres tournois, sçavoir le tiers en commençant, un autre tiers, la moitié de la besogne faicte, et l'autre tiers restant, après que icelle besogne sera parachevée, visitée par gens à se cognoissant, et agrée ; et commensera ledit Martineau ladicte besogne, dès demain, et y travaillera et y fera travailler par ses ouvriers, sans discontinuation, et randra le tout faict, parfaict dans la feste de Toussain prochaine. Tout ce que dessus a esté ainsi voullu, stipullé et axepté par mondict seigneur et par ledict Martineau, et à se faire et tenir, ont obligé, sçavoir : Mondict seigneur le revenu temporel de ladicte abbaye, et ledict Martineau sa personne et biens, comme pour deniers royaux, comme dict est, renonçant à toutes choses, à ses présantes contraires, dont de leur bon gré et vollontés, ils en ont estés jugés et condapnez..... Faict et passé en ladicte abbaye de Talmond avant midi, les jour et an susdit, et a ledict Martineau déclaré ne scavoir signer. de ce encquis, et en oultre mondict seigneur a présantement donné et payé audict Martineau, par forme de pot de vin troys livres tournois. Le régistre de ces présantes est signé, Louis de la Trémoille et de nous dits notaires.

« GRUDÉ et OLLIVEAU, notaires (1).

« J'ay le régistre. »

(1) Original conservé aux Archives de la Vendée.

Pièce XVIII. — Ordonnance rédigée à la suite d'une visite de l'Évêque de Luçon à l'église de la Jonchère.

« Henri, par la permission divine évesque de Luçon, la visitte de l'église paroissialle de Saint-Martin de la Jonchère en nottre dioceze ayant été ce jourd'huy par nous faicte, tout considéré, veu notre procès-verbal, oui de ce réquerant, vénérable François-Robert de Lézardière, chanoine de notre église cathédrale pour notre promoteur, nous avons ordonné et ordonnons, primo :

« 1° Qu'on adjustera un tabernacle de bois doré qui sera doublé au dedans d'une étoffe de soye et qu'on aura une bourse de pareille étoffe pour porter la petite boète de la communion des malades ;

« 2° Que les fontz baptismaux seront couverts d'un tapis avec un dais dessus ;

« 3° Que l'on fera raccommoder l'ampoule du vaisseau de l'extrême-onction, qu'on aura une bourse violette pour l'en envelopper et que l'on fera peindre la porte des saintes huilles et mettre en grosses lettres, *Olea sacra ;*

« 4° Que le grand autel sera pourveu d'un tableau et que les deux figures qui sont dessus seront enterrées à cause de leur difformité, de mesme que la figure qui est sur l'autel de la Vierge ;

« 5° Que les autels de la Vierge et de Sainte-Catherine seront pourveues de deux figures en relief, d'un gradin marbre, canon, chandeliers, crucifix et autres ornements ;

« 6° Que les arceaux du chœur et de la nef qui soutiennent la voûte du clocher seront réparés au plus tôt, de mesme que les murailles de la nef et du clocher qui menacent ruine, que la nef sera parée de lambrissures, de mesme que la chapelle de Sainte-Catherine, et que les murailles de l'église seront blanchies;

« 7° Qu'il sera acheté des chasubles et paremens en étoffe de soye de toutes les couleurs avec leurs voiles, étolles et manipules, deux aubes avec leurs amicts (1) et cintures, un missel, un psautier, un rituel et une navette avec sa cuillère pour l'encensoir;

« 8° Ordonnons au titulaire du prieuré d'acheter un calice d'argent avec sa patène, des chasubles, aubes, missel et autres ornemens nécessaires pour acquitter le service auquel il est obligé;

« 9° Ordonnons aux paroissiens d'assister exactement à la messe de paroisse, prosnes, vespres, catéchismes et instructions et d'y envoyer leurs enfans et domestiques;

« 10° Ordonnons aux paroissiens de procédder incessamment à la nomination et élection d'un fabriqueur, laquelle se fera au son de la cloche, à l'issue de la grand messe, lequel fabriqueur percevra seul les oblates et reveneus temporel de la fabrique et en demeurera seul responsable et ne pourra estre en charge que deux ou trois ans au plus;

« 11° Et d'autant que les précédens fabriqueurs n'ont tenu leurs comptes en estat pour estre par nous examinés dans le cours de notre visite, nous avons ordonné et ordonnons qu'ils les tiendront prêts dans le mois qui suivra, pour être examinés clos et arrestés par devant M. Jean Dedre, prêtre, curé du Champ-Saint-Père, que nous avons commis à cet effet, faulte de quoy, et le temps passé, nous les avons condamné et condamnons par devant nous ou notre official.

« Et seront nos présentes ordonnances exécutées.......

« Fait et prononcé le 16e novembre 1676. Signé, Henri,

(1) Amict, linge qui couvre les épaules du prêtre à la messe.

évesque de Luçon, et plus bas, par commandement de Monseig., Ferrand.

« Collationné à l'original par moi, secrétaire sus dit.

Signé : « FERRAND.

« A vous, Pierre Sevin, prebtre, religieux de l'ordre de de Saint-Benoist, prieur de la Jonchère et demeurant à l'abbaye de Saint-Jean d'Orbestier, paroisse du Chateau, et prieur dud. prieuré de Saint-Jean d'Orbestier, à la requeste de Jean Blanchard, fabriqueur de la paroisse de Saint-Martin de la Jonchère..., je, Vincent Raugeard, premier huissier audiencier aud. siège royal de Fontenay-le-Comte..., vous signiffie et laisse copie des ordonnances de visite de Mons. l'Evesque de Luçon, donc coppie... aux fins... d'y satisfaire dans quinzaine, sous peine de saisie des revenus du prieuré dud. lieu..., délaissé à votre domicile dud. lieu de l'abbaye de Saint-Jean d'Orbestier... le 12e jour du mois de juing 1686, av. midy, parlant à un serviteur domestique.

Signé : « RAUGEARD, huissier (1). »

(1) Original conservé aux archives de la Vendée.

Pièce XIX. — Procès-verbal de prise de possession du prieuré de Palluau par le bénédictin dom Guillaume de Metz.

« Aujourd'huy, quinziesme du mois de Juillet 1718, avant midi, par devant moy, Pierre Goupilleau, nottaire royal et apostolicque au dioceze de Luçon, dhument régistré au siège royal de Fontenay le Comte, demeurant au bourg d'Aizenay, en présence des tesmoings cy bas nommés, est comparu en sa personne, Dom Guillaume de Metz, prestre relligieux proffès de l'ordre Saint Benoist, prieur claustral de l'abbaye royalle de Sainte Croix de Talmond, ordre de Saint Benoist, demeurant en laditte abbaye de Sainte Croix dud. Talmond, lequel en vertu de la présentation et collation faitte aud. S. de Metz par messire Francois Dudrot, prestre, abbé commendataire de laditte abbaye de Sainte Croix de Talmond, du prieuré de Saint Gilles de Palluau, ordre de Saint Benoist, au dioceze de Luçon, vacquant par la mort de M° Alexandre Frappier, prestre, dernier et immédiat paisible possesseur dud. prieuré de Saint Gilles de Palluau, laditte présentation et collation appartenant aud. sieur abbé, pour raison de sa qualité d'abbé de Sainte Croix de Talmond, et datté icelle présentation et collation, par même expédition, du 12e du présent mois de juillet, présente année, la grosse de laquelle est signée David, notaire royal. ..... Le dit sieur de Metz, en vertu de ce que dessus, m'a requis me transporter avec luy, et avec mesd. tesmoings, à l'église paroissiale dud. Palluau, pour le mettre et induire en possession réelle, corporelle et actuelle du dit prieuré de Saint Gilles, sittuée dans l'enclos du chasteau dud. lieu, où quoy que ce soit, se font ordinairement les fonctions curiales, dont il m'a requis acte. A l'instant m'étant, avec led. sieur de Metz et mesd. tesmoings, transporté au devant de la grande porte de lad. église de Saint Gilles de Palluau, sittuée, comme dit est, dans led. enclos du chasteau de ce lieu, dans laquelle se font ordinairement les fonctions prioralles et curialles, laquelle se seroit trouvée fermée; après quoy nous aurions fait le tour de la ditte église, et aurions trouvé trois autres portes qui se seroient pareillement trouvées fermées, après avoir hurté à icelles plusieurs fois, personne ne se seroit présenté pour les ouvrir. Ensuitte nous estant transporté dans la demeure du sieur Guesdon, prestre vicaire, et chappelain de la chappelle du chasteau, pour luy demander la clef de ladite église, aurions trouvé une fille, qui nous auroit dit s'appeler Marie Papin, et estre servante dudit sieur Guesdon, et luy ayant demandé si ledit sieur Guesdon estoit dans sa maison, elle auroit dit estre absent, et luy ayant demandé les clefs de la dite église, elle auroit fait réponse qu'elle ne les avoit point, interpellée si elle scait signer, de ce encquise a déclaré ne le scavoir. Ensuite, étant retourné au devant de la grande porte de ladite église, que nous aurions pareillement trouvée fermée, ay mis en présence de mesdits tesmoings ledit sieur de Metz en possession du prieuré de Saint Gilles de Palluau, autant que faire ce peut, de tous les fruits..... et ay lu à la porte de la dite église, tant ladite présentation et collation, que ces présentes, à laquelle il ne s'est trouvé aucun opposant, après plusieurs sommations et interpellations..... (1) ».

(1) Original conservé aux Archives de la Vendée.

Pièce XX. — « Hommage de l'abbaye Sainte Croix de Talmond et membres en despandant. »

« Aujourd'huy, quatriesme jour d'août 1741, en nostre hostel, et par devant nous, Me Jean René Alquier, advocat, séneschal et seul juge ordinaire civil, criminel et de police de la ville et principauté de Talmond....... a comparu, en sa personne, Me François Dudrot, abbé commendataire de l'abbaye royale de Sainte Croix de Talmond, grand archidiacre et vicaire général du diocèze de Luçon, demeurant ordinairement en la ville de Luçon, lequel s'estant mis en devoir de vassal, un genoux en terre, teste nue, sans épron, a offert et offre faire à mons. le prince de cette cour, les foy et hommage lige, sans ligeance, pour raison de lad. abbaye de Talmond, Saint Mesme, la Mongie, la Brissonnière, Saint Hilaire de la Forrest, la Baudruinière et la Valisottière, membres dépendants de lad. abbaye...., sujet à rachat abonné à seize escus 2/3, et évalué à la somme de 50l, suivant les actes d'hommages representantés par led. seigneur abbé, faits à cette d. principauté, le 3 juillet 1568, 26 janvier 1585, 2 septembre 1591 ; le premier, par François Soussenate, escuyer maréchal des logy de Mons. le ducq du L'anjou, frère du Roy, pocédant lad. abbaye en vertu de lettre patante de S. M. et receue par du Ryfe, séneschal et proc. fiscal. Le 2e, par noble homme François Bureau seig. de l'Espinay, come économe de lad. abbaye, icelle vaquante par le decès de Révérand père en Dieu, Pierre Louis de Mont-Journal, et receue par led. sieur du Ryfe, le 3e et dernier, par noble homme Jacques Rangy, économe de lad. abbaye aussy receue par led. S. du Ryfe...... »

Signé, « Fr. Dudrot, abbé, A. Gaudin, commis greffier,
Alquier, séneschal,
Quesneau, proc. fiscal. »

TABLE CHRONOLOGIQUE DES ABBÉS

DE

SAINTE CROIX DE TALMOND

(1) Ces dates indiquent les dates extrêmes auxquelles on a pu constater l'existence des abbés : ellés ne veulent pas dire toujours que tel abbé n'a été à la tête de l'abbaye que pendant le laps de temps relaté dans cette table.

TABLE DES MATIÈRES

La Roche, Imp. Ve Ivonnet & Fils. — 5262

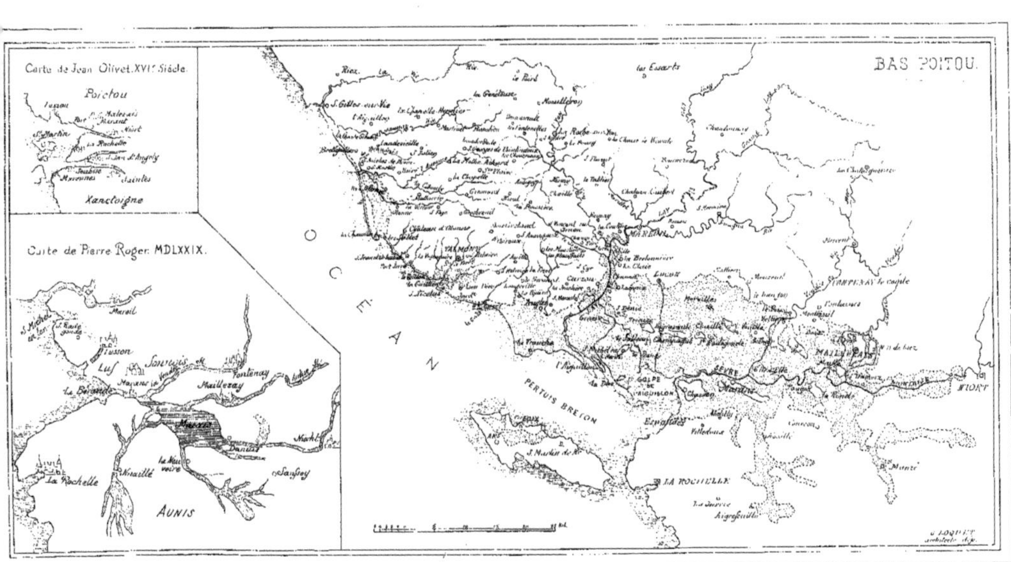
Carte de Jean Olivet. XVIe Siècle.
Poictou
La Rochelle
Niort
S. Jan d'Angely
Xanctoigne
Carte de Pierre Roger MDLXXIX.
Mareil
Tusson
Fontenay
Maillezay
La Rochelle
Nuaillé
Sansay
AUNIS
BAS POITOU
Les Essarts
S. Gilles-sur-Vie
OCÉAN
PERTUIS BRETON
LA ROCHELLE
NIORT
Aigrefeuille

SE ABBS.C.THALEMONDI
JACOBUS DE LABROS

www.ingramcontent.com/pod-product-compliance
Ingram Content Group UK Ltd.
Pitfield, Milton Keynes, MK11 3LW, UK
UKHW022039190726
13855UKWH00002B/360

9 782013 045353